政治与哲学

铸牢中华民族共同体意识的大理实践

杨 艳 主编

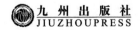
九州出版社
JIUZHOUPRESS

图书在版编目（CIP）数据

铸牢中华民族共同体意识的大理实践／杨艳主编
. --北京：九州出版社，2023.10
ISBN 978-7-5225-2451-1

Ⅰ.①铸…　Ⅱ.①杨…　Ⅲ.①中华民族-民族意识-
研究　Ⅳ.①C955.2

中国国家版本馆 CIP 数据核字（2023）第 207246 号

铸牢中华民族共同体意识的大理实践

作　　者	杨　艳　主编	
责任编辑	李创娇	
出版发行	九州出版社	
地　　址	北京市西城区阜外大街甲 35 号（100037）	
发行电话	（010）68992190/3/5/6	
网　　址	www.jiuzhoupress.com	
印　　刷	唐山才智印刷有限公司	
开　　本	710 毫米×1000 毫米　16 开	
印　　张	15.5	
字　　数	278 千字	
版　　次	2024 年 4 月第 1 版	
印　　次	2024 年 4 月第 1 次印刷	
书　　号	ISBN 978-7-5225-2451-1	
定　　价	95.00 元	

编 委 会

出版说明

　　本书得到大理大学重点马克思主义学院专项经费资助出版，同时得到大理白族自治州民族宗教事务委员会的大力支持。大理大学马克思主义学院、滇西社会治理与乡村振兴研究院第三方评估项目组与大理白族自治州民族宗教事务委员会从2021年到2023年开展了多次深度横向合作，本书编写组开展的"野在滇西"调研，以及第三方评估团队对大理全州及12县（市）创建全国及云南省民族团结进步示范州、县（市）三年动态第三方评估的成果，均系在学校与地方政府深度合作基础上形成。基于大理州民族团结进步示范州的创建实践，又进一步形成了大理州创建云南省首批铸牢中华民族共同体意识示范州的理论与实践成果，即《铸牢中华民族共同体意识的大理实践》。

　　主编简介：杨艳，女，生于1977年，中共党员，教授，博士，硕士研究生导师，大理大学马克思主义学院教师，大理大学滇西社会治理与乡村振兴研究院副院长，校地合作第三方评估团队负责人、第三方评估项目组负责人，主要从事马克思主义中国化民族地区区域实践研究、马克思主义民族理论与政策研究。主持国家社科基金一般项目1项，国家民委后期资助项目1项，省部级项目2项，地厅级项目多项；先后在《马克思主义研究》《社会主义研究》《中央民族大学学报》等期刊发表学术论文40篇，出版学术专著2部；长期在云南、湖北及岭南地区从事田野调查，进行学术研究。

　　主编主撰情况：正文部分杨艳负责编写"绪言""第二章 示范创建篇"（整理及编写）、"第三章 机制创新篇""第四章 生态示范篇""第五章 交通助推篇""第十一章 深入探索篇""结语"，以及各篇章摘要，共计撰写13.19万字。

　　参与编写作者简介及编写情况：①正文部分：张磊，大理白族自治州民族宗教事务委员会监督检查科科长，民族团结进步创建专业方向，负责编写"第一章 政策先导篇"，撰写1.51万字；闫瑞聪，大理大学2020级硕士研究生，马克思主义中国化研究专业方向，负责编写"第六章 党建引领篇"，撰写1.27万字；秦潇潇，大理大学2020级硕士研究生，马克思主义民族理论与政策专业方向，负责编写"第七章 实践逻辑篇"，撰写0.96万字；王健，大理大学2020级硕士研究生，马克思主义中国化研究专业方向，负责编写"第八章 文化空间篇"，撰写1万字；李晨雁，大理大学2020级硕士研究生，马克思主义中国化研究专业方向，负责编写"第九章 乡村振兴篇"，撰写0.92万字；王福成，大理大学2021级硕士研究生，马克思主义中国化研究专业方向，负责编写"第十章 乡村治理篇"，撰写2.16万字。排名不分先后。②附录："'野在滇西'调研及第三方评估团队图说纪实"，照片由团队全部成员共同拍摄，秦潇潇、王健负责照片选择与整理，文字由编写团队共同完成，共0.2万字。③参考文献主要由秦潇潇、李晨雁、闫瑞聪、王福成提供，共0.37万字。④全书校对工作主要由杨艳、王福成负责完成，其他参与编写人员负责本人负责篇章校对。

目　录
CONTENTS

绪　言

为深入贯彻习近平总书记关于加强和改进民族工作的重要思想，扎实推动新时代民族工作高质量发展，各民族地区开展了创建铸牢中华民族共同体意识示范试点工作的探索。当前，铸牢中华民族共同体意识示范市、地、州、盟试点工作已在云南省全面实施，各县、市、区和示范单位的创建工作亦同步统筹展开探索。值中华民族伟大复兴"两个一百年"第二个一百年奋斗目标实现的关键时期，探讨西南边疆民族地区铸牢中华民族共同体意识的理论与实践，对于贯彻习近平总书记关于加强和改进民族工作的重要思想，以铸牢中华民族共同体意识为主线推动新时代民族工作的高质量发展具有重要理论价值与现实意义。该项目立足于马克思主义理论学科马克思主义中国化研究方向，交叉民族学学科马克思主义民族理论与政策方向，对西南边疆民族地区中华民族共同体建设展开理论与实践研究，能推动西南边疆地区治理体系与治理能力现代化进程，同时为西南边疆民族地区中华民族共同体建设、乡村振兴等交叉研究及咨政提供学理分析和智力支持。

一、关于铸牢中华民族共同体意识包括民族团结进步创建重要抓手相关政策实践的梳理

自 2013 年开展全国民族团结进步示范州创建工作以来，各地竞相创建，涌现了一批先进典型，发挥了示范引领作用。2018 年底，中共中央办公厅、国务院办公厅印发《关于全面深入持久开展民族团结进步创建工作铸牢中华民族共同体意识的意见》（以下简称《意见》），对新时代民族团结进步创建工作提出了新要求。为推进示范创建工作制度化、规范化，经认真研究，广泛征求意见，国家民委对 2014 年发布的全国民族团结进步示范州（地、市、盟）测评指标进行了修改完善，并于 2020 年 1 月 13 日印发了《全国民族团结进步示范州（地、市、盟）测评指标（试行）》。2020 版试行测评指标分为七大类 20 项 58 条，基础分值 100 分，设奖惩清单。

中共中央办公厅、国务院办公厅印发的《意见》指出，新时代民族团结进步创建工作要坚持以铸牢中华民族共同体意识为根本方向，坚持以加强各民族交往交流交融为根本途径，坚持以"中华民族一家亲，同心共筑中国梦"为总目标，坚持依法治理民族事务促进民族团结，遵循社会团结规律，坚持正面引导，坚持齐抓共管、形成合力。

2022年1月20日，为完整准确全面贯彻习近平总书记关于加强和改进民族工作的重要思想，深入落实中央民族工作会议精神，引导和推动各地以铸牢中华民族共同体意识为主线，深入开展民族团结进步创建，着力深化内涵、丰富形式、创新方法，打造创建工作"升级版"，经认真研究，并报中央领导同志同意，国家民委对《全国民族团结进步示范州（地、市、盟）测评指标（试行）》（民办发〔2020〕4号印发）和《全国民族团结进步创建活动示范县（市、区、旗）测评指标》（民委发〔2014〕94号印发）进行了修订完善，印发了《全国民族团结进步示范市（地、州、盟）、县（市、区、旗）测评指标（西部地区）》和《全国民族团结进步示范市（地、州、盟）、县（市、区、旗）测评指标（东中部地区）》。新的测评指标更加突出铸牢中华民族共同体意识这条主线，突出对西部地区、东中部地区进行分类考核，突出考核工作实效。新指标在设置测评项目、细化测评内容、确立各项权重时，鲜明突出了铸牢中华民族共同体意识这条主线，明确了全面推进中华民族共有精神家园建设、推动各民族共同走向社会主义现代化、促进各民族广泛交往交流交融、提升民族事务治理体系和治理能力现代化水平、有效防范化解民族领域风险隐患等重点任务；突出了对西部、东中部地区的分类考核，提出不同的工作侧重，指导各地立足实际找准创建工作的切入点、关键点；突出了对工作实效的考核，强调创建工作要杜绝只重形式、不重内容的"花架子""空壳子"，引导各地在务实功、求实效上下功夫，努力融入地区行业中心工作，以各族群众的参与度、满意度来评价创建效果。新的测评指标是新的"指挥棒"，使民族团结进步创建成为铸牢中华民族共同体意识的重要抓手和平台，使民族团结进步创建工作焕发新的生机和活力，为推动新时代党的民族工作高质量发展作出新的更大贡献。

民族团结进步创建工作主题主线的改变：历次中央民族工作会议主题均发生着变化，1992年会议的主题是"加强各民族的大团结，为建设有中国特色的社会主义携手前进"，1999年会议的主题是"加快少数民族和民族地区经济发展和社会进步"，2005年会议的主题是"以科学发展观统领民族工作，促进民族地区和谐发展"，2014年会议的主题是"凝聚民族大团结力量，为实现伟大中国梦而共同奋斗"，2021年会议的主题是"以铸牢中华民族共同体意识为主线，推动新时代党的民族工作高质量发展"。党的十八大以来，习近平总书记鲜明提出"中华民族大家庭""中华民族共同体"等概念，反复强调"铸牢中华民族共同体意识"；党的十九大把"铸牢中华民族共同体意识"写入党章，这成为全党全国各族人民实现中华民族伟大复兴中国梦新征程上的共同意志和根本遵循。铸牢中华民族共同体意识是习近平总书记关于民族工作的重大原创性论述，是马克思主义民族理论中国化的最新成果，是新时代民族工作的鲜明主线。

当前民族团结进步创建工作的重难点。难点：四个正确把握。①正确把握共同性和差异性的关系。增进共同性，尊重和包容差异性是民族工作的重要原则。②正确把握中华民族共同体意识和各民族意识的关系，引导各民族始终把中华民族利益放在首位，本民族意识要服从和服务于中华民族共同体意识，同时要在实现好中华民族共同体整体利益进程中实现好各民族具体利益。③正确把握中华文化和各民族文化的关系，各民族优秀传统文化都是中华文化的组成部分，中华文化是主干，各民族文化是枝叶，根深干壮才能枝繁叶茂。④正确把握物质和精神的关系，赋予所有改革发展彰显中华民族共同体意识的意义，维护统一、反对分裂的意义，改善民生、凝聚人心的意义，让中华民族共同体牢不可破。重点：铸牢中华民族共同体意识五项重点任务，即构筑中华民族共有精神家园、促进各民族交往交流交融、推动民族地区加快现代化建设步伐、提升民族事务治理法治化水平、防范化解民族领域风险隐患。铸牢中华民族共同体意识的理念是 2014 年习近平总书记在第二次中央新疆工作座谈会上提出的。这一理念的提出与民族团结密切相关。

二、铸牢中华民族共同体意识研究现状及述评

综观学界，铸牢中华民族共同体意识研究自 2020 年之后成果丰硕，有 2000 余篇学术论文和近百本专著，概述如下。

（一）铸牢中华民族共同体意识研究现状

2011 年党中央首次提出"铸牢中华民族共同体意识"这一概念。随着这一理念不断引入实践，经历了一个从最初的"树立"发展到"培育"，到最后"铸牢"等这样一个变化、增强及灵活运用的实践过程。自 2014 年中央民族工作会议的胜利召开，特别是党的十九大以后，对中华民族共同体意识的研究高潮迭起，众多学者纷纷献力，从不同的视角与方位切入，对铸牢中华民族共同体意识展开深入的研究。截止到 2023 年初，在中国知网上搜索关键词"铸牢中华民族共同体意识"相关的文献有 2371 篇，包括 1747 篇学术期刊，141 篇学位

论文，现将国内外关于"铸牢中华民族共同体意识"这一主题的研究现状综述如下。

1. 关于铸牢中华民族共同体意识理论渊源的研究。铸牢中华民族共同体意识是根据我国新时代历史使命提出来的，它来源于各民族的优秀文化和思想，是优秀传统文化的延续和继承，因此拥有深厚的理论渊源。一是强调铸牢中华民族共同体意识是对中华优秀传统文化的继承和发展。青觉（2021）认为，中华民族精神是铸牢中华民族共同体意识的定力、动力、引力、活力所在①；陈芳芳，李守培（2021）通过阐释中华武术与中华文化的共生、与中华民族的共存、与国家命运的共荣的关系，指出其是铸牢中华民族共同体意识的核心内容②；田建荣、司建（2021）从伽达默尔诠释学视角分析铸牢中华民族共同体意识，认为其内涵源于历史文本等③。二是强调铸牢中华民族共同体意识是对马克思主义民族理论、共同体理论的继承和发展。李学保（2021）从学术研究的角度阐释铸牢中华民族共同体意识是对马克思主义民族理论、共同体思想和国家理论的创新发展；④ 卢成观、李文勇（2020）认为，马克思主义共同体理论是铸牢中华民族共同体意识的理论基础；⑤ 杨志玲（2021）认为，铸牢中华民族共同体意识来自马克思主义理论中的共同体思想；⑥ 商爱玲、朱涛（2019）认为，铸牢中华民族共同体意识是中国共产党革命和执政的成功经验，民族团结和国家稳定的思想保证，实现中国复兴的力量之源。⑦ 胡清惠（2019）认为，铸牢中华民族共同体意识是民族团结和实现中国梦的必然要求。强调了其是国家统一之基、民族团结之本、精神力量之魂⑧。三是强调铸牢中华民族共同体意识的重大意义。麻国庆（2017）以记忆的多层性研究及相关理论为基础，揭示多层性

① 青觉．弘扬中华民族精神 铸牢中华民族共同体意识[J].文化，2021（05）：36-38.

② 陈芳芳，李守培．中国武术铸牢中华民族共同体意识的核心与方略[J].体育学研究，2021（03）：92-98.

③ 田建荣，司建．铸牢中华民族共同体意识的诠释学理路——来自汉斯-乔治·伽达默尔的分析视角[J].青海社会科学．2021（03）：62-72.

④ 李学保．构建中华民族共同体研究的学术体系和话语体系[J].中南民族大学学报（人文社会科学版），2020（12）：18-20.

⑤ 卢成观，李文勇．中华民族共同体意识的理论根基、现实价值及路径选择[J].理论导刊，2021（03）：51-58.

⑥ 杨志玲．铸牢中华民族共同体意识的哲学意蕴[J].理论视野，2021（02）：29-35.

⑦ 商爱玲，朱涛．铸牢中华民族共同体意识的价值底蕴和思想方略[J].重庆社会科学，2019（10）：27-34.

⑧ 胡清惠．铸牢中华民族共同体意识的重大意义和理论基础[J].实践（思想理论版），2019（12）：48-49.

的共同记忆对于全球化视角下铸牢中华民族共同体意识、强化中华民族共同体认同的重要意义；① 严庆（2017）认为，加强中华民族共同体建设要关注短板、提升政治认同、规范民族理论传播、坚持正确道路、发挥好制度功效等；② 王延中（2018）围绕党的十九大提出的"铸牢中华民族共同体意识"这个中心任务，阐述了铸牢中华民族共同体意识对维护国家统一、做好民族工作、决胜全面小康的重大意义，指出了推进中华民族共同体建设的思路，对做好相关工作提出了若干建议；③ 彭谦、程志浩（2017）通过坚持统一多民族国家基础、保障少数民族群众政治参与、维护各民族经济发展利益、弘扬各民族优秀传统文化，来增强对中华民族共同体历史、政治、经济、文化的认同，从而进一步加强民族团结，维护国家统一和社会稳定；④ 孔亭（2018）认为，新时代铸牢中华民族共同体意识，是中国特色社会主义建设发展的需要，是维护国家统一和促进民族团结的思想基础，有利于增强民族认同和国家认同，能够为推进中华民族共同体建设提供学理支撑，是实现民族复兴的基石和必然要求。

2. 民族团结进步示范创建研究。主要成果有 43 篇，其中学术期刊 23 篇，报纸 18 篇。罗彩娟（2021）基于广西环江毛南族自治县陈双村的调查，认为铸牢中华民族共同体意识是新时代民族团结进步创建工作的根本方向，认为其为民族团结进步创建工作指明了方向，提供了遵循；⑤ 热娜古丽·阿不都热合曼（2021）以新疆维吾尔自治区党委和政府开展民族团结进步创建工作所取得的成就，认为民族团结进步事业是实现中华民族伟大复兴中国梦的基础性事业，加强民族团结进步事业就是以铸牢中华民族共同体意识为主线，围绕新疆加强民族团结工作的重要性再认识，并就今后如何进一步持续开展好民族团结进步创建工作提出相关建议。⑥ 李正洪（2021）认为，推进民族团结进步示范区建设，

① 麻国庆. 记忆的多层性与中华民族共同体认同［J］. 民族研究，2017（06）：47-57+124-125.

② 严庆. 本体与意识视角的中华民族共同体建设［J］. 西南民族大学学报（人文社科版），2017（03）：46-50.

③ 王延中. 铸牢中华民族共同体意识建设中华民族共同体［J］. 民族研究，2018（01）：1-8+123.

④ 彭谦，程志浩. 认同整合与中华民族共同体意识的培育［N］. 中国民族报，2017-03-17（005）.

⑤ 罗彩娟. 铸牢中华民族共同体意识与民族团结进步创建工作路径思考——基于广西环江毛南族自治县陈双村的调查［J］. 广西民族大学学报（哲学社会科学版），2021（05）：132-137.

⑥ 阿不都热合曼. 加强民族团结进步创建工作 铸牢中华民族共同体意识［J］. 经济师，2021（08）：26-27.

铸牢中华民族共同体意识，需要从规划、研究、教育、宣传、创建、队伍建设等方面深度聚焦。①

3. 铸牢中华民族共同体意识的云南经验研究。其共识在于：云南铸牢中华民族共同体意识的研究，必须立足云南实际。邹丽娟、伍佳（2019）从牢固思想基础、创造社会环境、构筑物质条件、营造舆论氛围等方面入手，为云南地区铸牢中华民族共同体意识探寻有效路径；② 李玫文（2020）认为，新中国 70 多年，云南始终坚持中国特色解决民族问题的正确道路，通过示范创建，全省形成了密不可分、融荣与共的共同体，中华民族共同体意识显著增强，为其他省份在加强民族团结和凝心聚力共筑中国梦上提供了"云南经验"。③ 李汶娟（2021）认为，应以习近平总书记关于加强和改进新时代民族工作的重要思想为统领，准确把握云南民族工作新的现实条件，在铸牢中华民族共同体意识上作出云南示范；④ 沈向兴、尤功胜、周月、李娅婕（2021）总结了"一心一意跟党走""一个大家庭""一个民族都不能少""一家人都要过上好日子""一个示范区建设"的云南实践，分析了云南实践的理论、历史、现实依据，并认为只有坚持党的领导、多元一体、以民为本、发展优先和总体安全，中华民族共同体意识才能真正铸牢；⑤ 邹丽娟、赵玲、鲁建彪（2020）认为，进入新时代以来，迪庆藏族自治州在以铸牢中华民族共同体意识为根本方向的民族团结进步创建实践中积累了丰富的经验；⑥ 李司琪、苗士祥、何萧、李晓琴（2021）认为，云南省红河州积极贯彻落实党和国家的各项政策，切实维护民族团结，在实践上逐步形成了红河民族工作经验，进一步加强了安民固边的效果；⑦ 杨福泉（2021）从云南的实例谈铸牢中华民族共同体意识，认为在新的形势下，需要深

① 李正洪 . 把握时代要求 聚焦工作主线 在铸牢中华民族共同体意识上作出云南示范[J]. 今日民族，2021（07）：1-4.
② 邹丽娟，伍佳 . 新时代云南跨境民族地区铸牢中华民族共同体意识论略[J].贵州民族研究，2019（11）：36-43.
③ 李玫兵 . 新中国 70 年铸牢中华民族共同体意识的云南实践历程及经验启示[J].西北民族大学学报（哲学社会科学版），2020（05）：26-35.
④ 李汶娟 . 在铸牢中华民族共同体意识上作出云南示范[J].社会主义论坛，2021（11）：16-17+23.
⑤ 沈向兴，尤功胜，周月，等 . 铸牢中华民族共同体意识的云南实践与启示[J].民族研究，2021（04）：26-38+140.
⑥ 邹丽娟，赵玲，鲁建彪 . 新时代涉藏地区铸牢中华民族共同体意识的实践——以云南省迪庆藏族自治州为例[J].云南行政学院学报，2020（06）：41-47.
⑦ 李司琪，苗士祥，何箫，等 . 云南红河州铸牢中华民族共同体意识的政策选择与实践路径[J].财富时代，2021（08）：116-117.

刻理解和把握铸牢中华民族共同体意识在党和国家事业全局中的重要地位和对民族工作的划时代意义，把铸牢中华民族共同体意识这条主线贯穿于当下云南民族团结进步示范区建设的各个领域和全过程，而如何在这样的变迁中推进新的民族团结融合与互补共生，是云南民族工作面临的重要课题；① 胡涛、李克强（2021）基于2015—2019年云南省大理白族自治州财政支持新型农民发展数据分析，探究财政支持新型农民发展的机制、问题和建议；② 胡新丽（2020）探析了云南省大理州在新媒体背景下民族地区的环境治理模式。③

（二）研究现状述评

纵观铸牢中华民族共同体意识研究现状，主要有以下几方面问题：其一，铸牢中华民族共同体意识研究成果虽然丰富，但多集中于理论研究和具体个案的经验研究，从民族团结进步事业、民族工作高质量发展入手探索具体工作机制创新的研究很少，铸牢中华民族共同体意识实证研究并不多，示范创建研究尚属空白；其二，大理州民族团结进步经验研究较多，铸牢中华民族共同体意识研究较少，且仍然多为经验研究，深入理论思考不足；其三，大理州与铸牢中华民族共同体意识及民族团结进步事业相关研究多关注某一方面，如乡村振兴、边疆治理、民族教育，但不成体系。所以，从"五位一体"总体布局入手，从机制创新、乡村振兴、社会治理、历史文化等着眼寻找个案，展开大理州铸牢中华民族共同体意识的理论与实践研究，能以系统性、全面性的区域理论及实际，以西南边疆民族地区中华民族共同体学的研究成果，丰富马克思主义民族理论与政策以及马克思主义中国化的区域实践。

三、研究意义

习近平总书记强调，我们伟大的祖国，幅员辽阔，文明悠久，中华民族多元一体既是先人留给我们的丰厚遗产，也是我国发展的巨大优势。一部中国史，就是一部各民族交融汇聚成多元一体中华民族的历史，就是各民族共同缔造、发展、巩固统一的伟大祖国的历史。2021年8月27日至28日，中央民族工作会议在北京召开。习近平总书记的讲话内涵深刻，在重点谈到的"十二个必须"

---

① 杨福泉．从云南的实例谈铸牢中华民族共同体意识[J].今日民族，2021（03）：5-8.

② 胡涛，李克强．财政支持新型农民发展的机制、问题和建议——基于2015—2019年大理白族自治州财政支持新型农民发展数据分析[J].中国农机化学报，2021（09）：229-236.

③ 胡新丽．基于SWOT-AHP的新媒体背景下民族地区环境治理模式探析——以云南省大理白族自治州为例[J].西南民族大学学报（人文社科版），2020（04）：184-192.

中强调了铸牢中华民族共同体意识是新时代党的民族工作的主线。铸牢中华民族共同体意识，就是要引导各族人民牢固树立休戚与共、荣辱与共、生死与共、命运与共的共同体理念。总书记强调铸牢中华民族共同体意识是新时代党的民族工作的"纲"。"纲"是主题和宗旨，是指南和方向，新时代的所有民族工作都要紧紧围绕"铸牢中华民族共同体意识"这个"纲"展开。意识是存在的反映，共同体意识是建立在共同体的基础之上的，所以要进一步强化全国各民族的"五个认同"，即对我们伟大祖国、中华民族、中华文化、中国共产党、中国特色社会主义的高度认同，不断推进中华民族共同体建设，在强化中华民族共同体的进程中铸牢中华民族共同体意识。

探讨铸牢中华民族共同体意识的大理实践，理论上有助于我们通过个案研究处理好三对关系。一是正确把握中华民族共同体意识和各民族意识的关系。中华民族共同体是由56个民族组成的，所以一定要把握好作为一个国家层面上的中华民族共同体意识和各个作为文化层面上的民族意识之间的关系。要引导各民族始终把中华民族的利益放在首位，本民族的意识要服从和服务于中华民族共同体意识，中华民族的利益是高于各民族利益的。要处理好多元与一体的关系，一体是方向和主线，多元是要素和动力，多元最终是往一体化方向发展的。中华民族之所以能够在漫长的发展历程中历经劫难却始终薪火相传、生生不息，其重要原因就是各民族都认同我们是有着共同命运的一个群体。二是正确把握中华文化和各民族文化的关系。"各民族优秀传统文化都是中华文化的组成部分，中华文化是主干，各民族文化是枝叶，根深干壮才能枝繁叶茂。"灿烂的中华文化是各民族共同创造的，中华民族文化之所以如此精彩纷呈、博大精深，一个重要的根源就在于它是海纳百川、兼收并蓄的。汉族文化在中国历史和现实中的主流地位，使得中华文化中呈现出了较多的汉文化色彩，这是很正常的，但不能简单地把汉文化等同于中华文化，因为民族文化本身就是中华文化的重要组成部分，因此也绝不能处于中华文化之外。三是正确把握物质和精神的关系。经济发展与意识形态的建设与国家认同、法治社会的建设，一定要同步进行。习近平总书记曾指出，民族地区所有的改革发展都要赋予民族团结进步的意义，赋予维护统一、反对分裂的意义，赋予改善民生、凝聚人心的意义。换而言之，一切改革发展都必须彰显中华民族共同体意识的意义，让中华民族共同体牢不可破。发展要解决的是物质问题，而铸牢中华民族共同体意识则解决了精神层面的问题。早在第四次中央民族工作会议上，习近平总书记就已经强调：历史和现实都告诉我们，要解决好民族问题，物质方面的问题要解决好，精神方面的问题也要解决好。

探讨铸牢中华民族共同体意识的大理实践，现实上有助于我们思考如何从"在民族团结进步上作出示范"升华为"在铸牢中华民族共同体意识上作出示范"，这也是云南及其他民族地区建设民族团结进步示范区，推动铸牢中华民族共同体意识，构建中华民族共有精神家园应思考的问题。大理州作为云南省两个铸牢中华民族共同体意识示范州试点之一，其实践可以为铸牢中华民族共同体意识的理论与实践研究提供西南边疆民族地区经验样本。本书以大理州铸牢中华民族共同体意识示范工作与民族团结进步示范创建工作为内容范围与写作对象，就创建工作机制创新、构筑中华民族共有精神家园等铸牢中华民族共同体意识五项重要工作，进行实践及案例研究。通过大理州在加强和完善党对民族工作的全面领导、全面推进中华民族共有精神家园建设、推动各民族共同走向社会主义现代化、促进各民族广泛交往交流交融、提升民族事务治理体系和治理能力现代化水平、有效防范化解民族领域风险隐患方面的模式、经验与成效，全方位展现习近平总书记铸牢中华民族共同体意识原创性论断在西南边疆民族地区的实践。

四、个案概况

大理白族自治州是中国西南边疆开发较早的地区之一。地处低纬高原，四季温差不大，干湿季分明，以低纬高原季风气候为主，境内以蝴蝶泉、苍山、洱海、大理古城、崇圣寺三塔等景点最有代表性。大理白族自治州地处云南省中部偏西，地处东经 98°52′~101°03′，北纬 24°41′~26°42′之间，东临楚雄州，南靠普洱市、临沧市，西与保山市、怒江州相连，北接丽江市。州府驻地大理市下关，距昆明市 331 千米。自治州国土总面积 29 459 平方千米，山区面积占总面积的 93.4%，坝区面积占 6.6%。东西最大横距 320 多千米，南北最大纵距 270 多千米。全州辖大理市、漾濞彝族自治县、祥云县、宾川县、弥渡县、南涧彝族自治县、巍山彝族回族自治县、永平县、云龙县、洱源县、剑川县、鹤庆县，共 1 市 11 县，110 个乡镇，是我国唯一的白族自治州，是闻名于世的电影"五朵金花"的故乡。

建制沿革方面，大理历史悠久，是云南最早的文化发祥地之一。据文献记载，公元 4 世纪白族祖先就在这里繁衍生息，散布了许多氏族部落，史书中称为"昆明之属"，他们创造了灿烂的新石器文化。公元前 221 年，秦朝开始经营西南，在西南地区建立行政机构，自此开始中央王朝对大理的统治；汉时（公元前 109 年），汉武帝出兵击败了"昆明之属"各部落，并在大理地区设置了叶榆县，开辟了中国南方丝路，使得大理成为四川通往印度的"南方丝路"中转站。三国时期，云南、贵州以及四川西南部被称为南中，归属蜀国。后，孟获叛乱，诸葛亮妙计七擒之，平定叛乱，并在大理地区重建云南郡。隋朝时期，公元597年，昆明发生叛乱，隋以史万岁平之；唐时贞观年间，唐王朝设置了戎州都督府，大理地区各县均归其管辖。公元7世纪，洱海周围出现了蒙崔、越析、浪穹、邓赕、施浪和蒙舍等六个"诏"（部落），其中的蒙舍诏在诸诏之南，故称南诏。公元8世纪，六诏在唐支持下建立南诏政权。南诏与唐王朝之间关系密切。后来，由于南诏力量日益强大，与唐朝矛盾日趋激烈，在公元749年和公元754年，双方发生大规模战争，史称"天宝战争"。后经过双方努力，公元794年举行"苍山会盟"，双方重归于好。南诏后期，宫廷内乱，国家在混乱之中分崩离析。南诏国就此消亡。公元937年，通海节度使段思平联合滇东三十七部进军大理，建立了大理国。大理国基本继承了南诏的疆界。大理国统治云南300多年，其间曾受宋王朝"云南八国都王"等封号。公元1253年，忽必烈率元兵，从宁夏入甘肃，经六盘山，结集于临洮（甘肃南部），然后进入四川西北部，在松潘地区分三路以进。忽必烈亲率中道兵，过大渡河"经行山谷2000余里"，由今盐源、永胜，直抵金沙江，"乘革囊及伐以渡"，到达今丽江境。忽必烈率军攻取了剑川、鹤庆，由上关进逼大理城。城破，大理相高祥被杀，大理王段兴智逃到滇池地区。公元1254年春，忽必烈班师北还，兀良合台留镇云南。公元1254年，兀良合台继续进军，先后平定了大理国的五城、八府、四郡及乌、白蛮37部，在昆泽（今宜良）俘获大理王段兴智，大理国亡。至元十一年（公元1274年），元朝委任赛典赤为云南平章政事，来云南建立行省。赛典赤撤销了原来的万户、千户、百户军事性的建置，改设路、府、州、县，建立了云南诸路行中书省，置路三十七、府二、属州五十四、属县四十七，尚设立了甸、寨、军民府等。元代在云南建立行省，标志着中央王朝对云南统治迈进了一大步，形成了"行省有令则布天下，郡县有请则为达于省"的政令统一局面。元代云南行省时期，今大理州地域分属于大理路、鹤庆路、威楚路和云龙甸军民府。大理路：至元七年（公元1270年），元朝并大理上下二万户府为大理路，治所在今大理城，领有一县、二府、五州。1276年改府为路，云南正式成为行省级区划的名称。洪武十五年（公元1382年），明军袭破大理城，朝廷改行省为云南等处承宣布政使司，领诸府州县司；置诸指挥使司，领诸卫所；置提刑按察司，分巡安普、临元、金沧、洱海四道，并察诸府州县司卫所，称为"三司"。今大理州地域分隶于大理府、鹤庆府、蒙化府、永昌府和楚雄府。清朝时期，今大理州地域分别隶属于大理府、丽江府、永昌府和蒙化府直隶厅。鄂尔泰任云贵总督时进行了大规模的"改土归流"，大理地区被划为云南的内地。《云南蛮司志》卷八载："版籍其地，加以经化，创置云南、楚雄、临安、大理诸府为内地；更以元江、永昌之外麓川、车里诸地为西南夷，一如旧时成都之视滇池。"大理府为迤西道治所，大理提督驻地，领4州、3县、1长官司。领州：赵州、邓川州、宾川州、云龙州；领县：太和县、云南县、浪穹县；长官司：十二长官司。1911年，昆明"重九起义"后成立了云南省军政府。大理地区隶属于滇西道，后归属腾越道。中华人民共和国成立后，于1950年2月1日，大理专员公署建立，辖下关、大理、凤仪、邓川、宾川、祥云、弥渡、蒙化、云县、缅宁、顺宁（凤庆）、永平、漾濞、云龙、洱源15县市。1956年，云县、缅宁、顺宁3县划归临沧专区，丽江专区的鹤庆、剑川2县划归大理专区。1956年11月22日，建立大理白族自治州，下关定为自治州首府。2000年止，大理白族自治州辖1市11县，即大理市、鹤庆县、漾濞彝族自治县、祥云县、宾川县、弥渡县、南涧彝族自治县、巍山彝族回族自治县、永平县、云龙县、洱源县、剑川县。

地理水文方面，大理州地处云贵高原与横断山脉结合部位，地势西北高、东南低。地貌复杂多样，点苍山以西为高山峡谷区。点苍山以东、祥云以西为中山陡坡地形。境内的山脉主要属云岭山脉及怒山山脉，点苍山位于州境中部，如拱似屏，巍峨挺拔。北部剑川与丽江地区兰坪交界处的雪斑山是州内群山的最高峰，海拔4295米。最低点是云龙县怒江边的红旗坝，海拔730米。境内以老君山—点苍山—哀牢山一线的大断裂为界，构成两大部分。东部属扬子准地台区，西部属藏滇地槽褶皱区（又称"三江区"）。其东部扬子准地台区，西以洱海—红河深（大）断裂为界，往东延入楚雄州境，为扬子准地台西缘的一部分。其西部藏滇地槽褶皱区，是州境内西部及南部广大地区，东以洱海—红河深（大）断裂为界，西至怒江、澜沧江河谷，呈南北纵贯州境，点苍山上还有苍山十九峰。州内湖盆众多，面积在1.5平方千米以上的盆地有18个，面积共1871.49平方千米。占大理州总面积的6.6%。盆地多为线形盆地，呈带状分布，从西向东排列为6个带。第四纪山岳冰川遗址分布于洱海以西、永平以北的高山区，大理点苍山是中国最后一次冰期"大理冰期"的命名地。主要河流属金沙江、澜沧江、怒江、红河（元江）四大水系，有大小河流160多条，呈羽状遍布大理州。州境内分布有洱海、天池、茈碧湖、西湖、东湖、剑湖、海西海、青海湖8个湖泊。

气候环境方面，大理州地处低纬高原，在低纬度高海拔地理条件综合影响下，形成了低纬高原季风气候特点：四季温差小。较接近北回归线，太阳辐射角度较大且变化幅度小，形成年温差小、四季不明显的气候特点，"四时之气，常如初春，寒止于凉，暑止于温"，四季温差不大；热带季风气候，分雨旱季。大理州冬干夏雨，赤道低气压移来时（冬半年11月至次年4月）为干季雨量，仅占全年降雨量的5%～15%，信风移来时（夏半年5—10月）为雨季降雨量，占全年降雨量的85%～95%；垂直差异显著。大理州由于地形地貌复杂，海拔高差悬殊，气候的垂直差异显著。气温随海拔高度增高而降低，雨量随海拔增高而增多。河谷热，坝区暖，山区凉，高山寒，立体气候明显；气象灾害多。由于季风环流的不稳定性和不同天气系统的影响，大理州气象灾害较多。常见的气象灾害主要有干旱、低温、洪涝、霜冻、冰雹、大风等。

自然资源方面，水资源有淡水湖泊洱海，丰富的苍山泉水和地下水；地热资源有温泉，仅塘子铺温泉，水流量就达1310立方米/小时，水温达76.5℃。地下水径流量以最枯流量资料的75%计算也达2.26亿立方米。矿产资源的非金属矿有驰名中外的大理石大型矿床。据初步勘查，仅苍山小岑峰一带大理石储量就达1亿立方米。还有储量丰富的石灰石、石英砂、萤石、黏土、煤等；金属矿有铂、钯、锰、锑等。其中，鹤庆县北衙新发现超大型金矿，已累计查明黄金资源量127吨，估算共生铁矿石5000万吨，共伴生银3000吨，铜金属量20万吨。专家认为，目前探明的金矿资源说明云南金资源也已经位居西南第一位。

区域人口与经济方面，大理州有13个世居民族，分别是汉、白、彝、回、傈僳、苗、纳西、壮、藏、布朗、拉祜、阿昌、傣等民族。有8个人口较少民族，分别是傈僳、苗、傣、阿昌、壮、藏、布朗、拉祜等民族。2022年末，全州常住人口330.5万人，城镇化率44.25%。大理市是大理白族自治州政治、经济、文化中心，1984年国务院批准为对外开放城市。全州基本形成电力、食品、轻纺、建材、造纸、印刷、化纤、制药、烟草加工、皮革塑料等多门类的地方民族工业体系。现有农业耕地面积8598公顷，有效灌溉面积7523公顷，旱涝保收面积7222公顷。市内交通发达，通信设施先进，境内乡村公路基本贯通，水上运输极为方便；320、214两条国道穿越市境，成为连接滇西八地州陆路交通枢纽和借道通往四川、西藏、东南亚国家的桥梁；大理飞机场已建成通航，开通了昆明、天津航线；广通至大理铁路、"昆楚"二级汽车专用线的延伸段楚雄至大理一级汽车专用线和大理至丽江的准二级公路于1998年建成通车。通信传输向数字化方向发展，已建成无线电寻呼台、光缆传输系统、移动通信系统等通信枢纽。2022年底，完成地区生产总值1699.6亿元，增长2.4%；规上工业增加值增长3%；固定资产投资913.5亿元，下降2.3%；社会消费品零售总额663.8亿元，增长1.9%；一般公共预算收入79.95亿元，同口径增长3.6%；支出 342.95 亿元，增长 13.3%；城镇、农村常住居民人均可支配收入 42 726 元、15 991 元，分别增长 2.4%、6.4%。

历史文化方面，大理市是以白族为主体的民族聚居区，白族占有全市人口的 65%。白族风情多姿多彩，风俗习惯具有鲜明的地方民族特色。白族民居由大量石料建成，墙基、门头、窗头、横梁皆用石头砌成，屋顶以板瓦为沟、筒瓦为顶。民居内部庭院多有讲究，往往依据住家的富裕程度而有所不同，大体上有四种形式：一为"两房一耳"，即两幢楼房互相垂直，交叉处有一耳房；二为"三房一照壁"，即三幢楼房，主房对面为照壁；三为"四合五天井"，即有四幢楼房，每一处交叉点都有一耳房；四为"六合同春"，即有两个大院，每院三幢楼房，各方的楼廊彼此相连，通行无阻，称为"走马转角楼"。白族民居尤为讲求盖门楼，通常盖门楼的形式为"一滴水"，即为普通的坡屋，朴素大方，而另一种形式"三滴水"则显现了一种华丽，其建筑十分精美，飞檐翘角，宏伟壮观。白族民居中的照壁也显现了民居的特色。照壁是装饰性的建筑，象征了吉祥、福禄与安康。各种各样的照壁也体现了主人的意愿与企盼，堪称白族民居建筑的精美艺术品。白族的宗教信仰体现为本主崇拜。本主崇拜的宗教信仰形成于南诏时期，随着社会的发展而不断完善，内容也越发丰富，是白族人民向往美好生活的表现，至今不衰。本主崇拜是一种多神崇拜，每个村寨都有自己的本主神，也有的是几个或几十个村寨共同信奉一个本主神。本主神也是多种多样，例如：自然本主有石头、水牛、猴子等；神灵本主有山神、谷神、太阳神等；英雄本主有杜朝选、段赤诚等；佛教与道教本主有观音、李靖等。本主信仰不同于佛教的修来生，也不同于道教的化神仙，它只是对现世五谷丰登、风调雨顺的一种期盼。"以死勤事者则祀之，以劳定国则祀之，能御大灾则祀之，能悍大患则祀之"是本主崇拜的总原则。

五、政策过程

2013 年，大理州被确定为创建全国民族团结进步示范州（地、市、盟）首批 13 个试点之一；2016 年 9 月，被国家民委命名为首批"全国民族团结进步创建活动示范州"，创新设立了"大理州民族团结进步创建活动月""最美民族团结进步带头人"等民族团结活动，巍山彝族回族自治县等 14 家单位被命名为"全国民族团结进步创建示范单位"。大理州在全国率先成立了党政一把手亲自抓的民族团结进步示范区建设领导机制，建立了民族团结进步示范区建设督促检查机制与考核机制，率先在全国提出了全国民族团结进步示范州巩固提升意见，提出要"培育民族团结进步文化"的构想，建立了《大理州民族团结进步示范区建设规划评估指标体系》。在深化民族团结进步创建工作方面，大理州打造了一批类型多样、各具特色、具有标杆性的示范典型，同时持续创新开展民族团结进步创建进企业、进机关、进社区、进乡镇、进学校、进宗教活动场所、进军营"七进"活动，实现了全覆盖。在创新中不断探索，大理州众多民族团结工作在全国不断成为示范与经典案例，全国各地众多考察组到大理参观、考察民族团结进步示范区建设和创建全国民族团结进步示范州工作。

2019 至 2020 年以来，大理州委、州政府先后出台《关于建设民族团结进步繁荣稳定幸福示范区的意见》《中共大理州委大理州人民政府关于"全国民族团结进步示范州"巩固提升的意见》《进一步加快大理州民族团结进步示范区建设的实施意见》《大理州民族团结进步"百村（社区）示范创建行动"方案》《大理州民族团结进步示范县示范单位命名管理办法》《大理州民族团结进步示范区建设资金整合办法》《大理州关于实行民族团结进步示范区建设责任制的通知》《大理白族自治州创建"全国民族团结进步示范县市"三年行动计划（2021—2023 年）》。《大理白族自治州创建"全国民族团结进步示范县市"三年行动计划（2021—2023 年）》明确提出，从 2021 年起至 2023 年全州 12 县市创建工作均达到国家、省级民族团结进步示范县市测评标准，力争获得国家、省民族团结进步示范县市命名的目标，同时坚持结果导向，优化激励机制，配套出台《大理白族自治州创建"全国民族团结进步示范县市"以奖代补项目资金管理暂行办法》。另外，还有《大理州贯彻〈云南省民族团结进步示范区建设条例〉实施办法》《关于学校全面深入持久开展铸牢中华民族共同体意识教育的通知》《关于协同推进民族团结进步示范区建设的战略合作协议》等，上述文件、具体措施和管理办法进一步巩固提升了"全国民族团结进步创建活动示范州"创建成果，加快了大理州民族团结进步示范区建设。剑川县人民政府等 14 家单位、何国祥等 15 人被国务院表彰为全国民族团结进步模范集体和模范个人。巍山彝族回族自治县等 14 家单位被命名为"全国民族团结进步创建示范单位"，大理市等 12 个县市被命名为"全省民族团结进步示范县"，银桥镇、太平乡等 28 个乡镇被命名为"全省民族团结进步示范乡镇"，宝丰村、华侨社区等 212 个村（社区）被命名为"全省民族团结进步示范村（社区）"，州财政局、州教育体育局等 38 个单位被命名为"全省民族团结进步示范单位"，张伯简纪念馆等 4 个教育基地被命名为"全省民族团结进步教育基地"。洱源郑家庄"七个民族一家亲"，大理市古生村"记得住乡愁"，剑川桑岭村"各民族都是阿夫甲"等，成为全国、全省民族团结进步的典范。2021 年 11 月 4 日，大理州召开 2021 年大理州民族团结进步示范区建设领导小组扩大会议，专题审议《大理白族自治州关于"全国民族团结进步示范州"重新申报工作实施方案》，总结成绩、分析形势、交流经验，安排部署全国民族团结进步示范州重新申报、创建铸牢中华民族共同体意识示范州各项工作。同时，又制定《大理州民族团结进步示范区建设规划（2021—2025年）》，出台了《中共大理州委、大理州人民政府关于印发关于大理白族自治州民族团结进步示范区建设规划（2021—2025年）的通知》等系列政策文件，召开州委民族工作会议暨全州宗教工作会议，对各项工作做进一步安排部署，稳步有序推进全国民族团结进步示范州重新申报工作。

为完整准确全面把握和贯彻习近平总书记关于加强和改进民族工作的重要思想和考察云南重要讲话精神，扎实推动新时代民族工作高质量发展，云南省开展了创建铸牢中华民族共同体意识示范试点工作的探索，大理州和文山州成为省内首批示范州。在此契机下，大理州委、州人民政府将目标任务锁定于，以铸牢中华民族共同体意识为主线，以建设环洱海铸牢中华民族共同体意识示范圈为重点，打造具有大理辨识度、全国引领性的"苍洱处处石榴红"品牌，率先把大理州创建成为首批铸牢中华民族共同体意识示范州。2022年，大理州铸牢中华民族共同体意识示范州（试点）创建工作全面实施，环洱海铸牢中华民族共同体意识示范圈创建深入推进，铸牢中华民族共同体意识示范县市、示范单位创建命名工作统筹开展，铸牢中华民族共同体意识创建测评指标体系和测评办法探索建立，试点工作取得初步成效。

以此为背景，本书将大理州推动铸牢中华民族共同体意识过程中的实践，以州、县、村、机关为个案和写作对象，整理了政策先导篇、示范创建篇、机制创新篇、生态示范篇、交通助推篇、党建引领篇、实践逻辑篇、文化空间篇、乡村振兴篇、乡村治理篇、深入探索篇共11个篇章。第一至六章为上编，主要为"大理州铸牢中华民族共同体意识的政策实践"；第七至十一章为下编，主要为"基于田野点个案大理州铸牢中华民族共同体意识的理论研究"。全书以系统、全面的政策实践与工作成效和窥豹一斑的个案研究与理论研究，展现了大理州以民族团结进步示范创建为重要抓手，在"五位一体"总体布局和"四个全面"战略布局中统筹谋划，推动铸牢中华民族共同体意识的西南边疆实践。

第一章

政策先导篇

　　大理州深入贯彻落实习近平总书记关于民族工作重要论述和考察云南重要讲话精神，以铸牢中华民族共同体意识为主线，广泛组织各族群众、发动各方力量、采取多种形式，创新推动全国民族团结进步示范州巩固提升工作，典型示范效应不断提升，示范区建设不断取得新成效，尤其在铸牢中华民族共同体意识示范州上走在了全国全省前列。该篇即围绕大理州创建铸牢中华民族共同体意识州的政策实践展开，呈现了政策先导、系统谋划布局的全过程。该政策实践中，大理州始终坚持鲜明政治导向，全面加强党对民族工作的领导，坚持站位全局谋发展、立足大理创经验、深化内涵树品牌、面向全国做示范，以铸牢中华民族共同体意识为主线，以共铸"石榴魂"、共培"石榴根"、共开"石榴花"、共护"石榴叶"、共结"石榴果"、共连"石榴籽"、共育"石榴树"为抓手，以建设环洱海铸牢中华民族共同体意识示范圈为重点，打造具有大理辨识度、全国引领性的"苍洱处处石榴红"品牌，率先把大理州创建成为首批铸牢中华民族共同体意识示范州。

大理白族自治州创建铸牢中华民族共同体意识
示范州（试点）的政策实践

为完整准确全面把握和贯彻习近平总书记关于加强和改进民族工作的重要思想和考察云南重要讲话精神，切实贯彻落实大理州委、州人民政府《关于以铸牢中华民族共同体意识为主线推进新时代党的民族工作高质量发展的实施意见》和州委民族工作会议精神，以铸牢中华民族共同体意识为主线，准确把握"十二个必须"的深刻内涵，重点把握"四个关系"，以更高标准、更大力度、更实举措全力开展铸牢中华民族共同体意识示范州试点工作，推动各民族政治上团结统一、经济上共富共享、文化上美美与共、社会上互嵌互融、生态上和谐共生，率先把大理州创建成为首批铸牢中华民族共同体意识示范州，推动新时代民族工作高质量发展，基于先后制定印发的《大理州进一步加快民族团结进步示范区建设意见》《大理白族自治州创建"全国民族团结进步示范县市"三年行动计划（2021—2023 年）》《大理州民族团结进步示范区建设规划（2021—2025 年）》《大理州铸牢中华民族共同体意识建设云南民族团结进步示范区样板的实施方案》等系列文件与工作方案，大理州展开了铸牢中华民族共同体意识示范州的政策实践。

一、目标任务

坚持站位全局谋发展、立足大理创经验、深化内涵树品牌、面向全国做示范，以铸牢中华民族共同体意识为主线，以共铸"石榴魂"、共培"石榴根"、共开"石榴花"、共护"石榴叶"、共结"石榴果"、共连"石榴籽"、共育"石榴树"为抓手，以建设环洱海铸牢中华民族共同体意识示范圈为重点，打造具有大理辨识度、全国引领性的"苍洱处处石榴红"品牌，率先把大理州创建成为首批铸牢中华民族共同体意识示范州。

2022 年，铸牢中华民族共同体意识示范州创建工作试点全面实施，环洱海铸牢中华民族共同体意识示范圈创建深入推进，统筹探索开展铸牢中华民族共同体意识示范县市、示范单位创建命名工作，探索建立铸牢中华民族共同体意识创建测评指标体系和测评办法，推动试点工作取得初步成效。2023 年，全国民族团结进步示范州高质量通过重新申报验收，获得命名。全州 12 县市创建工作均达到国家、省级民族团结进步示范县市测评标准，力争均获得命名。环洱海铸牢中华民族共同体意识示范圈创建成效明显，在构筑中华民族共有精神家园、推动各族群众共同迈向现代化、促进各民族交往交流交融、提升民族事务治理能力体系、防范民族领域风险隐患、推进共同体意识全域创建、加强党对民族宗教工作的全面领导上做出示范，达到铸牢中华民族共同体意识示范州测评指标标准，争取国家、省首批命名。2024 年，持续巩固提升试点工作，充分吸纳各地好做法好经验，进一步深化拓展创建工作，完善测评指标体系，形成更加完备、更加精准、更加科学的创建工作体系，总结提炼好经验好做法，形成较为完备，可复制、可推广的"大理经验"。2025 年，实现全域创建，铸牢中华民族共同体意识工作实现常态化、制度化、规范化，各民族休戚与共、荣辱与共、生死与共、命运与共的共同体理念更加牢固，凝聚起中华民族共同体建设的更大智慧和强大力量。

二、实施步骤

围绕以上目标，统筹谋划、稳步有序推进各项工作，主要分五个阶段开展。第一阶段：动员部署阶段（2022 年 5 月底前）。探索制定《大理白族自治州关于创建全国铸牢中华民族共同体意识示范州试点的工作实施方案》及测评指标、测评办法等文件，明确目标任务、细化责任分工、安排部署工作。第二阶段：全面提升阶段（2022 年 6 月至 2023 年 4 月底前）。对照国家、省铸牢中华民族共同体意识示范创建试点工作要求，全面深入持久开展铸牢中华民族共同体意识创建工作，适时对重点工作任务完成情况开展督查检查。第三阶段：评估整改阶段（2023 年 5 月至 2023 年 6 月底前）。聘请第三方评估机构对铸牢中华民族共同体意识创建工作进行全面评估，逐项逐条列出问题清单。依据问题清单制定整改方案，召开整改落实会议，明确整改责任，细化措施任务，对标对表抓整改落实，全面补齐短板增强弱项。第四阶段：迎接测评验收阶段（2023 年 7 月至 2023 年 12 月，具体时间以国家民委、省民族宗教委确定为准）。制定迎检方案，做好与省民族宗教委、国家民委的汇报、请示工作。各相关县市、部门按照迎检方案，进一步做好测评验收点准备、总结提炼、宣传推广等相关工作，规范整理档案台账，全力按要求做好国家、省检查考核验收各项准备工作，确保高质量通过国家、省审核测评验收，获得首批命名。第五阶段：巩固提升阶段（通过国家测评验收后）。坚持创建工作永远在路上，深入贯彻中央、省委、州委民族工作会议和文件精神，认真总结加强和改进党的民族工作的成功经验，健全完善创建工作和示范引领的长效机制体制，全面深入持久开展巩固提升工作。

三、重点工作

（一）共铸"石榴魂"，在构筑中华民族共有精神家园上扩展新载体

1. 积极开展铸牢中华民族共同体意识理论研究。强化习近平总书记关于加强和改进民族工作重要思想研究，设立州级铸牢中华民族共同体意识专门工作机构，健全大理州中华民族共同体研究中心、研究基地机制体制。依托国家、省铸牢中华民族共同体意识研究基地和大理大学、州委党校等院校智库，着力加强大理铸牢中华民族共同体意识的重大理论和现实问题研究，积极发表学术理论研究成果，提出针对问题的对策建议。支持相关机构创建各级铸牢中华民族共同体意识研究基地，鼓励各县市建设铸牢中华民族共同体意识研究机构。坚持正确的中华民族历史观，开展相关史料汇编和大理铸牢中华民族共同体意识古籍整理出版工作，深入挖掘、整理各民族渊源共生、和谐共融的历史，从中华民族共同体的高度把握历史叙述权和话语权，推动中华民族共同体建设，在深入践行习近平总书记作出的"铸牢中华民族共同体意识"重大原创性论断上做出表率。

2. 健全铸牢中华民族共同体意识宣传教育体系。将铸牢中华民族共同体意识宣传教育纳入党委和政府大宣传工作格局，纳入干部教育、党员教育、国民教育体系，做好社会宣传教育，建立完善宣传部门和民族工作部门常态化联系机制，确保宣传素材"供给"和"输出"畅通衔接。宣传教育既要面向民族聚居区也要面向散杂居地区，既要面向城市也要面向农村，既要面向少数民族也要面向汉族，既要面向成年人也要面向未成年人，做到全覆盖、无盲区，通过各族群众喜闻乐见的新形式、大众熟知惯用的新载体，努力营造浓厚的社会氛围和社会环境，让习近平总书记关于加强和改进民族工作的重要思想深入人心，让"中华民族一家亲、同心共筑中国梦"的理念入脑入心。

3. 建立常态化学习制度。将铸牢中华民族共同体意识作为各级党委（党组）理论学习中心组的必学内容，纳入干部教育培训、党校（行政学院）教学培训等范围和国家工作人员初任培训、任职培训内容，纳入"三会一课"、主题

党日等学习内容。成立"石榴魂"宣讲团，组建"石榴籽"宣讲员队伍，持续采取专题辅导、主题报告、授课培训等方式，深入机关、乡村、社区、学校、企业、宗教活动场所等进行中央民族工作会议精神宣讲宣传，把铸牢中华民族共同体意识的重大意义、丰富内涵、理论创新、工作重点、思路举措讲清楚，使各族干部群众深刻认识到铸牢中华民族共同体意识，是习近平总书记在深刻把握中国历史文化和世界民族发展规律基础上作出的重大原创性论断，是中华民族伟大复兴的基础性工程、战略性工程和标志性工程，切实在思想上认识到位，切实担负起职责使命，坚决捍卫"两个确立"，坚决做到"两个维护"，按照党中央决策部署，稳步推进、落到实处。

4. 打造多维一体全媒体宣传矩阵。继续与国家、省媒体和新媒体开展常态化、多样化合作，形成线上与线下相结合、传统媒体与新媒体手段相结合的宣传工作矩阵。认真做好云南日报报业集团宣传专栏，与中央媒体合作开展"铸牢中华民族共同体意识看大理"等大型全媒体主题宣传活动，在州级媒体开设专题专栏，广泛深入宣传大理民族团结进步、铸牢中华民族共同体意识的好故事、新形象。深化"互联网+铸牢中华民族共同体意识"行动，建设新媒体短视频传播平台和阵地，利用各级各部门政务新媒体、商业自媒体平台等各类媒体，播放民族团结进步、铸牢中华民族共同体意识宣传片、微视频、公益广告等，讲好苍洱"石榴红"好故事。通过多种形式的社会宣传和媒体宣传，做到广播有声音、电视有画面、报纸有文章、网络有故事，增强各族人民共同推动铸牢中华民族共同体意识的思想自觉和行动自觉。

5. 用中华民族伟大精神来汇聚正能量。在各民族群众中深入培植和践行社会主义核心价值观，大力弘扬以爱国主义为核心的伟大民族精神，继承和弘扬各族人民在历史长河中共同培育形成的革故鼎新、勇于发明的伟大创造精神，勤劳坚韧、自强不息的伟大奋斗精神，齐心协力、同舟共济的伟大团结精神，向往美好、不懈追求的伟大梦想精神。大力挖掘和讲好"南诏德化碑""苍山会盟碑"等大理各族人民心向国家统一、维护民族团结的好故事，创造性传承和发扬以张伯简、周保中、王德三等革命前辈为代表的红色革命文化和爱国主义情怀，用共同理想信念凝心铸魂，赓续精神血脉；结合"大气明理、崇尚礼仪、诚信进取、德化和谐"的大理精神，加强现代文明教育，深入实施文明创建、公民道德建设、时代新人培育等工程，引导各族群众在思想观念、精神情趣、生活方式上向现代化迈进。继承和发展党领导人民在各个历史时期斗争中形成的伟大建党精神等精神谱系，发扬精神感召力，汇聚社会正能量，推动实现社会各方更加紧密团结在党的周围，最大限度凝聚起中华民族共同体建设的磅礴合力，助力大理绿色为底色的高质量发展。

6. 用中华文化认同浸润共同体意识。树立和突出各民族共享的中华文化符号和中华民族形象，在主要交通出入口、主要路段、重点区域、旅游景区等地，统筹规划建设一批体现各民族特征的具有中华文化特征、彰显中华民族视觉形象的文艺作品、宣传广告、标识标牌，大力发扬中华优秀传统文化中"天下为公""和而不同""天下兴亡、匹夫有责"等共同体思想，在润物无声中把中华文化深厚内涵和中华民族共同体意识融入生产生活中，不断增强各族群众对中华文化、中华民族的认同。在各级各类学校全面深入开展形式多样的铸牢中华民族共同体意识主题教育和社会实践活动，以经典诵读、中华文明礼仪、中华传统技艺教育和铸牢中华民族共同体意识说课比赛等为主要内容开展"我是小小石榴籽"系列活动，培树打造一批示范学校，推动铸牢中华民族共同体意识进校园、进教材、进课堂、进头脑。加强革命文化研究和阐释，做好红色花灯剧《王德三》二次创作提升及巡演，出版红色小故事集等，使更多的人了解革命前辈的奋斗历程，体会和感受革命文化的精神力量，激励各族干部群众弘扬光荣革命传统、赓续红色血脉、增进"五个认同"。

7. 推进各民族文化创新交融。倡导"各美其美、美人之美、美美与共"的民族文化发展观，促进各民族群众把热爱本民族与热爱中华民族统一起来、热爱家乡与热爱祖国统一起来。建设一批长征国家文化公园、爱国主义教育博物馆（基地），加快推进国家方志馆南方丝绸之路分馆建设。加快电影《新·五朵金花》、电视剧《大理三月好风光》《盛唐南诏》等创作拍摄，加强白剧、吹吹腔剧、大本曲、花灯戏等戏曲人才培养，加大特色戏曲演艺和影视作品创作力度，打造一批具有中华文化底蕴、汲取各民族文化营养、融合现代文明的舞台艺术作品、影视作品，促进各民族在文化上相互尊重、相互欣赏，相互学习、相互借鉴，推动各民族文化互鉴交融。实施大理民族文化生态保护实验区规划和民族文化保护传承工程，加大南涧跳菜、剑川木雕、鹤庆银器等优秀传统文化技艺及非遗物质文化遗产保护扶持力度，让各族群众在享受和品味文化的过程中深刻体会中华文化是各民族优秀文化的集大成，潜移默化地把"中华民族一家亲"理念深植于内心深处。

8. 全面推广普及国家通用语言文字。全面推行使用国家统编教材，落实国家通用语言文字作为教育教学基本用语用字的要求，确保初中以上毕业生熟练掌握和使用国家通用语言文字。全面加强学前儿童普通话教育，全面推进"学前学会普通话"。深入开展民族地区教师国家通用语言文字教育教学能力培训。开展"职业技能+普通话"能力培训，提高民族地区青壮年劳动力普通话应用水平,提升城乡社区语言服务能力,大力营造使用国家通用语言文字的社会生活环境。科学保护各民族语言文字,尊重和保障少数民族语言文字学习使用,鼓励民族地区汉族干部学习使用少数民族语言文字,以语言相通促进心灵相通、命运相通。

(二)共培"石榴根",在推动各民族共同走向现代化上实现新发展

1. 创新民族地区发展理念。坚持以人民为中心的发展思想,完整、准确、全面贯彻落实新发展理念,构建新发展格局,统筹发展和安全,将改善民生、凝聚人心作为民族地区经济社会发展的出发点和落脚点,赋予彰显中华民族共同体意识、维护国家统一、反对分裂和民族团结的意义。主动服务和融入国家、省发展大局,主动对接"一带一路"、长江经济带、新时代西部大开发等国家重大战略,紧紧围绕"两城一区、三个走在前"的战略目标,逐步完善差别化区域支持政策,支持民族地区全面深化改革开放,提升自我发展能力,推动各民族共同走向社会主义现代化,确保实现社会主义现代化一个民族都不少,确保改革发展成果更多更公平惠及每一颗"石榴籽",答好"铸牢中华民族共同体意识"大理答卷。

2. 加快产业培植和发展。加快建设"445"千百亿级现代产业体系,集中资源推动世界一流"三张牌"走深、走精、走长,共同培育好"石榴根",让每一颗"石榴籽"有充足养分。建设高水平的绿色食品、保健食品产业园,打造世界一流"绿色食品牌"示范区。打造世界级文旅产业和"一带三道十八廊"——"漫步苍洱"世界级康旅品牌。抓好核桃、蔬菜、水果、中药材、乳业及肉牛、生猪等优势特色产业发展,加快建设农业强州。培育数字经济新实体,发展数字化新业态,建好数字经济产业园,打造"苍洱数谷",推动高质量发展,推动人的全面发展、全体人民共同富裕取得更为明显的实质性进展。

3. 打造环洱海铸牢中华民族共同体意识示范圈。深入践行习近平生态文明思想,把碳达峰、碳中和纳入经济社会发展和生态文明建设整体布局,统筹人与自然生命共同体和中华民族共同体建设,加快美丽县城、美丽乡村、美丽公路、美丽湖区建设,打造"苍洱一体、民族共融"环洱海铸牢中华民族共同体意识示范圈,在洱海保护治理中彰显共同体意识,以共同体意识凝聚洱海保护治理强大精神力量,促进各民族在中华民族大家庭中像石榴籽一样紧紧抱在一起,形成"石榴同心护苍洱"的良好风尚和局面,建设最美的铸牢中华民族共同体意识示范州,让"苍山不墨千秋画,洱海无弦万古琴"的自然美景永驻人间。

4. 加快补齐公共服务短板弱项。加快建设大理国家级综合交通枢纽,加快实施铁路、公路、机场、水利、能源等一批"两新一重"项目建设,提高基础

设施通达度、通畅性和均等化水平。坚持就业优先，全面落实就业优先政策，实施"石榴籽"就业行动，建立跨区域就业创业合作机制，支持返乡就业创业。加大教育资源配置向民族地区倾斜力度，全面提升基础教育水平，办好人民满意的教育。加快推进滇西区域医疗中心建设，加快建设分级诊疗体系。大力发展中医药事业，争创全国基层中医药工作先进州。织密城乡低保、医疗保险、养老保险、专项社会救助等社会保障网，完善农村留守儿童和妇女、老年人、残疾人等权益保障和关爱服务体系，并将其纳入民族团结进步创建考评指标，不断满足人民群众对均衡公共服务的美好需求。

5. 推进民族地区乡村全面振兴。保持帮扶政策总体稳定，扎实开展"一平台、三机制"四个专项行动，牢牢守住动态清零、不发生返贫的底线，实现巩固拓展脱贫攻坚成果同乡村振兴有效衔接，推动脱贫攻坚政策举措和工作体系向乡村振兴平稳过渡，全面推进产业、人才、文化、生态和组织"五大振兴"落实。完善各族群众民生保障，增强乡村发展动能，建设美丽宜居乡村，提高乡村治理水平，凝聚乡村振兴正能量，把乡村建设成为各族群众安居乐业的美丽家园。

（三）共开"石榴花"，在促进各民族交往交流交融上开创新局面

1. 实施"各族青少年交流计划"。制定出台《大理州关于促进各族青少年交流的实施方案》，积极探索组织大理州和内地东中部地区及省内各族青少年开展跨区域主题交流活动、跨区域社会实践交流活动、志愿服务交流活动，以及"石榴花开""手拉手、结对子"帮扶交流活动等。与内地学习开展夏、冬令营活动等体验式交流活动，促进各族青少年相互理解尊重、相互欣赏包容、相互学习帮助。组织各级各类学校的各族学生参加"童心向党、石榴花开""民族团结我践行""中华民族一家亲"等社会实践交流活动，深入了解国情社情民情，争做民族团结进步的维护者、宣传者、实践者。深化东西部学校对口支援协作，定期开展互动交流，加强学生交流培养。

2. 实施"各族群众互嵌式发展计划"。制定出台《大理州关于做好各族群众互嵌式发展的实施方案》，启动城市民族工作服务管理智慧平台搭建，计划用三年时间覆盖全州所有社区，以大数据可视化实现对城市民族工作服务管理的动态监测，让城市更好地接纳少数民族流动人口，让少数民族流动人口更好地融入城市生活。将大理州与东中部、云南省域内双向就业创业作为促进各族群众互嵌式发展的关键举措，深入开展沪滇协作及定点帮扶，实施"石榴籽心连心"计划，鼓励支持民族地区各族群众到中东部地区就业创业、居住生活，鼓励支持内地企业到民族地区投资兴业、开发建设，推动民族地区更快融入新发

展格局，推动人口大流动大融居，加快构建互嵌式社会结构，引导各族群众交得了知心朋友、做得了和睦邻居、结得成美满姻缘，实现和睦相处、和衷共济、和谐发展，在中华民族大家庭中像石榴籽一样紧紧抱在一起，实现我中有你、你中有我，谁也离不开谁。

3. 实施"旅游促进各民族交往交流交融计划"。制定出台《大理州关于做好旅游促进各民族交往交流交融的实施方案》，以打造世界级文旅产业为目标，融入大滇西旅游环线建设，构建全域旅游发展格局。大力推进"文旅+"和"+文旅"发展，挖掘整理弘扬文化资源当中体现中华民族多元一体的共同性元素，梳理展示生活在众多茶马古道重镇的大理各族人民对开放包容、相互认同历史传统的创造性传承，不断开发体现各民族交往交流交融的历史事实、遗址遗迹、活态遗产等体验项目，提升旅游发展的文化内涵，以文旅产业高质量发展，促进各民族在空间、文化、经济、社会、心理等方面全方位嵌入，不断铸牢中华民族共同体意识。深化与旅游企业合作，开展共建共创，打造一批促进各民族交往交流交融，彰显中华民族共同体意识的新路线、发展培育新业态、开发创作新产品。深入挖掘各景区、景点中蕴含的爱国主义和中华民族多元一体内容，把民族团结进步、铸牢中华民族共同体意识知识和理念融入旅游讲解中，深刻表达中华文化特征、中华民族精神和中国国家形象，让旅游成为增强"五个认同"、增强中华民族共同体意识的过程。

4. 推进建立相互嵌入式的社会结构和社区环境。认真贯彻落实《城市民族工作条例》和《关于进一步加强和改进少数民族流动人口服务管理工作的实施意见》，充分考虑不同民族、不同地区的实际，统筹城乡建设布局规划和公共服务资源配置，完善政策举措，营造环境氛围。不断巩固提升大理市全国少数民族流动人口服务管理示范市创建成果，推动建立更高层次、更宽领域少数民族流动人口服务管理跨省、跨州协作机制，不断完善大理市铸牢中华民族共同体意识示范社区创建联盟运行机制和平台，鼓励支持各县市之间成立创建联盟，促进县市社区间、跨区域社区间交流合作、互助共赢、相互学习，推动实现信息互通、平台共用、资源共享、共建共创，充分发挥城市在铸牢中华民族共同体意识和促进各民族交往交流交融中的重要平台作用。

5. 广泛开展群众性交流活动。打造"中华民族一家亲，同心共筑中国梦"系列实践教育活动平台，开展"结对子""一家亲"等多层次多领域多样化的民族联谊活动，增进各民族间感情交流。把爱国主义、中华民族共同体意识理念、元素融入新时代文明实践中心建设、学雷锋自愿服务、精神文明建设等工作之中，体现到广场舞、文艺演出、体育竞技等群众性文化、体育、民俗活动之中，引导各族群众自我宣传、自我教育、自我提高。运用"三月街"民族节等各民族共同的传统节日和州庆等重大纪念日，聚焦增强各族群众获得感、幸福感、安全感，广泛组织开展群众喜闻乐见、便于参与的节庆活动，支持各族群众开展形式多样、丰富多彩、健康向上的文娱活动，促进各族群众广泛交往、全面交流、深度交融，使各族群众切身感受到开展民族团结进步、铸牢中华民族共同体意识创建的实际成效，把各民族共同节日打造成为充分展现中华优秀文化魅力、推动经济社会发展、增进"五个认同"的节庆品牌，成为促进"石榴籽"紧紧抱在一起的重要途径、铸牢中华民族共同体意识的有效载体。

6. 推进对外开放和交流合作。积极推进与省内外各少数民族自治州建立民族团结进步、铸牢中华民族共同体意识创建联盟，相互学习借鉴，共促发展进步。推进与浦东、成都、台州、青岛等友好城市以及中东部发达城市、省内各州（市）开展实质性交流合作，促进地区间经济相濡以沫、民族间文化交流融合。深化与省内外各州市经济往来，促进人员交往，在人才交流和改革创新合作方面建立互访协商机制，在深度的交往交流交融中增进情感认同。充分发挥大理区位、历史、文化、环境等优势，主动对接 RCEP，加快推动口岸机场建设，积极申建服务贸易创新发展试点、跨境电商综合试验区、经开保税物流中心，加快实施一批建设面向南亚东南亚辐射中心项目和健康旅游项目，构建面向南亚东南亚的全国性综合交通枢纽，吸引境外特别是南亚东南亚国家居民到大理旅游、康养、医疗、居住、消费，推动澜沧江—湄公河旅游城市合作联盟建设，建立健全多边双边高层旅游合作协商机制，推动旅游通关便利化，开展大理崇圣寺论坛，持续打造面向南亚东南亚佛教文化交流平台，以更加开放的姿态拥抱世界，为增进南亚东南亚国家人民友谊、构建人类命运共同体贡献力量。

（四）共结"石榴果"，在提升民族事务治理能力体系上取得新实效

1. 全面贯彻落实党的民族政策。全面贯彻落实《宪法》《民族区域自治法》《大理白族自治州自治条例》和《大理州贯彻〈云南省民族团结进步示范区建设条例〉实施办法》等法律法规，做到统一和自治相结合、民族因素和区域因素相结合，坚定不移地走中国特色解决民族问题的正确道路，确保国家法制统一和政令畅通，确保各族公民享有同等地位、享受同等权利、履行同等义务、平等参与各项事务，确保民族事务治理法治化的正确方向。以铸牢中华民族共同体意识为主线，统筹全州各族共同发展、共同进步、共同富裕，保障发展成果公平惠及各族群众，促进各民族和睦相处、和衷共济、和谐发展，让"石榴籽"在法治的轨道上抱得更加紧实，进一步巩固平等团结互助和谐的社会主义

民族关系。

2. 不断健全完善政策法规体系。组织法制审查机关对现行地方性法规规章和政策措施中与铸牢中华民族共同体意识不相适应的内容进行梳理，适时修订有关民族工作的地方性法规、民族自治地方自治条例和单行条例，不断推进民族事务法治建设，依法保障各民族合法权益，依法处理涉民族因素的案事件。以铸牢中华民族共同体意识为标准，把民族事务纳入共建共治共享的社会治理格局，深化"基层党建+民族团结进步+乡村振兴""铸牢中华民族共同体意识+乡村振兴"等多形式融合推进，健全完善基层党组织领导下的村民议事制度、矛盾纠纷调处机制、帮扶机制等乡村治理体系，丰富有事好商量、众人的事情由众人商量的制度化实践。进一步畅通群众参与、监督、反馈渠道，建立激发民族团结进步正能量激励机制。加强对民族法律法规及政策贯彻执行的监督检查，用法治保障和强化民族团结进步、中华民族共同体建设。

3. 按照增进共同性的方向改进民族工作。正确把握共同性和差异性、中华民族共同体意识和各民族意识、中华文化和各民族文化、物质和精神的关系，做到共同性和差异性的辩证统一、民族因素和区域因素的有机结合，不断增进各族人民"五个认同"和国家意识、公民意识、法治意识。尊重和包容差异性，注重对各民族在饮食服饰、风俗习惯、文化艺术、建筑风貌等方面的保护和传承，体现共同体的包容性，增强共同体的生命力，构筑起各民族人心所向的美好的中华民族共有精神家园。

（五）共护"石榴叶"，在防范民族领域风险隐患上彰显新作为

1. 坚决防范民族领域重大风险隐患。牢固树立总体国家安全观，坚持底线思维，强化风险意识，严密防范和有效应对境内外敌对势力各种渗透颠覆破坏活动、暴力恐怖活动、民族分裂活动、宗教极端活动，坚决捍卫国家安全、维护社会稳定、保障人民安宁。坚决反对和纠正针对特定民族成员的歧视性行为，坚决依法打击破坏民族团结和制造民族分裂的违法犯罪行为。压实意识形态工作主体责任，坚持主管主办和属地管理原则，守好守住意识形态阵地，积极稳妥处理涉民族因素的意识形态问题，持续肃清民族分裂、宗教极端思想流毒。加强民族出版物的审查和管理，依法打击各类涉及民族问题的非法出版物和有害出版物，净化文化舆论环境。加强重点新闻网站、政务新媒体建设，加快网络评论体系和网络人才队伍建设，传播民族团结进步正能量，正确引导涉及民族因素的舆论舆情，健全和完善重大突发事件新闻宣传快速反应机制和网络舆情管控引导机制，建设好网上各民族共同家园，使互联网成为铸牢中华民族共同体意识最大的增量。

2. 开展涉民族因素矛盾纠纷排查化解。不断完善省州县三级同步监测监管影响团结稳定问题、涉民族因素突发事件应急处置和网络舆情联动处置等机制，积极开展团结稳定形势分析研判和矛盾纠纷排查调处，会同相关部门加强民族地区社会治安防控体系和立体化防控体系建设，综合运用法律、教育、协商、调解等方法化解，将各种矛盾和问题解决在基层、化解在萌芽状态，全面提升应急管理能力。高质量推进平安大理、法治大理建设和市域治理现代化试点工作，持续巩固提升全国"长安杯"创建成果，坚持和发展新时代"枫桥经验"，提高社会治理系统化、科学化、法治化、智能化水平。

3. 推动我国宗教中国化行稳致远。组织宗教界认真学习贯彻习近平新时代中国特色社会主义思想和党的宗教工作基本方针政策，以社会主义核心价值观为引领，传承弘扬具有中国特色的宗教文化和中华优秀传统文化，涵养新时代宗教的中国文化气质，积极探索创建坚持我国宗教中国化示范州。不断健全完善长效管理制度机制，巩固提升宗教领域突出问题专项治理成果，加大对宗教领域影响团结稳定矛盾问题隐患的分析研判处置工作力度，不断提升宗教工作法治化水平。鼓励支持宗教界建立"石榴籽公益慈善基金"，促进中华民族共同体建设。引导宗教界人士和信教群众结合学习党史、新中国史、改革开放史、社会主义发展史，深入开展宗教界爱党爱国爱社会主义主题教育，始终与党同心同德，与人民同心同向，共同致力于中华民族共同体建设，在宗教界铸牢中华民族共同体意识，为实现中华民族伟大复兴贡献力量。

（六）共连"石榴籽"，在推进共同体意识全域创建上实现新升华

1. 全力推进三年行动计划。全面落实各级党委（党组）政治责任和主体责任。全面深入持久开展创建"全国民族团结进步示范县市"三年行动，健全完善加强和改进党的民族工作的体制机制，到2023年，全州12县市创建工作均达到国家、省级民族团结进步示范县市测评标准，力争获得国家、省民族团结进步示范县市命名。紧紧围绕铸牢中华民族共同体意识，深入开展民族团结进步创建进机关、进企业、进社区（村）、进乡镇（街道）、进学校、进铁路、进医院、进部队、进宗教活动场所、进出入境边防检查机构"十进"工作，完善创建工作评价体系。持续巩固提升已获得命名的全国和省、州级示范县市（单位）创建成果，严格动态管理退出机制，不断增强示范引领效应。

2. 高质量通过全国民族团结进步示范州重新申报命名。把铸牢中华民族共同体意识作为重新申报工作的指导思想、主要任务、评价标准，重点实施好培根铸魂示范工程等六项示范引领工程，形成全社会参与、全领域共建、全流程创建、全要素保障的创建工作格局，高标准高质量通过示范州重新申报命名。

实施好省"十县百乡千村万户"示范创建工程和州百村（社区）示范创建行动。抓好"实施百村创建、实行百家帮扶、组织百场活动、推进百业融合、形成百花齐放"五个"百"工程，深入开展州、县市、乡镇（街道）、村（社区）四级联创工作，形成百村示范、千村跟进、全面提升的创建工作格局，促进示范区建设实体化、项目化、工程化。高标准、高质量打造30个以上示范作用明显、特色亮点鲜明的民族团结进步、铸牢中华民族共同体意识新示范典型。加快大理市周保中纪念馆、祥云县红色传承教育基地等创建、申报工作，力争命名一批国家、省民族团结进步教育基地。

3. 探索开展铸牢中华民族共同体意识示范创建。以大理州创建铸牢中华民族共同体意识示范州试点为契机，大胆探索制定要素齐全、体系完备的铸牢中华民族共同体意识示范州测评指标体系和第三方评估指标体系。在总结试点经验的基础上，建立健全铸牢中华民族共同体意识示范创建命名管理办法，创建命名一批大理州铸牢中华民族共同体意识示范县市、示范乡村、示范单位和教育实践基地，以此为统领，辐射各领域各方面。适时组织开展全州铸牢中华民族共同体意识创建工作互观互检、评估考核工作。充分发挥州级各民族学会（协会）在铸牢中华民族共同体意识建设中的积极作用，设立"大理州中华民族团结进步促进会"。广泛吸纳社会力量参与中华民族共同体建设工作，鼓励各地扩展思路、大胆创新，开展各种类型的试点工作，打造多层次全领域的铸牢中华民族共同体意识亮点和品牌。

4. 深入推进"铸牢中华民族共同体意识"。把民族团结进步、铸牢中华民族共同体意识与洱海保护、乡村振兴、社会治理、基层党建等各项工作有机结合起来，推动创建工作向各县市各部门各领域"集体作战、融合发展"转变。进一步整合资源力量开展联创联建、共创共建，将民族团结进步、铸牢中华民族共同体意识有机融入各级创建文明城市、卫生城市、园林城市等创建活动中，有机融入美丽县城、美丽乡村、特色小镇等建设工作中，做到一体谋划、一体推进、一体落实，形成社会治理共同体。深化"基层党建+铸牢中华民族共同体意识"融合推进，建立健全基层党的民族工作网络和运行机制，充分发挥基层党组织在铸牢中华民族共同体意识、带领群众致富、维护社会稳定、开展反分裂斗争等方面的战斗堡垒作用，着力培树打造一批各具特色的融合推进示范典型。

5. 打造一批跨区域跨部门的具有标杆性的"创建联盟"。建立全州企业、旅游景区景点、社区、学校、医院等行业系统的民族团结进步创建联盟，打造漾濞、永平、云龙县滇缅公路爱国主义教育"示范带"，大理、祥云、巍山一体化交往交流交融"示范带",宾川鸡足山旅游公路"示范圈",鼓励各县市与省外、州外县市及州内县市之间广泛建立"创建共同体",相互学习、取长补短。重点做好建立大理市与腾冲市、古生村与司莫拉村等跨区域"创建联盟",建立以州企业家协会为主体的企业"创建联盟",以大理旅游集团为主体的旅游企业(景区)"创建联盟",以州医院牵头的卫生健康系统"创建联盟",以州民族中学牵头的各级各类学校"创建联盟",以万花社区为龙头的社区"创建联盟"等,广泛拓展建立各行业系统领域的"创建联盟",增进相互学习、取长补短、互促共进,形成主线突出、上下联动、左右互通、操作性强、参与度高、丰富多样的实践创新体,发挥集团化效应,推动全域创建。

6. 切实增强群众的主体意识和参与自觉。践行以人民为中心的发展思想,尊重人民首创精神,搭建更多群众便于参与、乐于参与的中华民族共同体建设工作平台,让群众成为最广泛参与者、实践者、推动者。组织民族团结进步、铸牢中华民族共同体意识示范小区、楼院、家庭、个人等评选活动,增强群众的主体意识和参与自觉。将群众满意度测评列入示范县市、示范单位考核内容,请群众"阅卷"、让群众"打分",激发各族群众参与铸牢中华民族共同体创建的积极性和主动性,充分体现创建过程群众参与,创建成效群众评判,创建成果群众共享,让广大群众成为中华民族共同体建设的主体。

(七)共育"石榴树",在强化党对民族工作全面领导上完善新格局

1. 用党的创新理论武装各族群众。把学深悟透习近平总书记关于加强和改进民族工作的重要思想及考察云南重要讲话精神对大理工作的重要指示批示作为首要政治任务,严格落实第一议程制度,常态化跟进学习习近平总书记最新重要讲话和理论文章,深刻把握其核心要义、精神实质、丰富内涵和实践要求,坚持用习近平总书记新思想来武装各族干部群众。结合喜迎党的二十大召开,利用三月街民族节、民族团结进步日等节庆活动,充分利用网络新媒体平台,广泛开展"中国梦""自强、诚信、感恩""建党百年·幸福大理"等全媒体主题教育,教育引导各族干部群众忠诚拥护"两个确立",不断增强拥护核心、跟随核心、捍卫核心的思想自觉、政治自觉、行动自觉。始终把民族团结进步示范区建设和洱海保护治理作为最大的政治责任和最高的政治看齐,始终把落实总书记指示视为最大光荣和最大责任,以最大决心和最大努力落实总书记指示,奋力把习近平总书记为云南为大理擘画的美好蓝图早日变为现实,使大理各族群众的心始终与以习近平同志为核心的党中央紧紧贴在一起、紧紧连在一起,让大理成为党的民族政策和党的领袖光辉照耀下的幸福之地。

2. 用健全完善工作体制机制强化支撑保障。完善党委领导民族工作的体制

机制，形成党委统一领导、政府依法管理、统战部门牵头协调、民族工作部门履职尽责、各部门通力合作、全社会共同参与的新时代党的民族工作格局。将铸牢中华民族共同体意识工作摆在重要议事日程，摆在"五位一体""四个全面"战略布局中统筹谋划，放在大统战工作格局下统一部署，纳入州人大常委会、州政协专题视察调研内容。严格落实以领导责任制、年度重点工作责任制、督查巡查制、通报制和报告制、考核激励制、追责问责制为核心的示范区建设责任制，严格督促检查，确保责任制全面落实。建立民族工作委员制，设立专职委员协调推进相关工作。理顺党委统战部统一领导和政府分工负责的关系，建立完善党委统战部领导民族宗教工作部门的体制机制，强化民族宗教工作部门阵地建设，强化民族工作部门编制、人员和经费保障，充实民族宗教工作力量，配齐配强基层工作力量。发生重大涉民族因素问题，相关领导班子要专门召开民主生活会，认真检查整改。要严守党的政治纪律和政治规矩，严格落实请示报告制度，事关民族工作重大决策、重大事项、重要问题，及时向州委请示报告。要形成上下贯通、配置到位、完备顺畅的支撑保障体系。

3. 用加强干部人才队伍建设强化方向正确。按照好干部"二十字"标准和新时代民族干部"维护党的集中统一领导态度特别坚决，明辨大是大非的立场特别清醒，铸牢中华民族共同体意识行动特别坚定，热爱各族群众的感情特别真诚"的要求，实施少数民族干部工程，加强少数民族干部、民族地区干部、民族工作干部队伍建设，注重培养一批政治坚定、素质优良、能力过硬、群众认可的少数民族干部。加强干部教育培训工作，加大少数民族干部培训和挂职锻炼力度。加强对少数民族干部的管理监督，注重在基层一线和艰苦地区锻炼、发现和培养干部。坚持党管人才，加强民族地区特色人才和本土人才培养，鼓励吸引少数民族人才返乡就业创业。引导和支持各类人才到民族地区创业发展，完善编制管理、职称评审、人才招录和柔性流动等工作机制，壮大少数民族人才队伍。

4. 用加强基层组织和政权建设夯实基层基础。坚持以组织体系建设为重点，优化组织设置、创新活动方式、严肃组织生活，全面增强民族地区基层党组织的政治功能，提升组织力。坚持以党支部规范化建设达标创建为统领，扎实推进"整县提升、整乡推进、百村示范、千组晋位"四级联创工作，推动全面从严治党向农村基层延伸。深化农村"领头雁"培养工程，选优配强乡镇（街道）领导班子和村（社区）"两委"班子特别是党组织书记，推进村党组织书记通过法定程序担任村民委员会主任和村级集体经济组织、合作经济组织负责人。深化抓党建促农村宗教治理。加强基层民族工作机构建设和民族工作力量，各乡镇（街道）、村（社区）要明确专人负责民族宗教工作，确保基层民族工作有效运转，确保党的民族理论和民族政策到基层有人懂、民族工作在基层有人抓。

四、保障措施

加强组织领导。坚持抓书记、书记抓，强化县市委书记为铸牢中华民族共同体意识工作第一责任人和直接推动者责任，强化各级各部门党政主要领导的政治责任和主体责任。各级民族工作部门坚持在统战部门领导下统筹开展铸牢中华民族共同体意识工作，完善向统战部门定期工作汇报、重点敏感问题报告、重大决策请示、日常工作联系会商等机制。各级民族工作部门要成立铸牢中华民族共同体意识工作领导小组，抓紧抓实抓好铸牢中华民族共同体意识各项工作。

形成推进合力。由州示范区建设领导小组办公室牵头，结合全国民族团结进步示范州重新申报组织成员单位成立工作专班，将工作重点聚焦铸牢中华民族共同体意识，加强与州民族团结进步示范区建设领导小组成员单位和各县市的沟通协调，加强协调服务和业务指导，严格督促检查，推动将铸牢中华民族共同体意识作为指导原则和重大任务纳入相关行业规划、区域规划或年度工作要点、计划，积极发挥工会、共青团、妇联等各类社会组织的作用，形成全社会共同做好铸牢中华民族共同体意识工作的合力。

加强督促落实。将铸牢中华民族共同体意识纳入党的建设和意识形态工作责任制，纳入政治考察、巡视巡察、政绩考核，作为州对县市年度综合考核评价的重要内容，不断完善考评指标体系，争取加大考评分值权重。适时对工作完成情况进行督促检查，推动各项任务落实落地落细。

第二章

示范创建篇

近年来，大理州以铸牢中华民族共同体意识为主线，把民族团结进步事业作为重大政治任务和重要基础性工作力抓不懈，广泛组织各族群众、发动各方力量、采取多种形式，全面深入持久开展民族团结进步创建活动，全州平等团结互助和谐的社会主义民族关系日益巩固，创新推动全国民族团结进步示范州巩固提升工作，典型示范效应不断提升，打造了民族团结进步创建升级版，短短三年，取得了云南省民族团结进步示范县全命名、近半数获全国民族团结进步示范县命名的突出成绩。该篇即基于大理全州12县（市）创建全国、云南省民族团结进步示范县（市）的基本情况与主要做法，全面、系统地呈现了以民族团结进步示范创建为重要抓手，推动铸牢中华民族共同体意识的大理实践。该实践中，大理州全面加强党对民族工作的领导，压实各级党委履行示范区建设政治责任和主体责任，将示范区建设列入党委、政府重要议事日程，纳入州委党建工作重点和年度党建工作考核内容，建立健全民族团结进步示范区建设领导责任制、督查巡查制、考核激励制、追责问责制等制度，形成"党委领导、政府负责、部门协同、群众参与"的新时代民族工作高质量发展的工作体系。

以全州创建全国、云南省民族团结进步示范县为重要抓手推动铸牢中华民族共同体意识的大理实践

一、巍山县创建全国民族团结进步示范县实践

（一）基本情况

巍山县分别于 1988 年、1998 年、2014 年三次被国务院表彰为"民族团结进步模范集体"。2014 年，巍山被命名为全国第二批民族团结进步创建活动示范单位，是当时全国 24 个、云南省第一个民族团结进步示范县。自民族团结进步创建工作开展以来，先后有怒江、红河、大理、永平等多个兄弟县市到巍山取经，越南、苏丹、伊拉克、内蒙古、四川等国内外 20 多家团体到巍山县交流学习，人民日报、新华社等 10 多家国家级、省级主流媒体、刊物及网站对该县民族团结进步创建巩固提升工作的典型做法进行了宣传报道。巍山经验对全州全省制定验收、考核标准提供了参考，并逐步向全省全国推广，相信将来定能冲出国门推向世界。

（二）主要做法

1. 坚持党的领导，不断夯实铸牢中华民族共同体意识的政治基础。一是全面深化对铸牢中华民族共同体意识重大意义的认识。全县各级党委（党组）领导班子认真学习贯彻习近平总书记在中央民族工作会议上的重要讲话精神，全面贯彻我们党关于加强和改进民族工作的重要思想，以铸牢中华民族共同体意识为主线，坚定不移走中国特色解决民族问题的正确道路，构筑中华民族共有精神家园，促进各民族交往交流交融，推动民族地区加快现代化建设步伐，提升民族事务治理法治化水平，防范化解民族领域风险隐患，推动新时代党的民族工作高质量发展，动员全党全国各族人民为实现全面建成社会主义现代化强国的第二个百年奋斗目标而团结奋斗。二是加强组织领导。为贯彻落实州委州

政府"大祥巍一体化"现场办公会议精神，以更高的标准、更加创新的思路、更加有效的措施，持续深入打造"民族团结进步标杆"。及时成立民族团结进步标杆建设指挥部，进一步提升巩固民族团结进步工作，按照会议精神将巍山建设成为民族团结进步标杆的发展定位，切实做好乡村振兴关巍新片区建设等经济社会发展的各项工作。2021 年 9 月 1 日，巍山县民族团结进步标杆建设指挥部正式挂牌，承担原巍山县民族团结进步示范建设巩固提升工作领导组办公室职能，并负责落实民族团结进步标杆建设小组的任务。明确乡镇党委书记为抓好辖区内民族团结进步标杆建设工作的第一责任人。进一步理顺乡镇与县级部门工作职责，形成巩固提升工作重心下移，层层抓落实的良好工作格局。三是完善机制体制。县委、县政府将巩固提升工作纳入重点工作考核。制定《巍山全国民族团结进步示范县建设规划（2016—2020 年）》《巍山县巩固提升"全国民族团结进步示范县"创建成果三年行动计划（2021 年—2023 年）》《巍山县民族团结进步示范建设巩固提升工作考评办法》《巍山县民族宗教工作联席会议制度》等文件，目前正在加快制定《关于进一步贯彻落实州委州政府"大祥巍一体化"现场办公会精神加快建设全国民族团结进步标杆的实施方案》，确保标杆建设工作扎实有序推进。

2. 创新工作方法，探索铸牢中华民族共同体意识的创建措施。一是创新工作方法。探索推进"乡村振兴+民族团结进步""基层党建+民族团结进步"等"×+民族团结进步"的创建模式，将乡村振兴试点村、党建示范点作为民族团结进步创建示范的重点进行资源整合着重打造。明确县乡村各级在安排部署脱贫攻坚工作的同时，同步研究安排示范创建工作，实现民族地区摘掉落后地区贫困帽、戴上民族团结进步示范帽的双目标，促进脱贫攻坚圆满收官。2019 年，巍山"乡村振兴+民族团结进步"双推进取得的成效得到省州认可，先后制定下发了《云南省推进民族团结进步示范区建设与扶贫开发"双融合、双促进"实施意见》和《大理州推进民族团结进步示范区建设与扶贫开发"双融合、双促进"实施意见的通知》，以及《巍山县关于基层党建乡村振兴与民族团结进步"双融合双促进"的意见》，将"巍山经验"向全省全州推广。二是突出特色产业发展，巩固提升示范创建工作，始终牢记总书记"绿水青山就是金山银山"的发展理念，大力扶持民族地区和民族特色产业发展，积极帮助少数民族群众就近创业、就业。积极争取省级扶持，2020 年申报民族定点生产企业和民族贸易企业 13 家，省州民宗委、人行、财政批准下达了 6 家贴息补助，6 个民贸生产企业享受国家优惠利率贴息 128 万元。今年对全县 17 家民贸定点生产和民族贸易企业进行了摸底调查，并及时下达省级贴息资金 10 万元。

3. 推进项目实施，强化铸牢中华民族共同体意识的基础建设。一是完成《巍山全国民族团结进步示范县建设规划》（"151561"规划），共创建命名了永建、大仓等10个示范乡镇，77个示范村，243个示范单位，47个和谐寺观，6275户示范户，1条民族团结示范街；命名了4个民族团结进步示范教学点、2个民族团结广场、2个"双推进"示范村；推荐上报表彰了14名州级民族团结模范个人、6个模范集体、3个"双推进"优秀基层党支部。二是加快项目建设。认真实施好云南省第三轮"十百千万"工程项目和大理州"百村（社区）示范创建行动"项目。自2012以来，累计投入各级各类资金41 652.49万元，成功打造东莲花村、下西莲花村、打竹村、有食村、琢木郎村、格登村等21个少数民族特色村寨，阿果朗、营尾上村、肥度村、佛堂村、青云大村等5个州级示范村，大三家、芝麻坎等2个"双推进"示范村，1个示范社区（日昇社区），上西莲花、草场等2个州级世居少数民族特色村，77个民族团结示范村。三是实施民族团结进步标杆视觉工程。注重民族团结进步标杆建设氛围营造，彰显和传承千年南诏特色文化，在关巍公路沿线打造一批体现中华民族共同体意识、具有中华文化特征、彰显中华民族视觉形象的项目。

4. 注重宣传教育，不断铸牢中华民族共同体意识的认识基础。坚持传统方式与"互联网+民族团结"相并重、相融合、相兼容的宣传模式，注重嵌入式、融合式、互动式、整合式宣传，把握新时代宣传和示范创建语言，累计培养民族团结进步示范创建讲解员150多人，向省州及各类媒体上报信息近400条，在新媒体推送民族团结进步信息500多条。讲好民族团结进步创建的"巍山故事"，加强"两个共同""三个离不开""五个认同""五个维护"的宣传教育，向青少年宣传民族宗教政策，引导青少年树立正确的社会主义核心价值观，播好人生第一粒种子，开展爱国主义宣传教育等40多场次。深化和丰富民族团结进步宣传月活动，深入开展民族宗教政策法规宣传，展示示范县创建成果，大力弘扬中华优秀传统文化，激发爱国热情，铸牢中华民族共同体意识。扩展和延伸民族团结进步创建活动的内涵，加大对全县民族团结进步广场、民族团结示范街、民族团结进步现场教学点及主题教育基地的创建宣传推广力度，营造团结和谐发展的氛围。2020年，将群力小学、大三家村、打竹村、东莲花村等4家单位命名为"巍山县民族团结进步创建现场教学点"及"铸牢中华民族共同体教育实践基地"。在全县开展以《全国民族团结进步示范区示范单位命名办法》《云南省民族团结进步示范区建设条例》为主要内容的宣讲活动30多场次，进一步加强民族团结进步示范创建工作的宣传。

5. 推动交往交流交融，打造铸牢中华民族共同体意识的示范典型。一是深入开展民族团结进步创建"进机关、进企业、进村组、进乡镇、进学校、进宗教活动场所、进军营、进家庭"的"八进"活动。将少数民族优秀家庭确定为民族团结示范户。在中小学开展爱国主义民族团结教育，积极帮助少数民族群众就近创业、就业。组织学生、群众参观军营，鼓励军民互动，营造军民鱼水情的良好氛围，加强部队官兵的民族知识培训。全县创建各级民族团结进步示范单位273个，建设民族传统文化传承点19个、民族文化广场2个。建成79个行政村（社区）综合文化服务中心，实现乐器、音响文化设备行政村全覆盖，完成民族文化下乡40余场次。二是推动民族团结进步先进典型评选表彰制度化、规范化，定期开展表彰活动。表彰了198家县级示范单位；推荐上报了14名州级民族团结模范个人，6个模范集体，3个"双推进"优秀基层党支部；申报3个省级少数民族特色村寨；对全县6275户民族团结示范户、60户光荣脱贫户和帮扶明星企业、2个"双推进"示范村进行了表彰和授牌。三是挖掘示范典型的感人故事，充分发挥翁家垴口等系列爱国主义教育基地、民族团结教育基地、扶贫好村干部茶阿军等先进模范典型的示范作用，以符合新时代特征的宣传手段宣讲先进模范典型事迹，不断彰显运用身边先进模范典型鼓舞各族群众的政治效应和社会效应。四是将中华优秀传统文化与各民族文化传承、各民族包容团结的理念与爱国主义教育相融合，构建各民族共有精神家园。在东莲花打造全县民族交往交流交融示范街区，实施东莲花家家户户挂国旗工程，引导群众知党情、感党恩、跟党走。在文化下乡活动中编排民族团结类经典节目，完成民族文化下乡100余场次，累计开展民族团结政策法规、爱国主义宣传教育100多场次，参与人数3万多人次，发放宣传资料2万多册，安装各类氛围营造标语5000余幅。五是总结经验，展示成果。对各年度创建工作档案资料进行收集、分类、立卷归档。拍摄了民族团结进步专题片《民族团结花盛开、携手共筑中国梦》。精心编写了民族团结示范创建工作《干部简明读本》《学生简明读本》等相关书籍，编写了《示范的力量——巍山县民族团结进步示范建设》《媒体视觉——巍山民族团结进步示范建设结硕果》等典型材料汇编；创作了民族团结进步主题歌曲《一家亲》，挖掘各民族的优秀传统文化，从不同层面、不同视角展现民族团结进步示范创建巩固提升工作情况及取得的成果。

6. 坚持依法管理，夯实铸牢中华民族共同体意识的法制基础。大力推进"五进"宗教活动场所工作，依法管理宗教事务，推进全县宗教活动场所规范化、法治化管理，让民族团结的旗帜在各领域飘扬，共同维护民族团结的行动在各角落渗透，不断铸牢中华民族共同体意识，铸就"中华民族一家亲，同心共筑中国梦"的浓厚氛围。印发《关于开展以"规范"为主题的和谐寺观教堂创建工作的通知》等文件，进一步规范宗教场所行为。持续开展好对佛道教商业化、私拉乱建等违法违规问题进行专项治理。认真开展宗教场所建筑风格风貌整治等专项行动，严厉打击各类非法宗教活动，切实维护了宗教和顺的良好局面。开展"政策法规进宗教活动场所"活动，宗教管理人员、教职人员受教育 710 人次，在全县 22 所清真寺开展"爱国爱教、遵经革俗"宣讲活动 66 场次。实施"和谐寺观创建"工程，出台了《巍山县清真寺民主管理办法》《道教宫观佛教寺院管理办法》，创建并命名了 37 个"和谐寺观"，县城清真寺、玄龙寺被命名为 2016 年州级和谐寺观教堂，巍宝山青霞宫被中央统战部、国家宗教事务局授予"第三届全国创建和谐寺观教堂先进集体"。今年，庙街镇、下西莲花清真寺、青霞宫被评为第三批全省民族团结进步示范单位。

二、剑川县创建全国民族团结进步示范县实践

（一）基本情况

剑川是全国白族人口比例最高的县，被誉为"白族原乡"，是云南大理州连接丽江市和怒江州、通向迪庆州香格里拉、走进川藏的门户，位于"三江并流"自然保护区南端和国家"一带一路"倡议南丝绸之路经济带上，属国家扶贫开发工作重点县、滇西边境山区区域发展与扶贫攻坚片区县和云南省革命老区县。县域面积 2250 平方千米，最低海拔 1973 米，最高海拔 4295.3 米，年平均气温 12.5℃，年均降雨量 795.3 毫米，霜期 138 天。全县辖 5 镇 3 乡，88 个村民委员会，5 个社区，391 个自然村。境内有白、汉、彝、回、纳西、傈僳等 6 个世居民族，有 15 种民族成份，其中白族人口占 90.16%。剑川县委、县人民政府抓住历史悠久、文化存量丰厚、白族文化独具特色、县城依山傍水的独特优势，找准"白族原乡 千年古镇"的发展定位，大力开展全国民族团结进步示范县创建工作，致力将剑川县打造成为独具白族文化特色的最美县城，同步创建国家历史文化名城、国家园林县城、省级文明县城、省级卫生县城、省级双拥模范县城、省级海绵城市建设，通过"六城同创"同时发力、同步推进。2019 年剑川县被国务院表彰为"全国民族团结进步模范集体"，剑川县同步命名为全国民族团结进步示范县。

（二）主要做法

1. 提高政治站位，高位推动创建工作。剑川县委、县人民政府全面贯彻落实习近平总书记"云南要努力成为我国民族团结进步示范区"的重要指示精神，将创建全国民族团结进步示范县作为主动融入国家和省州发展战略的一项政治任务和决战脱贫攻坚、决胜全面小康的重要举措，强化守护民族团结生命线的政治责任，明确目标任务，统筹协调、高位推进。成立由县委书记、县长为双组长的创建全国民族团结进步示范县工作领导小组，下设创建办，抽调精兵强将开展工作。先后出台《中共剑川县委 剑川县人民政府关于加快推进全国民族团结进步示范县创建工作的实施意见》《剑川县创建全国民族团结进步示范县活动任务分解方案》《剑川县创建全国民族团结进步示范县工作考核办法》《剑川县开展全国民族团结进步创建"七进"活动目标要求及测评指标》等系列配套文件，与各乡镇、部门签订创建工作责任状，把创建工作纳入县委、县人民政府重要议事日程和干部考核、年度述职体系，明确创建工作标准、任务和目标，确保创建工作有章可循。充分利用广播、电视、网络、微信、广告栏、电子屏幕等媒介，提炼宣传剑川发生的巨大变化和民族团结先进事迹，在街道、车站、医院、单位、广场等悬挂宣传横幅，滚动播放宣传标语。全县民族团结进步信息被州级以上媒体刊登 147 篇，县级媒体每期都发布民族团结进步信息。编印发放《剑川县民族团结进步活动知识读本》6000 册、宣传画 600 套（2400 张）、《家在剑川》1.2 万册，覆盖所有创建单位、学校和行政村组。通过广泛宣传和开展民族政策知识测试，切实提高了群众知晓率和参与率，创建活动网上问卷调查显示参与 1946 次、满意率 99.99%。强化督促指导，坚持以问题为导向，建立问题清单交办制度和反馈机制，及时向州人民政府和州创建办汇报创建工作情况。实现创建工作深入持久和长效化、规范化开展。

2. 突出"四个示范"抓手，有效助力经济社会高质量发展。县委、县人民政府认真贯彻落实习近平总书记"民族工作的关键是团结，民族地区的重点是发展"重要指示精神，把加快少数民族和民族地区经济社会发展提到更加突出的战略位置，不断增进民生福祉，让各民族群众共享改革发展成果。①抓综合扶贫开发示范。始终把"十百千万"工程与脱贫攻坚项目整合推进，先后实施 14 个民族团结进步示范村、6 个少数民族特色村寨、2 个民族团结进步示范乡镇、2 个特色古镇，实现了每个世居少数民族都有一个特色鲜明的示范村或特色村寨，推动 12 个山区特困散居少数民族片区，主要涉及彝族和傈僳族，共有 93 个村落，2164 户、8152 人，综合扶贫开发工程建成 48 个集中安置点。②抓民族文化旅游示范。中瑞合作沙溪复兴工程，使得茶马古道古集市逐渐成为中外游客向往的诗和远方，并朝着国际化、数字化的低碳休闲特色小镇迈进。石宝山石窟等 6 处国家级文物保护单位得到有效保护利用，剑川古城国家级历史文化名城、南方丝绸之路博物馆、历史文化博物馆、马登温泉旅游休闲度假区、剑川木雕艺术小镇、喜林苑高端酒店等文化旅游项目有序推进。③抓少数民族人才培养示范。把民族干部培养作为推动示范创建的关键抓手，实现县内世居人口较少的民族都有 1 名正科级、2 名副科级以上实职领导干部。有国家级工艺美术大师 1 人，联合国教科文组织授予的工艺美术大师 2 人，各级非物质文化遗产传承人 209 人。同时，加强少数民族体育人才培养。④抓民族关系和谐示范。20 世纪 70 年代以来，各地彝族群众随意搬迁到剑川各山头分散居住，普遍存在无户籍、无身份证、无耕地、无林地的情况。县委、县人民政府采取有效措施，2008 年以来共解决 1800 多少数民族群众的身份及户口问题。在县、乡镇两级党委政府规划引导下，通过易地扶贫搬迁和安居房建设等方式集中安置，他们在剑川真正落地生根、安居乐业。健全完善全县 14 个宗教活动场所（处）管理组织，促进活动规范化、管理制度化，坚持中国化方向，体现本土化特点。

3. 坚持熔炼融合融入，持续深化示范创建工作。剑川是全国极具代表性的"白族原乡"，也是典型的少数民族地区，"包容"是剑川的一个文化特征，千百年来，各民族和睦相处、和衷共济、和谐发展。①弘扬传统，加强铸牢中华民族共同体意识教育。牢记民族历史，发扬革命老区精神；响应中央号召，助力"三区三州"脱贫攻坚；丰富教育载体，让党的声音遍白乡。②突出认同，强化共有精神家园建设。熔炼剑川精神，传承中华文明；融合"两雕"创作，传播中华文化，让剑川木雕文化在交流中融合，在开放中发展，充分体现中国精神、中国力量、中国价值；融入现代文明，促进创新进步；尊重语言习惯，保障基本权益。③搭建桥梁，促进各民族交往交流交融。抓嵌入，营造社会环境；抓改革，推进文明进步；抓节点，增进情感交流；抓结合，加快小康社会进程。对口帮扶项目已打造成各民族交往交流交融、加强民族团结的示范亮点工程。④培育载体，全面推进"七进"全覆盖。确立在剑川所有的工作都是民族工作、所有岗位都是民族团结进步岗位的思想。其一，党政先行，带头推进。其二，立足实际，统筹推进。其三，共建共创，全面推进。其四，典型示范，纵深推进。随着创建工作的不断推进，涌现出一大批先进典型。剑川县被州委、州人民政府命名为第一批"民族团结进步创建活动示范县"，先后有县法院等49 家单位被命名为州级示范单位，县委、县人民政府命名 128 家单位为创建示范单位。滇本草公司与少数民族融合发展的模式、信用联社创建工作带动普惠金融的形式等值得肯定和推广。桑岭村内，村民们和睦相处，白、回、汉群众建立"议事制度""茶话会制度"，守望相助，生死相依，我们都是"阿福佳"的故事代代相传，各民族都是"阿福佳"成为剑川民族团结进步创建工作的一个符号。通过组织开展现场学习、会议交流，学先进、树典型、创亮点，各单位相互带动、你追我赶，形成了剑川"处处绽放民族团结之花"的生动局面。

三、漾濞县创建全国民族团结进步示范县实践

（一）基本情况

漾濞县地处云南省大理州中部、点苍山之西，是商旅古道的重要节点、民族和谐的幸福家园、生态宜居的灵秀之地、中国核桃的第一故乡。1912 年设县，1985 年改设漾濞彝族自治县。县城面积 1860 平方千米，山区面积占 98.4%，辖 4 镇 5 乡 65 个村委会和 1 个社区，总人口 10.57 万人，农业人口约 9 万余人。境内有彝、汉、白、回等 13 个世居民族，其中少数民族占总人口的 69%，彝族占总人口的 49.8%，是大理州三个民族自治县之一。

（二）主要做法

1. 守牢"生命线"，在强化党政主责上做示范。①强化组织领导。2013 年成立了县委、县政府主要领导任组长的民族团结进步示范区建设工作领导小组，统筹推进创建工作，定期召开专题会议，安排部署工作。建立"双挂"制度，9 个乡镇党委第一书记在统筹各乡镇脱贫攻坚工作的同时，负责抓好乡镇民族团结进步示范创建工作，其他县处级领导在抓好分管联系部门工作的同时，抓好民族团结进步示范创建工作，全县上下构建了责任明晰的县、乡、村三级民族宗教工作网络，确保了创建工作有人抓、有人管、有成效。②出台政策措施。制定出台《漾濞县民族团结进步创建"七进"活动工作方案》《关于扎实推进漾濞县全国民族团结进步示范创建工作实施意见》等 25 份系列文件。将民族理论政策纳入各级党委（党组）理论学习中心组、干部教育培训内容。将民族政策的贯彻落实、民族团结进步创建工作列入全县综合目标责任考核，并增加考核分值，各级各部门层层签订目标责任书，分解工作任务，明确工作职责。③健全工作机制。建立"互观互学"工作机制，建立督查指导机制，按照《漾濞县创建民族团结进步示范单位动态管理办法》，每年组织县级有关部门对已命名的示范单位和创建单位进行督促指导及复检复验，指导各单位结合部门实际找准创建工作结合点。同时，国家民委、省州民宗部门领导多次深入漾濞就民族团结进步创建工作"把脉问诊"，确保了全县民族工作始终沿着正确的方向前行，规范了创建工作的机制和流程，促进了创建工作深入持久和精准化、长效化、规范化开展。④重视人才培养。截至 2020 年 5 月，全县共有乡科级实职领导干部 523 人，其中少数民族干部 427 人，占全县干部总数的 81.64%。2016 年以来，全县共提拔任用乡科级领导干部 221 人，其中少数民族干部 197 人，占比达 89.14%。与此同时，在党代表、人大代表、政协委员推选中重视少数民族干

部群众比例。⑤延伸工作机构。不断优化民族工作机构，由县委统战部统一领导民族宗教工作，县民宗局归口县委统战部领导，仍作为县政府工作部门。制定落实乡镇、村（社区）两级民族宗教工作责任制，在全县9个乡镇配备统战民宗专干9人，确定村（社区）统战信息员、网格员66人。

2. 凝聚"共同体"，在合力共建共创上做示范。①强化协同，整合组织资源。将民族团结进步工作列入县四班子重要议事日程，纳入全县经济社会发展规划和年度工作计划，县委常委会、县政府常务会每年专题研究创建工作2次以上。县人大常委会每年听取和审议1次创建工作，县政协常委会每年组织政协委员视察调研创建工作，将全县创建工作指标细化分解到9个镇乡和县级各部门。②强化渠道，整合社会资源。深化创建内涵，丰富创建形式，拓宽创建渠道，推动创建工作与部门行动有效衔接，以"创建工作+学校教育"为基础，坚持民族团结进步教育从娃娃抓起，增进"五个认同"，铸牢各族青少年学生中华民族共同体意识。以"创建工作+文明建设"为抓手，凝聚民族团结进步力量，建设"四德"道德讲堂150余个，开展道德讲堂活动300余场次，开展了"我的中国梦"主题教育、"美家美户"示范点创建及移风易俗专项整治等活动。同时，统筹脱贫攻坚、乡村振兴、百村（社区）示范创建等工作，开展基层党建与民族团结进步"双推进"、脱贫攻坚与民族团结进步"双推进、双达标"工作。③强化标准，激发行业资源。坚持高标准，拓展覆盖面，全面推进创建工作。深入开展"七进+N"创建工作，全县98个机关、68所学校、10个宗教活动场所和1个基督教临时活动点、30个企业、9个乡镇、4个军营、65个村委会、1个社区和648个村民小组创建工作实现全覆盖。通过广泛宣传和开展民族政策知识测试，切实提高了群众知晓率和参与率，创建活动网上、书面等问卷调查显示参与6072余人次，全县各族群众对开展民族团结进步创建工作知晓率达97.7%、支持率达99.9%、参与率达96.1%、满意率达99.9%。

3. 共筑"中国梦"，在增进民生福祉上做示范。①突出核桃优势，做强做大惠民富民产业。漾濞历届县委、县政府高度重视核桃产业发展，通过近50年全县各族人民的共同努力，核桃已成为漾濞县最重要的产业，在脱贫攻坚、民族团结进步和生态文明建设中发挥着无可替代的产业支撑作用。漾濞核桃种植历史可追溯到3500多年前，漾濞人工栽培嫁接核桃的历史已逾千年，先后荣获"全国核桃质量第一""全国核桃人均占有量第一""中国核桃产业龙头县"等10多项国家级荣誉。②突出脱贫攻坚，持续巩固创建成果。在省民宗委的大力帮扶和全县各族群众的共同努力下，目前全县实现2个贫困乡、24个贫困村全部脱贫出列，脱贫退出贫困人口4137户16232人，综合贫困发生率从2014年的 20.90% 降至 1.07%，实现绝对贫困人口全部"清零"，顺利退出贫困县序列，脱贫攻坚与全省同步取得了决定性进展和阶段性成效。③突出改善设施，不断夯实发展基础。累计投入资金 5.1 亿元，实施了农村公路"943"工程、30 户以上自然村公路建设等项目，构建起"以县道为骨架、乡道为支撑、村组道路为脉络"的路网体系。累计投入水利建设资金 5.3 亿元，新建一批水利工程，供水保障率 100%。累计投入 2.9 亿元，实施电网和信息化建设，全县 65 个行政村全部通动力电，网络宽带覆盖率达 100%。民族地区基础设施不断完善。④突出红利普惠，着力增进民生福祉。投资 3.5 亿元加强教育保障，医疗保障更加完善，着力巩固提升医疗卫生服务水平，县医院成功创建为二级甲等医院，特色专科"中医馆"全覆盖，9 个乡镇 10 所卫生院省级标准化全达标。社会保障更加有力。多层次社会保障体系逐步建立，城乡低保实现应保尽保，城镇登记失业率控制在 3% 以内。各族群众获得感、幸福感、安全感不断增强，进一步筑牢民族团结进步创建根基。

4. 同爱"一个家"，在建设共同精神家园上做示范。①规范常态，深化宣传教育。将党的民族理论政策和民族团结进步教育纳入干部教育教学内容，每年组织乡镇、村委会、县级机关代表进行民族政策理论知识学习竞赛。创新将统战、民族、宗教政策和法律法规汇编制作成钢笔字帖 1.5 万份、书法参赛纸册 2 万多份，发放至全县 9 个乡镇 65 个村委会 136 个县级机关 68 所学校，组织全县各级各部门干部职工、全县三年级以上中小学生参加"农行杯"民族团结进步创建钢笔正楷书法比赛并评选表彰，让民族团结进步理念、铸牢中华民族共同体意识入脑入心。②不断创新，深化宣传教育。采取"强化基层党建、育主心，畅化基础设施、育信心，实化增收产业、育雄心，优化综合素质、育决心，美化人居环境、育舒心，深化感恩行动、育同心"的"六化育六心"措施，让各民族群众找到了中国共产党这个最坚强的"主心骨"；采取"干群同心、与党同向、义化同美、小康同步，实现中华民族伟大复兴中国梦目标"的"四同一目标"模式，促进各民族交往交流交融，实现民族团结进步示范成果共享，打造出平坡镇、光明村、县检察院等一批民族团结进步示范典型。③拓宽渠道，深化宣传教育。积极营造创建工作浓厚氛围，全方位开展示范创建宣传。邀请省级多家主流媒体记者到漾濞实地采访，形成宣传专版，集中宣传报道漾濞创建工作情况，在中央和省州主流媒体刊登各类稿件 500 多篇。积极推进"互联网+民族团结""融媒体+民族团结"工作。发放知识读本 4000 多册、折页 10 万多张、挂历 2 万多张，制作宣传展板 400 多块、永久性标语 100 多条、宣传广告 2000 多平方米，制作专题片 2 部，开展宣传活动 180 场次，12 万多人次参加。

举办民族团结进步宣传"三下乡"活动6次，文艺演出271场次，开展"同栽团结树 共建同心林"植树造林活动3次，共建绿水青山家园，营造了全社会共同深入开展民族团结进步创建工作的浓厚氛围，进一步加深了全县干部群众铸牢中华民族共同体意识。④传承文化，深化宣传教育。开展民族民间文化普查，形成《漾濞民间故事》《漾濞民歌》等一批地方文献。完成了芦笙制作演奏及苗、彝族手工刺绣工艺传承人寻访工作。苗族弓弩制作工艺以专业论文形式发表，《漾濞回族——从晚清末到新中国建立之初的人和事》完成编印，山歌、耕歌、打歌调唱词持续收集整理。实施了彝族毕摩经整理等8个少数民族传统文化抢救保护项目，挖掘出"鸡街大刀舞""彝族刺绣"等一批民族文化精品。目前漾濞县共有非物质文化遗产名录33项，其中省级5项；共有非物质文化传承人37人，其中省级2人。深入开展爱国主义教育，每年组织全县广大干部群众重走滇缅公路，定期组织全县广大党员到漾江镇滇西革命工委陈列馆重温红色精神，把保护各民族优秀文化与弘扬各民族共享的中华文化有机结合起来，推动各民族文化交融创新，凝聚社会价值共识。⑤示范引领，深化宣传教育。2016年漾濞彝族自治县被列为云南省民族团结进步示范区建设"十百千万示范工程"示范县。县委、县政府每5年召开一次全县民族团结进步表彰大会，从2006年开始共3次对74个民族团结进步模范集体和240个民族团结进步模范个人进行了表彰。2016年以来，累计投入项目资金8287万元，实施54个"十百千万示范工程"项目，建成1个全国民族团结进步创建活动示范镇、1个省级民族团结进步示范镇、37个省级民族团结进步示范村。近年来，2家单位、1个个人被评为省级民族团结进步模范集体和个人，27家单位、45个个人被评为州级民族团结进步模范集体和个人。

5. 严循"法治化"，在提升治理能力上做示范。加强公共安全体系建设，着力抓好法治宣传教育，共创建州级法治乡镇3个、"民主法治村"26个，建成法治文化广场3个。健全矛盾纠纷调处机制，着力抓好矛盾纠纷排查化解，维护民族团结和社会和谐稳定，建立健全各级人民调解组织，全县成立人民调解委员会83个，共有1054名人民调解员，"十三五"以来共排查矛盾纠纷9746件，调处成功9572件，调处成功率98.2%；共排查纠纷4550次，预防纠纷2135件，防止群体性上访103件5791人，防止群体性械斗6件129人，筑牢了全县综治维稳的第一道防线，夯实了基层民族团结进步的基础。坚持我国宗教中国化方向，依法规范宗教事务管理，持续推进"五进"宗教活动场所，依法规范宗教事务管理，对宗教场所安全隐患和宗教领域不安全因素进行定期检查，严格开展教职人员资格认定、宗教活动场所治理等专项行动，积极引导宗教与社会主义社会相适应，有效确保全县民族宗教领域和顺稳定。1985年自治县设立以来，没有发生过1起涉民族、涉宗教问题的事件。

四、永平县创建全国民族团结进步示范县实践

（一）基本情况

永平古称博南，位于大理州西部、澜沧江东岸，是大理州的"西大门"，历史文化悠久，民族风情浓郁，交通区位优越，生态环境良好，农业优势独特。中华民族是守望相助的大家庭的理念，在永平是一曲奋进的旋律、一条悠长的主线。公元69年，汉王朝在博南置县，永平成为云南最早接触中原文化的地区之一。1950多年来，永平作为国际大通道——南方丝绸之路的重要节点，形成了各民族开放、包容、和谐的优良传统。全县域面积2884平方千米，辖7个乡镇、75个行政村（社区），有3个民族乡，是大理州设立民族乡最多的县。总人口18.56万人，共有22个民族成份，是中华民族大家庭的缩影。县内汉族、彝族、回族、白族、傈僳族、苗族6个民族为世居民族，少数民族人口占总人口的44.18%。佛教、道教、基督教等在县内均有不同程度分布，是云南省宗教工作重点县，大理州民族宗教工作重点县。2016年、2020年、2021年先后创建为州级、省级和全国民族团结进步示范县。

（二）主要做法

1. 围绕"一个目标"，坚决扛起政治责任。始终按照党中央、国务院关于"各级党委和政府要认真履行守护民族团结生命线的政治责任"的要求，牢记习近平总书记关于"云南要努力成为我国民族团结进步示范区"的嘱托，围绕"中华民族一家亲，同心共筑中国梦"总目标，不断提高政治判断力、政治领悟力、政治执行力，坚决扛起地方党委、政府在铸牢中华民族共同体意识上的政治责任。一是突出思想政治引领。采取多种方式组织深入学习习近平总书记关于民族工作、关于"四史"等重要论述，切实增强抓落实的思想自觉和行动自觉，各族干部群众进一步增强"四个意识"、坚定"四个自信"、做到"两个维护"。2015年以来，县委常委会议、县政府常务会议共传达学习有关文件和讲话精神32次，全县累计召开铸牢中华民族共同体意识相关宣传培训会212场次，参会人数达1.8万人次。按照习近平总书记"二十字"好干部标准，加强少数民族干部培养使用，少数民族干部占县管干部比例达62.31%，充分发挥了密切联系群众纽带作用。二是抓实统筹谋划推进。始终把铸牢中华民族共同体意识放到"四个全面"和"五位一体"大局，纳入全县"十三五"规划的三个关键

目标之一，并认真抓好组织实施。着眼长效机制建设，制定下发《关于进一步加快永平县民族团结进步示范区建设的实施意见》等32个文件。围绕新时代既要铸牢中华民族共同体意识，又要促进中华民族共同体建设的要求，将加快推进民族团结进步示范区建设纳入"十四五"规划并开展专项规划编制，确保全县所有发展都能够赋予铸牢中华民族共同体意识的意义。三是深化创建体制机制。始终全面加强党对民族工作的领导，理顺统战民族宗教工作机构，把创建工作作为全县各级党委、政府"一把手工程"来抓，落实落细措施，做到全员动员、全领域共建、全流程创建、全要素保障，确保了创建工作方向正确、广大群众满意度得到提升。截至目前，中共永平县委被评为"云南省民族团结进步模范集体"，13个单位被评为州级模范集体，30个单位被评为县级模范集体；29个单位被命名为省级"民族团结进步创建示范单位"，65个单位被命名为州级"民族团结进步创建示范单位"，101个单位被命名为"县级民族团结进步创建示范单位"，形成了创先争优、团结奋进的创建氛围。

2. 弘扬"一种精神"，深化提升"五个认同"。牢记习近平总书记关于"解决好民族问题，既要解决好物质方面的问题，也要解决好精神方面的问题"的要求，把大力弘扬中国精神作为主要举措，使"五个认同"成为全社会的普遍共识。一是培树基地抓教育。2015年以来，在县城主要旅游景点内建设了铸牢中华民族共同体意识教育馆、民族团结进步碑，先后成功申报命名县级爱国主义教育基地9个、州级爱国主义教育基地5个、州级党史党性教育干部现场教育点2个，为培育和践行社会主义核心价值观提供了更多养分。同时，充分发挥基地育人功能，先后组织全县干部群众到基地开展教育活动306场次4.2万人次参加，进一步提高了全社会的爱国主义情感，铸牢了中华民族共同体意识。二是着眼长远抓从小。坚持铸牢中华民族共同体意识教育抓从小、从小抓，成立了永平县教育系统铸牢中华民族共同体意识创建联盟，在全县83所学校分批推进开展了铸牢中华民族共同体意识教育"进课堂"、中华传统文化"进校园"、民族团结进步创建"小手拉大手"等活动，让中华民族共同体意识深深扎根。如龙街镇中心完小被命名为"云南省第二届民族团结教育示范学校"。三是强化宣传抓引导。按照习近平总书记关于"人文化、大众化、实体化"的要求，加强以爱国主义为核心的民族精神、以改革创新为核心的时代精神，以及中华优秀传统文化、中共党史与国情宣传教育，充分运用新技术、新媒体，多渠道、全方位引导各族群众不断增强中华民族自信心和中国人自豪感。2015年以来，全县累计开展相关宣传活动200多场次，制作宣传标语、宣传牌9300多幅，发放宣传资料50万余份，在州级以上主流媒体刊发相关宣传信息1400多条，成功举办两届"永平十大最美人物"评选活动。新冠疫情发生以来，各族群众积极请战，全县共成立90支联防联控突击队坚守一线。各族民兵积极响应号召，先后共有300名民兵奔赴德宏州芒市支持边境一线疫情防控，用实际行动诠释了中华民族是休戚与共的命运共同体。

3. 把握"一条途径"，搭好创建平台载体。按照习近平总书记"高举中华民族大团结的旗帜，促进各民族交往交流交融"的要求，永平县在开展创建工作中始终注重把握好促进民族交往交流交融这一根本途径，积极搭建铸牢中华民族共同体意识"众参与"的平台，形成你中有我、我中有你，谁也离不开谁的浓厚氛围。一是注重搭建交往纽带。探索搭建群众易于参与、形式多样的交往纽带，成功举办五届以"千古博南·味道永平"为主题的云南·大理永平博南文化节，每年参加人数达10万人次，演绎了万人同吃黄焖鸡的热闹场面，并成功申报"最大一锅黄焖鸡——永平黄焖鸡"上海大世界吉尼斯纪录，进一步提升了"永平黄焖鸡"品牌影响力，将这张亮丽名片传递到了全国各地。成功举办首届"中国梅花精神文化论坛"，用永平"唐宋元明清"五朝古梅所蕴含的不畏艰险、自强不息的精神，鼓舞各族群众传承和弘扬好中华民族刚毅坚卓的品质。二是注重深化互动交流。鼓励各族群众在民族地区和非民族地区、城市和乡村双向流动，并抓好网格化服务管理工作，共设置网格1307个。积极推广国家通用语言文字，引导说普通话、写规范字、树新风尚。通过持续推进移风易俗，县内各民族相互通婚，特别是回汉通婚已成为常态，邻里"红白事"办理大家不分彼此、不分民族，手足相亲、守望相助。例如，回族群众相对较多的曲硐村，演绎着"汉族丧事出殡回族助、回族办客宰牛汉族帮"的民族团结生动画面。"一家人"的理念逐步由空间嵌入拓展到经济、文化、社会和心理嵌入，推动形成密不可分的共同体。三是注重文化传承交融。引导各民族在政治、制度、法律、价值观等方面统一到"五个认同"的前提下，尊重各民族在饮食服饰、风俗习惯、文学艺术等方面的差异，并通过互动加深了解、增进情谊，形成既要尊重多元、更要促进一体的共识。例如，通过中华传统文化浸润融合改编制作推广的《心肝票》《嘎迟哇》等34个民族文艺精品，成为各族群众广场舞"热歌"，在潜移默化中不断强化了各族群众的共同体意识。代表作品苗族歌舞《嘎蒙卡兜》获第十届中国艺术节舞蹈类"群星奖"，成为中华文化"璀璨星空"中的一颗星星。

4. 坚持"一个方向"，促进社会稳定和谐。多年来，永平县始终将民族宗教事务置于法治建设大战略并与社会领域其他各项事务整体推进，特别是按照习近平总书记"要用法律保障民族团结"的要求，针对永平县属于云南省宗教工作重点县的县情，进一步重视运用法治意识、法治思维和法治手段分析解决宗教问题，坚持好我国宗教中国化方向。一是压实党政干部责任。认真落实"四级书记"抓宗教工作责任，并探索建立了《县处领导挂钩联系宗教活动场所、团体和民族宗教代表人士制度》，由 29 名县处领导直接挂钩联系全县依法登记的 43 个宗教活动场所和 75 名民族宗教界代表人士，有效发挥了在促进民族团结、宗教和睦工作中的带动作用。二是抓实"五进"活动开展。在宗教活动场所全面推进开展"五进"活动，引导信教群众深刻认识民族意识不能高于中华民族共同体意识，教民身份不能高于公民身份，做到"四个维护""五个认同"。截至目前，在宗教领域已创建县级以上"民族团结示范单位"或"和谐寺观教堂"17 个。多年来，辖区内从未发生过因民族和宗教问题引发的群体性事件，平等、团结、互助、和谐的社会主义民族关系进一步巩固和发展。例如，新冠疫情发生后，曾经获得过省级模范清真寺称号的曲硐清真寺，共动员捐赠资金 21.26 万元、核桃 20 吨驰援武汉，让疫区群众感受到了"一家人"的温暖。三是带头推进依法治理。积极探索做好宗教工作的新思路，用足用活"导"的方法，在云南省带头推进宗教领域的依法治理，工作力度和成效得到各级各界肯定。云南省民族宗教委将永平县开展宗教活动场所建筑风格风貌整治经验印发全省各州市供参考学习，贵州省、四川省以及省内的 20 多个州市县考察组先后到永平考察学习其在坚持我国宗教中国化方向上的工作经验。

5. 突出"一个主题"，全面夯实发展根基。牢记习近平总书记关于"没有民族地区的全面小康和现代化，就没有全国的全面小康和现代化"的嘱托，突出"共同团结奋斗，共同繁荣发展"主题，引导各族群众在加快繁荣发展中凝聚共识、汇聚力量，用实际行动感党恩、听党话、跟党走。一是围绕国家战略安排，落实政治要求。认真落实习近平总书记"全面建成小康社会，一个民族都不能少"的要求，抓住国家战略安排特别是打赢脱贫攻坚战的契机，抓重点、补短板、强弱项，全力履行好政治责任。累计投入扶贫领域资金 42.98 亿元，实现 2 个贫困乡镇、45 个贫困村、6034 户 21592 人建档立卡贫困人口全部脱贫退出，并在云南省率先推行"防贫保"，脱贫攻坚年度成效考核连续三年位居省州前列。中共永平县杉阳镇委员会被中共中央、国务院表彰为"全国脱贫攻坚先进集体"。二是践行共建共享理念，增进民生福祉。牢记党的宗旨和社会主义制度本质要求，把党的大政方针政策和对各民族群众的关心关怀及时落实到工作中去，不断提升各族群众幸福指数和生活品质。"十三五"期间，实施以"五网"基础设施为重点的项目 215 个，累计完成投资 121 亿元；实施以"美丽县城"、农村人居环境提升为重点的项目 125 个，累计完成投资 38.37 亿元；被纳入国家重点生态功能区，森林覆盖率提高到 74.18%；积极培树壮大"五种五养"十大优势特色产业，其中核桃种植达 158.7 万亩，已成为全国最大的核桃交易集散地，被省政府列为"一县一业"坚果类（核桃）产业示范县；"十三五"期间，城乡居民人均可支配收入分别从 25 547 元、7739 元增长到 36 263 元、12 203 元。被授予"全国义务教育发展基本均衡县"，创建为"省级文明县城""省级生态文明县""省级双拥模范县""省级园林县城""省级卫生县城""省级民族团结进步示范县"，不断满足人民群众对美好生活的向往，把各族群众的向心力凝聚在了党中央周围。三是发挥群众主体作用，共创美好未来。全县上下持之以恒、久久为功地开展创建工作，推动各族干部群众形成了利益共享、使命共担、命运共系的局面。例如，永平县在开展爱国卫生运动中探索建立"三洁"（室内、屋外、个人）、"一绿"（庭院绿化美化）、"一规范"（生产生活用品摆放）机制，定期开展"十星评比"，呈现出环境整洁优美、群众生活安康的喜人景象，其经验做法被人民日报客户端转载报道。

五、南涧县创建全国民族团结进步示范县实践

（一）基本情况

南涧彝族自治县，位于云南省西部、大理州南端，地处无量山下、澜沧江畔，是全国 8 个彝族自治县之一，是中国民间跳菜艺术之乡、国家生态文明建设示范区、中国茶业百强县、中国最美网红目的地。县城面积 1738.82 平方千米，辖 5 镇 3 乡 81 个村（社区）。有 35 种民族成份 19 万人，少数民族人口占总人口的 52.43%，其中彝族人口占 48.1%。南涧县古称定边县，自秦始皇统一中国即纳入大秦版图，唐宋以来便是滇藏茶马古道的重要通道，明代大量汉族迁入，儒学广泛传播。2015 年，在习近平总书记的亲切关心关怀下，南涧跳菜代表中华优秀传统文化跟随习近平总书记和夫人彭丽媛第一次"跳"进英国皇宫，"舞"出国门走向世界，成为享誉海内外的中华民族瑰宝。2020 年 9 月，县委被命名为"云南省民族团结进步模范集体"；2021 年、2023 年，南涧县创建成为云南省和全国民族团结进步示范县。

（二）主要做法

1. 实施"党建引领"工程，感恩奋进跟党走的决心更加坚定。实行县委、县政府主要领导"双一把手"负责制，纳入各级党委、政府重要议事日程，纳入党的建设和意识形态工作责任制，纳入政治考察、巡视巡察、政绩考核，先后制定出台《南涧彝族自治县全面深入持久开展民族团结进步示范创建工作铸

牢中华民族共同体意识的实施方案》等 18 份指导性文件，建立健全"创建—自查—督查—整改"机制，广泛推行"县委常委包乡镇、县级部门负责人包村、乡镇干部包户"的民族团结进步示范区建设"五包五覆盖"模式，形成了党委统一领导、政府依法管理、统战部门牵头协调、民族工作部门履职尽责、各部门通力合作、全社会共同参与的新时代党的民族工作格局。二是加强基层民族工作力量。加强基层基础力量，配齐配强 8 个乡镇 81 个村（社区）统战联络员、民族宗教专干，确保民族工作在基层有人抓。三是突出示范引领。按照品牌化的思路，打造了"无量山樱花谷""无量山茶谷""无量山药谷"民族团结进步示范园，实施了"清华大学帮扶""十百千万工程""沪滇协作项目"连心工程。

2. 实施"宣传教育"工程，中华民族共同体意识的理念扎下深根。一是深化感党恩教育，坚定"四个自信"。搭建教育平台，深入开展感党恩主题教育。例如：在学校认真开展"传承红色基因，争做时代新人"等行走的思政课活动；在农村深入开展"比过去、知变化，比未来、知希望，比政策、知福利，比邻居、知礼让，比干部、知关爱，比组织、知党恩"的"六比六知"主题教育，让各族群众永远听党话、感党恩、跟党走。二是深化共同体教育，涵养家国情怀。把铸牢中华民族共同体意识教育纳入理论学习中心组的重要内容，纳入党校、行政学院重点课程，充分发挥爱国主义党史学习教育基地、铸牢中华民族共同体意识主题馆等 100 余个阵地作用，创新组建"双语"宣讲队伍，在全县1136 个村落全覆盖开展爱国主义、社会主义、党史学习教育和中央民族工作会议精神宣讲。三是深化现代文明教育，培育精神力量。以社会主义核心价值观为引领，广泛开展精神文明创建活动，创建全国文明村镇 1 个，省、州级文明村镇 20 个、文明单位 40 个。引导完善居民公约、村规民约等规章制度和行为准则，倡导民族团结、文明礼貌、和睦友善、守望相助的文明之风。厚植道德沃土，发挥榜样力量，召开民族团结进步表彰大会 6 次、道德模范表彰大会 6届、先进事迹报告会 20 场次，弘扬受国家、省州级表彰的 35 个民族团结进步模范集体和 48 名个人的先进事迹。"全国优秀法官""全国模范法官"龙进品、"全国道德模范"李正林等一大批先进典型成为新时代彰显榜样力量的闪光名片。四是深化网络精神家园建设，凝聚正能量。积极推进"互联网+民族团结"行动，通过开设专栏、专版，打造短视频传播阵地，传播在党中央、习近平总书记对民族地区高度重视和深情关怀下，各族人民感恩奋进同心向党的正能量。

3. 实施"文化认同"工程，中华民族共有精神家园更加美好。一是突出中华文化符号和中华民族形象。深入实施文化惠民工程，建成贯穿县城全长 4000

米、碑刻 399 首诗词的"洱河宋词长廊""毓秀唐诗漫道",打造了洱南、洱北2 个主题公园,修缮、修建了毓秀书院、定边风雨桥、双凤朝阳广场等一批凸显中华文化的视觉形象工程,将中华文化和中华民族文化血脉具体成可触摸的实物,让各族群众在生产生活中感受中华文化魅力,增强中华文化自信。二是深入挖掘中华民族历史文化内涵。全方位挖掘茶马古道文化、红色星火渊源等南涧各族群众在中华民族大家庭中交融互鉴、共同铸就的历史,增强各族群众对伟大祖国、中华民族的认同。南涧是茶的故乡、茶马古道重要驿站。本土"鑫凤凰"土林普洱茶成为北京奥运会指定收藏纪念茶,促进了中国茶文化与世界的交流。同时,研发制作了全国唯一生熟混搭净含量 56 克的民族团结进步"团茶",寓意"你中有我,我中有你",56 个民族亲如一家,将茶产品赋予了更深的文化寓意。三是大力弘扬共有共享的中华优秀传统文化。着力打好南涧跳菜"传承保护""凝心聚力""文旅融合"三张牌,大力实施"五个一百"工程,建成了 1 个县级南涧跳菜传承中心、20 个民族文化传习所,"南涧跳菜"被列入第二批国家级非物质文化遗产保护名录。发展了 370 支 2000 多人的跳菜文艺队,人均年收入达 7000 多元,走出了一条推动中华优秀传统文化传承保护和创新发展,助力全县经济社会发展,增加群众收入的新路子。

4. 实施"强基固本"工程,共同迈向现代化步伐更加稳健。一是擦亮绿色底色聚民力。全面践行习近平总书记"绿水青山就是金山银山"理念,以生态文明建设彰显共同体意识,大力推行河长、山长、街长"三长制",全力打好蓝天、碧水、净土保卫战,县城环境空气质量优良率达 99.7%;县域地表水水质、县级饮用水源地水质达到或优于Ⅲ类标准,为 100%;全县环境空气优良天数比例均为 100%。2016 年纳入国家重点生态功能区,云南无量山国家级自然保护区(南涧段)入选第五届"中国森林氧吧"。2021 年在 COP15 现场,南涧县获得第五批国家生态文明建设示范区荣誉称号,切实守护好祖国西南地区重要生态安全屏障、国际河流湄公河的重要源头,为实现生物多样性可持续利用和惠益分享、人与自然和谐共生美好愿景、共建地球生命共同体贡献了南涧力量。二是推进城乡建设顺民意。"国家西电东送龙头水电站——小湾水电站""全国第一个乡村振兴动车站——小湾动车站""清华大学挂钩帮扶"等一批国家重点战略部署帮扶项目落地南涧。南景高速公路南涧段建成通车,大临铁路小湾东站开通运营,结束了南涧境内无铁路无高速公路的历史,南景、南云、大南、宾南和大临铁路"四高一铁"项目带动南涧迈入"高速时代"。全县 81 个行政村实现动力电,电视信号、4G 网络,道路硬化、通客车率 100%。巩固提升高原特色农业,茶产业成为"一县一业"主导产业,全县茶园面积 12.09 万亩,占全州总面积的 46%。"一片烟、一个核桃、一头牛、一只鸡、一棵药"等传统特色产业不断壮大，累计实现烟农收入 10.56 亿元，泡核桃面积发展到 80 万亩，肉牛养殖规模达 5.91 万头，无量山乌骨鸡养殖规模达 320 万羽，种植中药材3.33 万亩。工业经济提速增效，全县规模以上工业企业达 16 户，和维茶业等 6户企业产值突破亿元。文旅产业加快发展，"三谷"旅游区建设加快推进，累计接待游客 959 万人次。南涧县被列为"全省人文网红旅游目的地"。城乡人居环境持续提升，建成了全省一流星级综合集贸市场，国家卫生县城创建顺利通过省级技术评估。三是巩固脱贫攻坚成果解民忧。始终坚持巩固脱贫攻坚成果、乡村振兴与民族团结进步创建"双融合双促进双达标"。累计投入各类扶贫资金64 亿元，2018 年实现贫困县提前一年脱贫摘帽，4 个贫困乡镇 68 个贫困村 14457 户 56 641 人消除贫困。社会保障扩面提质，基本医疗保险、城乡居民养老保险参保覆盖率持续稳定在 95%以上，各族群众学有所教、病有所医、老有所养、住有所居。

5. 实施"共治共享"工程，各民族交往交流交融更加紧密。一是构建互嵌式社会结构和社区环境。将每年 8 月定为"民族团结进步创建活动月"，持续开展民族团结进步宣传活动。精心组织火把节、中国南涧跳菜艺术节暨无量山樱花节等形式多样、特色鲜明、各族群众共享的文化活动，创造各民族共居共学、共建共享、共事共乐的社会条件。二是抓实"十进"活动，实现全覆盖。持续全覆盖开展民族团结进步创建"十进"活动，建成省级民族团结进步示范乡镇 2个、村 20 个、社区 2 个。21 个单位被命名为云南省民族团结进步示范单位，58个单位被命名为大理州民族团结进步示范单位。三是持续推动创建工作提质扩面增效。搭建"民族团结，跳菜家园"教育实践平台，开展"结对子""手拉手""心连心"等多层次、多领域、多样化的民族联谊活动，学校、工商联（商会）、南街社区等形成创建联盟，民宗、工会、共青团、妇联发挥优势开展联创，让更多群众参与到创建工作，共享创建成果。四是全面推广普及国家通用语言文字。全面加强国家通用语言文字教育，创建 54 所语言文字规范化示范学校，2017 年通过了国家三类语言文字规范化达标创建工作评估。

6. 实施"依法治理"工程，民族宗教事务治理体系更加健全。一是全面贯彻党的民族政策。加强《中华人民共和国民族区域自治法》《云南省民族团结进步示范区建设条例》等法律法规的贯彻落实，修订完善《云南省南涧彝族自治县自治条例》，制定 3 个单行条例，支持各民族发展经济、改善民生，实现共同发展、共同富裕。二是坚持依法治理民族事务。根据不同民族实际，以公平公正为原则，突出区域化和精准性，依法保障各民族平等权益，巩固和发展平等团结互助和谐的社会主义民族关系。坚持我国宗教中国化方向，依法管理宗教事务，积极引导宗教与社会主义社会相适应。广泛开展宪法和民族区域自治法宣传教育，有力促进各族干部群众增强国家意识、公民意识、法治意识。三是加强民族地区社会治理。充分发挥全县 1829 个网格作用，推动社会治理和服务中心向基层下移，创建平安乡镇、平安单位等 20 类平安细胞，构建了民族地区共建共治共享的社会治理格局。近年来，南涧在云南省群众安全感和满意度调查中稳居大理州前三名。四是坚决防范化解民族领域重大风险隐患。牢固树立总体国家安全观，坚持在法治轨道上处理涉及民族因素的问题，创建了 2 个全国民主法治村、2 个省级民主法治村。坚决防范境外宗教渗透，严厉打击各类非法宗教活动。

六、云龙县创建云南省民族团结进步示范县实践

（一）基本情况

云龙县位于大理州、保山市、怒江州结合部，辖 7 乡 4 镇 90 个行政村（社区）。居住着白、汉、彝、傈僳、阿昌、回等 25 个民族，总人口 18.3 万人，少数民族人口占 86.23%。县域面积 4400 平方千米，是大理州最大的县，山区面积占 98.6%，森林覆盖率达 70.74%，生物多样性资源占云南省的 26.6%，2020年设立云南云龙国家级森林公园。守好祖国西南生态安全屏障，建设绿色云龙，是云龙作为中华民族大家庭一员的最美绿色答卷。公元前 109 年，汉代设比苏（今云龙）县，云龙正式纳入中华版图，后历代称尹州、云龙赕、云龙州，境内盐井相继得到开发和利用，盐业兴盛，是各民族交往交流交融历史的写照。随着开科取士、风气大开，故而人文蔚然、代有名流，许多精英通过科第参与国家治理，涌现出董善庆、杨名飏等名臣硕儒，为官清正为民，文化造诣精深；王九龄、董泽等仁人志士，振兴教育、致力发展；各族人民在历史发展的长河中不断树牢与全国人民休戚与共、荣辱与共、生死与共、命运与共的共同体理念，不断增强对伟大祖国、中华民族、中华文化、中国共产党、中国特色社会主义的认同。党的十八大以来，云龙县坚持以习近平总书记关于加强和改进民族工作的重要思想为根本遵循，统筹推进"五位一体"总体布局，协调推进"四个全面"战略布局，紧扣"12345"的创建工作思路，奋力在铸牢中华民族共同体意识上做示范。2016 年，云龙县被命名为大理州首批民族团结进步示范县。2021 年，被命名为第三批云南省民族团结进步示范县。

（二）主要做法

1. 紧扣"一条主线"，履行铸牢中华民族共同体意识的政治责任。牢记习

近平总书记关于"云南要努力成为我国民族团结进步示范区"的嘱托，以铸牢中华民族共同体意识为主线，不断提高政治判断力、政治领悟力、政治执行力，铸牢中华民族共同体意识成为思想自觉和行动自觉。①强化思想政治引领。聚焦学习党的百年奋斗历史，贯彻落实党的十九届六中全会精神，与学习习近平总书记关于加强和改进民族工作的重要思想、"七一"重要讲话、给云南省沧源县边境村老支书们的回信、中央民族工作会议精神，推进新时代党的民族工作高质量发展结合起来，增强"四个意识"、坚定"四个自信"、做到"两个维护"，牢记"国之大者"。将中华民族共同体教育纳入干部教育、党员教育、国民教育，县委常委会、县政府常务会专题学习和研究部署 52 次，共召开铸牢中华民族共同体意识培训会 420 场次，参会人数达 2.2 万人。按照新时代好干部标准，选送优秀民族干部 400 多名参加调训、挂职，615 名下沉到乡村，全县少数民族干部占比达 90.3%，基层党组织成为铸牢中华民族共同体意识的坚强战斗堡垒。②突出顶层谋划推进。把加快推进民族团结进步示范区建设纳入"十四五"规划，定位为"五大目标"之首，持续赋予所有改革发展彰显中华民族共同体意识的意义。把铸牢中华民族共同体意识工作纳入各级党委、政府重要议事日程，纳入党的建设和意识形态工作责任制，纳入政治考察、巡视巡察、政绩考核，纳入县人大专项执法检查、县政协专题调研，推动新时代党的民族工作实现高质量发展。③健全完善体制机制。全面加强党对民族工作的领导，实行书记县长一把手工程，县处级领导挂钩、县级部门包保制度。出台《关于进一步加快云龙县民族团结进步示范区建设的实施意见》等 39 个文件，合署统战民族宗教工作机构，完善县乡村三级统战网络，设置统战民宗（委员）专干、网格员 112 名，健全五个机制，落实四级责任，明确"十个有"标准，形成"党委统一领导、政府依法管理、统战部门牵头协调、民族工作部门履职尽责、各部门通力合作、全社会共同参与"的工作格局。

2. 坚持"两个共同"，推动各民族共同走向社会主义现代化。牢牢把握"共同团结奋斗、共同繁荣发展"主题，注重民族团结进步与生态文明示范创建双推双促，始终引导各族人民走以生态优先、绿色发展为导向的高质量发展之路。①民生福祉持续提升。坚持以民为本、与绿色发展共建共享，群众生活明显改善，民生保障水平大幅提升。"十三五"期间，实现生产总值 70.42 亿元，较"十二五"增加 34.06 亿元，城乡居民人均可支配收入从 24 342 元、7563 元增长到 34 450 元、11 751 元。云龙一中整体搬迁，县医院升等晋级等一大批民生项目落地完工，无疑似、确诊病例，新冠疫情形势平稳可控，"美丽县城""卫生县城"创建推进有效，城乡养老、医疗保障体系不断健全，社会救助统筹推进，人民群众获得感、幸福感、安全感持续增强。②发展基础更加坚实。一大批"团结线""幸福路""连心桥"加快建设。4 条"云字头"高速公路开工建设，全县通车里程达 5280 千米。勒子箐水库建成，铁扇门、云华水库等重点水利项目加快推进，新增蓄水库容 3341 万立方米。投资 2556 万元完成配电网建设，建成 4G 基站 643 个、5G 基站 79 个，网络实现全覆盖，铸牢中华民族共同体意识的物质基础不断夯实。③绿色发展强劲有力。紧紧围绕"生物多样性保护重点区、绿色能源重点县"发展目标，坚持生态优先、保护优先，培育百亿级绿色能源和清洁能源产业，华能新松坡光伏电站成为全省第一批"保供给促投资"新能源项目，水电、风电产值达 23 亿元。培育百亿级高原特色农业产业，"一县一业"发展步入快车道，洱海流域民族团结进步协作产业转移项目落地见效，诺邓火腿、云龙茶入围"中国品牌价值百强榜"。培育百亿级全域文化旅游产业，构建"一核两区四线"新格局，打造健康生活目的地，实现旅游收入 17.1 亿元，走出一条以绿色为底色的高质量发展之路。

3. 聚力"三极联动"，创建工作提质增效。以铸牢中华民族共同体意识为新时代党的民族工作的"纲"，所有工作向此聚焦，全力构建"以诺邓为中心的沘江流域、以功果桥为中心的澜沧江流域、以漕涧为中心的怒江流域"联动发展极，实现全域创建。①抓引领重实效。构建"民族团结进步+"实践体系，以"+绿色发展"为示范引领，力推"一进一特色，一创一示范"，抓实"10+N 进10+N 创""百家挂百村（社区）共创共建"，组建 9 个行业创建联盟，创建全覆盖推进。3 个村被命名为"中国少数民族特色（旅游）村寨"，6 个村被命名为"云南省少数民族特色村寨"。2018 年团结彝族乡创建为全国民族团结进步示范区（单位），创建省级示范单位 18 个、州级 62 个、县级 155 个，省级教育基地 1 个，州级教育基地 2 个，国家、省级先进个人 2 人。②抓教育打基础。成立云龙县教育系统铸牢中华民族共同体意识创建联盟，创建各级民族团结进步示范学校 80 所，在全县 125 所学校开展铸牢中华民族共同体意识教育"进课堂"，开展中华经典诵读、中华文明礼仪、生态文明教育，中华民族视觉形象工程"进校园"，开展创建"小手拉大手""七个一"等活动，举办铸牢中华民族共同体意识教育培训 21 场次，参训教师 2100 多名，将中华民族共同体意识根植在师生心灵深处。③抓阵地添活力。搞好铸牢中华民族共同体意识的社会宣传教育。出台《领导干部带头宣讲铸牢中华民族共同体意识工作方案》，组建 101个宣讲队，开展宣传教育 9000 多场次，制作《铸牢中华民族共同体意识知识读本》、标语、画帖 5 万余册，发放宣传资料 50 余万份，制作主题曲和专题片，在州级以上主流媒体刊发信息 1600 多条，评选文明单位、文明村镇、文明校园

150 个，开展"担当作为好干部"评选活动，举办铸牢中华民族共同体意识文化展演，网络点击突破 20 万人次，互联网成为构筑各民族共有精神家园，铸牢中华民族共同体意识的最大增量。④抓治理促和谐。开展基层治理能力提升培训 5545 人次，与大理、兰坪、泸水签订《少数民族流动人口服务管理跨区域联动协作协议书》。坚持宗教工作中国化方向，在依法登记的宗教活动场所深入开展"五进"活动，创建"和谐寺观教堂"4 个。抓实党建促农村宗教治理，全面落实"一网两单"制度，打牢中华民族共同体法治基础。近年来，未发生因民族宗教问题引发的群体性事件或集体上访事件，连续四年被表彰为全国信访工作"三无"县市，社会大局持续和谐稳定。

4. 弘扬"四种精神"，全面推进中华民族共有精神家园建设。在"四史"学习教育中，继承和发扬党领导人民在各个历史时期奋斗历程中形成的伟大建党精神等精神谱系，用共同理想信念凝心铸魂、赓续精神血脉。①用"万众一心、坚忍不拔"的民族抗战精神，铸牢中华民族共同体意识。1940 年至 1941 年，日军空炸功果"两桥"，国难当头，云龙各族人民万众一心、坚忍不拔，不畏牺牲，全力抢修功果桥，确保滇缅路国际"生命线"的畅通。"天下兴亡、匹夫有责的爱国情怀，视死如归、宁死不屈的民族气节，不畏强暴、血战到底的英雄气概，百折不挠、坚忍不拔的必胜信念"，激励着各族人民砥砺奋进，特别是党的十八大以来，云龙各民族在中华民族大家庭中像石榴籽一样紧紧抱在一起，逆行出征、同心抗疫，自愿捐款 130 余万元，组织 6 批次 618 名应急队、医疗救护队、强边固防突击队，赴瑞丽、盈江支援疫情防控，舍生忘死、为国守边，以"人民至上、生命至上"的价值追求铸牢中华民族共同体意识。②用"担当尽责、负重拼搏"的水电移民精神，诠释古往今来的家国情怀。为了国家绿色能源安全，历经 10 年奋斗打好绿色能源牌，完成 3 座大中型水电站，1.6 万多人的移民搬迁安置任务。总投资 80 亿元，装机 90 万千瓦的功果桥水电站成为《移民安置条例》颁布以来第一个通过征地移民安置专项竣工验收的电站；总投资 140 亿元，装机 140 万千瓦的苗尾水电站成为"十三五"期间云南省第一个投产发电的电站，圆满交出"两个第一"的优异答卷，在服务国家大电建设中立标杆、树典范。广大移民干部踏千山万水、入千家万户、道千言万语、想千方百计、排千难万险，全力保障大电建设。各族移民群众舍小家、顾大家，从故土难离的"要我搬"到自觉自愿的"我要搬"，唱响"搬迁不搬民族志，移民不移团结心"的主旋律，以实际行动支持国家建设。干部、群众用"担当尽责、负重拼搏"的移民精神，诠释了古往今来的家国情怀。③用"苦干实干、顶住硬干"践行脱贫攻坚精神，兑现"一家人都要过上好日子"的庄严承诺。

脱贫攻坚战打响以来，各族干部群众苦干实干、顶住硬干，切实担负起大理州脱贫攻坚主战场的使命。投入 40 多亿元，建成 24 个易地扶贫搬迁安置点，12 533 户 48 342 人全部脱贫，47 个贫困村全部出列，4 个深度贫困乡镇全部摘帽。同济大学、浦东新区、奉贤区携山海深情，倾力帮扶，共同探索出被国家和省推广的"三带两转，村企结对"典型经验，脱贫攻坚战全面胜利。兑现了"中华民族是一个大家庭，一家人都要过上好日子"的庄严承诺，各族群众切身体会到了翻天覆地的生活巨变，发自肺腑地爱戴习近平总书记，感恩伟大中国共产党、伟大祖国、伟大新时代，更加坚定对中国特色社会主义的认同。④用"不忘初心、矢志不渝"的艰苦创业精神，书写各民族同心奋进新时代的云龙篇章。云龙各族群众大多居住在高原大山之中，孕育了自强不息、勤劳质朴、勇于攀登的创业精神。在创建工作中，打好绿色食品牌，培树了许多典型。尹何春，敢于开拓创新、担当进取，带领大栗树村群众闯出致富路，培植出大栗树茶叶品牌。字学文，花甲之年起步创业，面对挫折失败十年磨一剑，打造云南省著名佬倵茶商标，茶叶成为各族群众脱贫致富奔小康的"金叶子"。杨利民，数十年如一日，用汗水和实干，带领天池村建成万亩梨园，打造麦地湾梨绿色产业。"不忘初心、矢志不渝"的创业精神，激励各族人民任劳任怨、不畏艰辛、砥砺前行。依托资源优势，构建"一主六副五谷开花"的绿色特色农业发展格局，生态底本更加厚实、经济社会高质量发展，各族儿女铸牢中华民族共同体意识，书写出同心奋进新时代的云龙篇章。

5. 打造"五张名片"，促进各民族广泛交往交流交融。牢记习近平总书记"必须促进各民族广泛交往交流交融，促进各民族在理想、信念、情感、文化上的团结统一，守望相助、手足情深"的要求，增强中华民族凝聚力、向心力。①打造"生态文明"名片，讲好"绿色发展、共建共享"的自然故事。云龙是大理州林业第一大县，林地面积占全州的 1/6。云龙一直认真践行习近平总书记"绿水青山就是金山银山""人不负青山，青山定不负人"的生态文明思想，实现省级生态文明乡镇创建全覆盖，森林覆盖率提高到 70.74%，蚂蚁森林滇金丝猴栖息地、廊道建设等两个案例入选 COP15"生物多样性 100+案例"，为全球生物多样性保护提供了"云龙方案"，贡献了"云龙智慧"。在创建工作中，我们建成"民族团结进步+生物多样性保护"宣教基地，引导各族人民担负起筑牢祖国西南生态安全屏障的责任，牢固树立"共守绿水青山，共享绿色发展"的命运共同体意识。②打造"太极福地"名片，讲好"中华文化符号"的精神故事。沘江自然天成、世所罕见的天然地貌奇观"太极"，契合了"太极"中华文化符号，尊崇自然、顺应自然、保护自然，物化象征的开放包容、海纳百川的太极文化、太极精神，滋养着世世代代的各族群众，增进对"太极"这一中华文化符号的认同，铸牢中华民族共同体意识。在创建工作中，我们建成具有浓郁中华文化元素的环太极文化长廊，举办太极文化旅游节，塑造"绿色云龙·太极福地"旅游发展品牌，促进各民族交往交流交融。③打造"八大盐井"名片，讲好"亲如一家、守望相助"的生活故事。因为产盐，明清以来大量盐民、盐商、盐官、盐吏进入云龙"八井"地区，在盐井开采开发、贸易交换过程中形成了多民族共同生活的格局。鼎盛时期，云龙"井盐"每年上缴盐税3.8万两，促进国家发展，巩固政权稳定。伴随盐的贸易，"盐马古道"不断扩展，一部《舌尖上的中国》让"千年一味"的诺邓火腿享誉全国，走出深山。在创建工作中，我们建成两个盐井文化展示馆，保护传承盐井文化，引导各族群众更好地认知、认同共同的历史文化，并将其作为开展中华民族共同体教育的重要资源，构建起各民族亲如一家、守望相助、和谐友善的融洽关系。④打造"桥梁文化"名片，讲好"交往交流交融"的发展故事。云龙境内江河纵横，建造了浮、吊、拱、梁不同类型的百余座桥梁，博得了"世界桥梁艺术博物馆"的美誉。明代的彩凤桥是通往兰坪、丽江的要道，清乾隆时期的通京桥是白银运往京城的必经之途，成为各民族之间交往交流交融的情感纽带。沘江古桥梁群申报为国家级重点文物保护单位，目前全县共有45个文保单位，非遗传承项目64项，非遗传承人559名，"耳子歌""吹吹腔"列入国家非物质文化遗产名录。结合县域实际，在创建工作中，我们建成"民族团结进步+滇西古桥梁文化"展示基地等，传承保护优秀传统文化，讲述背后的故事，丰富和发展各族人民共有精神家园，系紧各民族长期以来心手相连、亲如一家的精神纽扣。⑤打造"主题教育馆"名片，讲好"共建精神家园"的历史故事。投入1000多万元，建成云南省首个县级铸牢中华民族共同体意识主题教育馆，致力于习近平新时代中国特色社会主义思想、习近平总书记关于加强和改进民族工作的重要思想、习近平生态文明思想等的宣教，展示中华民族站起来、富起来、强起来的历程，创建多元一体的中华民族实体。自开馆以来，360多家单位1.8万余人来开展实践教育，让中华民族共同体理念牢不可破。

七、宾川县创建云南省民族团结进步示范县实践

（一）基本情况

宾川县位于云南省西北部、大理州东部，地处金沙江南岸干热河谷地带，是国家园林县城、国家卫生县城、中国水果之乡。县域面积2563平方千米，辖

8镇2个民族乡，有汉、白、彝、傈僳、回、苗、拉祜7个世居民族，截至2021年末，全县有39个民族成份，少数民族人口9.15万人，占全县总人口的24.88%，归侨侨眷5742人。1950年1月1日中共宾川县委、县人民政府成立以来，党的民族政策法规得到全面贯彻落实，全县经济社会发展取得了前所未有的进步，尤其是党的十八大以来，全县各族干部群众立足新发展阶段，完整、准确、全面贯彻落实新发展理念，构建新发展格局，主动融入国家和省州发展战略，将所有工作向铸牢中华民族共同体意识聚焦，全县经济社会实现了高质量跨越式发展，各族人民生活发生了翻天覆地的变化。全县生产总值从2012年的69.83亿元增加至2021年的165亿元；城镇居民人均可支配收入从2012年的20 334元增加至2021年的42 200元；农村居民人均可支配收入从2012年的5941元增加至2021年的20 108元；固定资产投资从2012年的39.28亿元增加至2021年的90亿元；三次产业结构由2012年50.5∶17.9∶31.6调整至2021年的44.3∶18∶37.7。2018和2019年连续两年被评为全省"跨越发展先进县"。2021年，被省民族宗教委命名为第三批全省民族团结进步示范县，全国民族团结进步示范县创建工作全面加快推进。

（二）主要做法

县委、县人民政府始终牢记习近平总书记的殷殷嘱托，胸怀"两个大局"，心怀"国之大者"，把铸牢中华民族共同体意识作为创建工作的指导思想、主要任务、评价标准，正确处理"一体"和"多元"、共同性和差异性、共同体意识和民族意识、"大家庭"与"家庭成员"的关系，紧紧围绕"中华民族一家亲，水果之乡石榴红"创建工作主题，充分发挥享誉南亚东南亚旅游胜地鸡足山、中国水果之乡、云南省著名侨乡等优势资源特点，突出打造"一圈一带一廊一盟""四个一"创建品牌。

1. 突出主线，全面加强党的领导做示范。切实把铸牢中华民族共同体意识作为新时代党的民族工作的"纲"，将所有工作向此聚焦。一是健全完善体制机制。二是筑牢共同思想根基。认真学习宣传贯彻落实中央民族工作会议精神，积极构建宣传教育常态化机制，将铸牢中华民族共同体意识纳入干部教育、国民教育、社会教育全过程，列入各级党组中心组学习、党支部"三会一课""主题党日"必学内容和党校学习培训重要内容，近三年来，共开展培训30多场次，参训人员1.2万多人次。制定出台《关于学校全面深入持久开展铸牢中华民族共同体意识教育的通知》等系列文件，将铸牢中华民族共同体意识作为全县各中小学校"开学第一课"重要内容，在全县各级各类学校全覆盖开展铸牢中华民族共同体意识教育。创办了《铸牢中华民族共同体意识大家谈》周刊，编印了《宾川县民族团结进步示范创建铸牢中华民族共同体意识知识读本》等手册和宣传折页，广泛开展铸牢中华民族共同体意识签名、征文、演讲等活动。以"融媒体+铸牢中华民族共同体意识"为抓手，常态化邀请新华社、经济日报、云南日报、云南网等主流媒体集中宣传，持续在《宾川时讯》及媒体网站开设专栏，在宾川广播电视台开设专题，讲好宾川铸牢中华民族共同体意识新故事，把"中华民族是休戚与共、荣辱与共、生死与共、命运与共的共同体"意识深深植入全县各族干部群众心灵深处。三是不断夯实基层基础。在县民族宗教事务局设立全县铸牢中华民族共同体意识研究中心，在县委政策研究室、县委党校设立全县铸牢中华民族共同体意识研究基地，为推进新时代党的民族工作高质量发展提供了理论、数据支撑，发挥了智库作用。将全县 10 个乡镇党委副书记、90 个村委会（社区）党总支书记、52 个民族宗教工作重点村委会（社区）党总支副书记分别明确为铸牢中华民族共同体意识一、二、三级网格员，组建了"石榴籽"志愿者服务队，广泛开展宣传教育、扶弱济困、联络联谊、治安联防等公益活动，以"小家"的和谐推动"大家"的共治，促进各民族在中华民族大家庭中守望相助、手足相亲。

2. 培根铸魂，同心共育家国情怀做示范。一是实施"中华优秀传统文化"弘扬工程。在县城主干道、华侨居住地、主要路段悬挂国旗、中国结，提升各民族群众对祖国的认同。在重要场所、公共区域、旅游景区等实施中华视觉形象工程 10 项，集中展示反映祖国锦绣河山、悠久历史、灿烂文化、伟大精神的形象展示和标识标牌，切实增强各族群众对中华民族、中华文化的认同。深入实施文化惠民工程，《赶马调》《脱贫攻坚感党恩》《送别》《姐妹兄弟》涌现，开发了高 56 毫米的文创产品茶具"团壶"，把铸牢中华民族共同体意识融入各族群众的日常生产生活，根植心灵深处。二是实施"历史文化"传承保护工程。紧紧围绕"四个共同"，深入挖掘各民族共同的历史文化记忆。州城镇国家级历史文化名镇、平川镇省级历史文化名镇、鸡足山风景名胜区和 10 个传统村落、38 个文物建筑保护力度得到加强，命名非遗代表性项目名录 89 项、非遗项目代表性传承人 282 名、州级民间艺术大师 6 名。三是实施"红色文化"引领工程。打造了一条"重走红军长征路"的红色文化长廊，让红色基因薪火相传，铸牢信仰之基，不断增强"五个认同"，宾川红色旅游线路被列为全省建党百年百条精品红色旅游线路。四是实施社会主义核心价值观培育工程。大力弘扬宾川"迎侨惠侨、红军长征、疫情防控、引洱入宾、脱贫攻坚"五种精神，铸牢"五个认同"。命名县档案馆等铸牢中华民族共同体意识教育基地 10 个，创建省级爱国主义教育基地 1 个、县级 3 个。广泛开展文明单位创建活动，创建国家级文明村 1 个、省级 12 个、州级 32 个、县级 82 个,全国劳动模范张冬梅、全国离退休干部先进个人李伯藩等一大批先进典型成为新时代彰显榜样力量的闪光名片,全县各族群众在思想观念、精神情趣、生活方式上不断向现代化迈进。

3. 互嵌共融,深化交往交流交融做示范。一是各民族青少年交流持续拓展。认真贯彻落实教育部、国家乡村振兴局职业教育东西部协作行动计划,2017 年以来,先后输送 352 名学生到江苏无锡 5 所职业院校就学,毕业后学校推荐就业。抓实人民教育出版社对口帮扶工作,促成北京 101 中学挂钩帮扶宾川四中,增进了各民族青少年学生交往交流交融。二是各民族互嵌式发展向纵深推进。充分考虑不同民族、不同地区的实际,统筹城乡建设布局规划和公共服务资源配置,逐步实现各民族在空间、文化、经济、社会、心理等方面的全方位嵌入。连续四年组织开展"中国农民丰收节"系列活动,深入开展"结对子""手拉手""心连心"等联谊活动。三是旅游促进各民族交往交流交融成效显著。充分发挥鸡足山旅游资源优势,在景区设立中华民族共同体服务岗,聘请"双语"服务工作人员,圆满完成 2017 年以来 260 多万藏族同胞以及来自全国各地的各族同胞前来鸡足山景区旅游的接待服务工作,把中华民族共同体理念贯穿旅游接待服务全过程各方面,2021 年共接待游客 53.93 万人,同比增 37.88%。四是归侨侨眷互嵌共融持续深化。结合侨务"工作在国内,影响在国外"的特点,全面贯彻落实《归侨侨眷权益保护法》和惠侨政策,帮助归侨侨眷厚植发展根基,促进增收致富,持续开展"侨心永向党、中华一家亲"等系列活动,以侨为桥,让广大归侨侨眷传播中国好声音、传递中国正能量,成为世界了解中国的重要桥梁、纽带和窗口。五是全面推广普及国家通用语言文字成效明显。制定出台了《宾川县语言文字中长期规划》,常态化开展好每年 9 月第三周"全国普通话宣传周"活动,2016 年 11 月通过国家三类语言文字规范化达标创建工作评估,创建国家通用语言文字规范化示范学校 120 所,切实让"讲好普通话、写好规范字"入脑入心。

4. 加快发展,持续推动共同富裕做示范。一是脱贫攻坚聚人心。扎实推进脱贫攻坚与民族团结进步"双融合双促进"工作,累计投入资金 52.1 亿元,3 个贫困乡镇脱贫、52 个贫困村出列,净脱贫 10 487 户 37 374 人,脱贫攻坚战取得全面胜利。二是生态建设入人心。持续推进国土绿化和"水果上山",森林覆盖率达 56.39%,森林蓄积量达 730 万立方米,建成 2 个国家级生态乡镇、8 个省级生态乡镇,为优化长江重点生态区安全屏障体系奠定了生态基础,尽好源头之责。三是民生改善得人心。全县"五网"基础设施成效显著,路网通车里程达 4622 千米,电网实现村村户户通,水网水利化程度达 83.2%,成为全国第三批节水型社会达标县，城镇和自然村互联网光纤覆盖率分别达 100% 和 83.7%，村卫生室实现全覆盖，城乡养老保险做到应保尽保，城镇职工参保率达 100%。四是绿色产业惠人心。因地制宜大力发展高原特色农业，全县以水果为支撑的"一县一业"发展驶入快车道，创建为国家农产品质量安全县。创新开展水果产业协会联盟行动，组织 10 户民族贸易企业成立了铸牢中华民族共同体意识产业致富联盟，引导水果企业之间优势互补、抱团发展，石榴、葡萄和柑橘等水果面积达 33 万亩、年总产量近 100 万吨、产值达 70 多亿元，"宾果儿"优质水果品牌源源不断销往"新马泰"等 10 多个国家，以及"北上广"等 20 多个国内大中城市。2012 至 2021 年，全县生产总值从 69.83 亿元增加至 165 亿元；农村和城镇居民人均可支配收入分别从 5941 元、20 334 元增加至 20 108 元、42 200 元。

5. 共治共享，持续提升治理能力做示范。一是民族事务治理日益"制度化"。全面贯彻落实《宪法》《民法典》《云南省民族团结进步示范区建设条例》等法律法规和党的民族政策，坚持走中国特色解决民族问题的正确道路，遵循增进共同性、尊重和包容差异性的重要原则，强化全体公民日常行为规范，将增进"五个认同"和树牢国家意识、公民意识、法治意识等内容有机融入居民公约、村规民约、学生守则、行业规章、职业规则、团体章程。建立健全涉及民族因素矛盾纠纷排查化解工作机制，坚持保证各民族公民平等享有权利、平等履行义务，民族事务治理能力和水平不断提高。近三年来，全县没有发生一起因民族问题引发的社会群体性事件。二是宗教事务管理日益"法治化"。深入贯彻落实《宗教事务条例》等法律法规，坚持我国宗教中国化方向，建立了县处级领导干部挂钩联系依法登记宗教活动场所制度，率先在全州完成依法登记宗教活动场所勘界工作，"宾川方案"和"宾川经验"在全州各县市全面推开，经验和做法在全省推广交流，依法管理宗教事务走在全国前列，得到了中央统战部的高度评价。全面开展"五进"宗教活动场所，宗教工作"一网两单"制度扎实推进，创建省级民族团结进步示范单位 2 个、省级和谐寺观教堂 2 个、州级和谐寺观教堂 7 个。三是社会治理日益"精准化"。持续推进"平安宾川"建设，扎实开展扫黑除恶专项斗争，社会治理不断深化，2020 年和 2021 年上半年，群众安全感满意度分别达 95.78% 和 96.15%。

6. 全域创建，建立完善长效机制做示范。一是"四个一"创建品牌形成强劲矩阵。以覆盖县域的交通网和鸡足山景区为依托，沿鸡足山旅游公路打造示范圈，促进了各民族交往交流交融；沿宾祥公路打造示范带，促进了各民族共同富裕；沿平川公路打造示范廊，促进了山区各族群众互嵌融合；在鸡足山景区打造佛教界联盟，让铸牢中华民族共同体意识根植宗教界人士心灵深处。通过铸牢中华民族共同体意识"一圈一带一廊一盟"带动，构建起了点面结合、相互支撑、优势互补的全覆盖创建格局，集群创建效应日益显现。二是示范带动成效明显。以民族团结进步创建"十进"为主渠道，推动创建工作下沉到基层政法单位、延伸到家庭和岗位，3 个乡镇 18 个单位获云南省民族团结进步示范乡镇和示范单位命名，成功创建州级民族团结进步示范单位 64 个，命名县级民族团结进步示范单位 118 个，涌现出了宾川革命英烈红军小学"赓续红色血脉，争当社会主义建设接班人"等一大批示范带动作用明显的新典型，县民宗局被人力资源和社会保障部、国家民委表彰为"全国民委系统先进集体"，有 1 名民宗干部被国务院表彰为"全国民族团结进步模范个人"。三是体制机制焕发新活力。出台了《民族团结进步示范创建单位动态管理办法》，从严从实加强动态管理，严格考核等次划分和示范单位退出摘牌机制，每年对工作停滞不前的示范单位进行通报批评，限期整改，整改不到位的取消命名、收回牌匾。

八、大理市创建云南省民族团结进步示范县实践

（一）基本情况

"风花雪月、自在大理"。大理市地处云贵高原上的洱海平原，是大理白族自治州州府所在地，全市下辖 9 镇 1 乡 3 街道，有 100 个行政村，44 个社区、512 个自然村。在 1815 平方千米的土地上，世代居住着汉、白、彝、回等 25 种民族，全市总人口 77.11 万人，其中户籍人口 64.83 万人，少数民族人口 49.2 万人，占总人口的 63.8%，流动人口约 12 万人。大理市集"全国历史文化名城""国家级风景名胜区""国家级自然保护区""苍山世界地质公园"等多项桂冠于一身，先后获评"全国卫生城市""全国科技先进市""中国优秀旅游城市""最佳中国魅力城市"和"杰出绿色生态城市""世界生态名城""全国农村人居环境整治示范市""全国县城新型城镇化建设示范市""国家农业绿色发展先行区""全国少数民族流动人口服务管理示范城市"等称号。近年来，大理市委、市人民政府高举习近平新时代中国特色社会主义思想伟大旗帜，深入贯彻习近平总书记关于加强和改进民族工作重要思想，牢记"一定要把洱海保护好"的政治嘱托，推动各民族共同保护、共同发展、共同富裕的命运共同体，推动各民族政治上团结统一、经济上共同富裕、社会上互嵌互融、文化上美美与共、生态上和谐共生，谱写了"两城一区、三个走在前"的大理新篇章。全市民族团结进步创建取得了阶段性成效，2021 年被命名为第三批云南省民族团

结进步示范县（市）。

（二）主要做法

1. 坚持党建引领，共拧创建"一股绳"。大理市始终坚持把学深悟透习近平总书记关于加强和改进民族工作重要思想及考察云南重要讲话精神对大理工作所做的重要指示批示精神作为重要政治任务，严格落实第一议程制度，坚决扛起民族工作主体责任，确保铸牢中华民族共同体意识工作"两个纳入"落细落实，全面深入持久开展民族团结进步创建，用习近平总书记新思想来审视大理、解读大理、思考大理、发展大理。①理论武装"发力"。始终牢记习近平总书记"把云南建设成为我国民族团结进步示范区""一定要把洱海保护好"的政治嘱托，把学习习近平总书记关于加强和改进民族工作的重要思想作为党委、政府的重要政治任务，与深入开展党史学习教育和"大理之问"大讨论紧密结合，将铸牢中华民族共同体意识纳入各级党委（党组）理论学习中心组和基层党组织"三会一课"必学内容，纳入干部教育、国民教育、社会教育全过程，用群众的话讲理论，用身边的事说政策，引导全市各族干部群众不断增强"五个认同"，不断夯实铸牢中华民族共同体意识的思想根基，让苍洱大地成为党的民族政策和党的领袖光辉照耀的美丽幸福家园。②组织领导"有力"。把铸牢中华民族共同体意识纳入党的建设和意识形态工作责任制，纳入政治考察、巡视巡察和政治考核，把民族团结进步创建列入全市经济社会发展总体规划，列入年度综合目标考核内容，严格落实党政"一把手"主体责任，成立以市委书记、市长为双组长，市委副书记为常务副组长的民族团结进步创建工作领导小组，领导小组会议、市委常委会、市政府常务会定期听取创建情况并研究推进工作，先后制定出台《关于进一步加快大理市民族团结进步示范区建设的实施意见》《大理市加快推进创建全国民族团结进步示范市的实施方案》等文件，形成"党委统一领导、政府依法管理、统战部门牵头协调、民族工作部门履职尽责、各部门通力合作、全社会共同参与"的工作格局。③基层队伍"用力"。选优配强村党组织书记，每个乡镇（街道）配有1名统战民宗分管领导、1名专兼职干部，每个村（社区）配备1名民族宗教网格员，78个民族宗教重点村（社区）由党总支副书记任宗教专干。同时，以"万名党员进党校"、中青年干部培训班、村（社区）干部任职培训为契机，对市镇村组1296人全面开展民族宗教政策和铸牢中华民族共同体意识等专题培训。近年来，共开展民族宗教政策解读培训120多场次，参训人员2.7万多人次，广大党员干部对民族宗教理论政策知识知晓率实现全覆盖，为促进全市民族团结进步事业健康发展打下坚实基础。④干部培养"给力"。全面贯彻落实党的民族干部政策，注重少数民族干部的培养和配备，把"五个认同"作为干部选拔任用的重要标准，把有发展潜力的优秀少数民族干部放在洱海保护治理、流域转型发展、乡村振兴等中心工作的主战场和最前沿进行培养锻炼。截至目前，全市共有 693 名副科级以上的少数民族领导干部，占副科以上干部总数的 62.26%；有 119 名少数民族村（社区）党总支书记，占村（社区）党总支书记总数的 82.64%，各族干部相互学习、彼此尊重、紧密团结、密切合作，全心全意为各族群众谋利益，共同担负起促进发展、维护稳定、加强民族团结的历史重任，使党在民族地区的执政根基更加稳固。

2. 坚持转型发展，共护洱海"一湖水"。大理市始终牢记习近平总书记"一定要把洱海保护好"的殷殷嘱托，把洱海保护治理作为最大的政治任务、政治责任和政治担当，融入全国民族团结进步创建工作大局，打通绿山青山就是金山银山的转化通道，锻造了"我不上谁上、我不干谁干、我不护谁护"的洱海精神，书写了苍山洱海一体化保护和民族团结进步创建一体化推进的生动实践。①共抓"大保护"。面对洱海保护治理困难重重、任务艰巨的严峻形势，全市各族干部群众牢记嘱托，强化政治担当、责任担当、历史担当，全力推进"四治一网""七大行动""八大攻坚战"等一系列洱海保护治理攻坚战和持久战。"十三五"以来，累计投入 330 多亿元，新建成 10 座污水处理厂、3400 多公里污水收集管网、129 千米生态廊道，环湖截污治污体系实现闭环运行，城乡生活污水基本实现全收集全处理，实现由"一湖治理"向"流域治理"再到"生态治理"的全新转变，探索出了"全域治理、系统修复、综合整治、绿色发展、全民参与"的洱海保护治理模式。②打造"示范圈"。以打造具有大理辨识度、更富引领性的环洱海铸牢中华民族共同体意识示范圈——"苍洱共生、民族共融"创建品牌为抓手，按照"穿珠式"连接的思路，在环洱海周边先后打造了古生村等 2 个全国民族团结进步模范集体，万花社区、龙下登村 2 个全国民族团结进步示范社区（村），下阳波村、双廊村等 4 个全国少数民族特色村寨、海东镇金梭岛村全省少数民族特色村寨，银桥镇、喜洲镇 2 个全省民族团结进步示范镇，环洱海党建长廊、湾桥镇古生村、喜洲镇桃园村"一路两中心"等一批"苍洱石榴红"示范典型培树工作深入推进。③推进"双融合"。强化苍山洱海与各族人民是一体、共生、融合的理念，努力走出一条生态美、百姓富、民族团结、宗教和顺、社会和谐的融合发展新路。依托洱海生态廊道大力发展廊道经济，有力带动乡村旅游和乡村振兴，洱海周边各族群众享受到了洱海保护实实在在的经济效益和发展成果。2021 年，洱海入选全国美丽河湖优秀案例，保护治理成效在 COP15"洱海论坛"期间得到国内外参会嘉宾的高度肯定，各民族在"望得见苍山、看得见洱海、记得住乡愁"中增强了情感联系、心灵共鸣和精神相依。

3. 坚持互嵌融合，共建宜居"一座城"。大理市始终坚持主动融入全省经济社会发展战略，坚决扛起全州"两城一区"发展定位的支撑引擎，立足资源禀赋、发展条件、比较优势等市情实际，坚定不移走以绿色为底色的高质量发展之路，加快建设"两城一区"样板田、"漫步苍洱"核心区、"美丽湖区、公园城市"，积极融入"大祥巍一体化"产业构架，让发展成果更多更广惠及各族群众。①产业转型"再升级"。坚持把推动高质量发展作为贯彻落实党的民族政策的大事要事来抓，紧扣产业转型升级不动摇，紧扣加快发展不懈怠，以总量增长带动结构优化，以结构优化推动总量增长，实现经济总量与发展质量双提升，产业结构优化为 5.5∶30.1∶64.4。大理古城获评国家级旅游度假区，喜洲古镇、双廊艺术小镇等荣获"云南省特色小镇"称号，成功创建国家全域旅游示范区，旅游产业实现转型升级、提质增效。大理经开区成功创建为国家级绿色园区，云南（大理）信创产业园入驻企业达 36 家，数字经济发展取得突破。②城市颜值"再刷新"。坚持规划引领，编制《大理市国土空间总体规划》和城市远景规划，控制性详规覆盖全域。昆楚大、大丽、大临动车先后开通运营，大永、大丽、上鹤等高速公路先后竣工通车，机场扩建（一期）如期完成，全省交通次中心和滇西交通枢纽地位逐步凸显。实施交通治堵工程，建成 5 座人行天桥，完成苍山大道、龙山隧道等重大交通解堵项目，绕城通畅能力得到提升。建成区绿化覆盖率达 39.16%，成功创建国家园林城市，城乡人居环境显著提升。③乡村振兴"再接力"。深入践行"中华民族都是一家人，一家人都要过上好日子"的理念，扎实推进脱贫攻坚与民族团结进步"双融合双促进"工作，1 个贫困乡、11 个贫困村全部脱贫出列，4279 户 16 054 人高质量脱贫，绝对贫困人口按期全面消除，脱贫群众精神风貌焕然一新，决战脱贫攻坚取得决定性胜利。选派优秀专家人才全覆盖结对帮扶村（社区），启动"干部规划家乡"行动，编制完成《大理洱海海西国家级乡村振兴示范园总体规划》，推动形成各方优势资源集聚乡村振兴"主战场"的良好格局。④民生福祉"再殷实"。坚持生命至上、人民至上，筑牢疫情防控坚强防线，常态化疫情防控举措不断完善，疫苗接种有序推进，派出医疗队驰援武汉、瑞丽，实现确诊病例全治愈、救治病例零死亡、医务人员零感染，疫情防控总体战、阻击战取得阶段性重大成果。持续将 70% 以上财政支出投向民生领域，每年十件民生实事逐一落实。义务教育基本均衡发展并通过国家验收，成功创建为国家卫生城市，社会事业全面进步。各民族在全市经济社会发展进程中像石榴籽一样紧紧抱在一起，风雨同舟、砥砺前行，更加坚定了永远听党话、感党恩、跟党走的信念。

4. 坚持全域协同，共画蓝图"一盘棋"。大理市始终按照"全覆盖、常态化、抓规范、树典型"的工作思路，不断在民族团结进步创建提质扩面、培树典型上下功夫，推动形成了以点穿线、以线连片、以片带面的示范创建格局。①典型培树"全域化"。持久开展民族团结进步创建"十进"工作，打造了银桥镇、喜洲法庭、大理瑞鹤药业、市少艺校、大理崇圣寺等一大批在全州具有示范效应的创建典型。全市2家单位被国务院命名表彰为全国民族团结进步模范集体，2家单位被国家民委命名为全国民族团结进步示范单位，21家单位被省委、省政府命名为省民族团结进步示范单位，66家单位被州委、州政府命名为州民族团结进步示范单位，打造市级民族团结进步示范单位132家、民族团结进步示范科室400个。②氛围营造"立体化"。坚持以社会主义核心价值观为引领，加强青少年思想政治教育，加大基层群众思想政治工作力度，大力弘扬以爱国主义为核心的民族精神和以改革创新为核心的时代精神，加强交流，扩大宣传，营造了良好的创建氛围。州市民族宗教部门联合与大理州企业家协会、大理旅游集团共同成立了全州企业家、旅游景区景点民族团结进步创建联盟，有效推动了民族团结进步创建提质扩面、创新发展。依托周保中将军纪念馆、湾桥镇古生村、洱海科普中心、生态廊道等阵地，深入开展红色教育和爱国主义、社会主义核心价值观、国家安全、国防教育，每年受教育群众达20万人次，中华民族共同体意识深深根植于全市各族群众心灵深处。③主题阵地"多元化"。坚持把打造主题教育馆、教育实践基地作为开展"铸牢中华民族共同体意识"常态化教育的基础工作，建成全国爱国主义教育基地1个、省级1个、州级1个，市级4个，命名市级首批民族团结进步教育基地4个，打造"铸牢中华民族共体意识"主题公园、广场5个，在大理机场、火车站、全市重要节点、场所、旅游景区景点建成100多个中华民族视觉形象标识、标牌，民族团结进步之花在大理市处处绽放，形成了以点穿线、以线连片、以片带面的创建氛围，有效推动了全域创建，提振了全市各民族"休戚与共、荣辱与共、生死与共、命运与共"的精气神。

5. 坚持文化浸润，共圆团结"一个梦"。大理市始终把多姿多彩的少数民族历史文化作为极其宝贵的文化资源，大力挖掘和讲好"南诏德化碑""苍山会盟碑""大唐天宝战士冢"等大理各族群众心向国家统一、维护民族团结的好故事，用共同理想凝聚前进动力，用共同信念赓续精神血脉，推动全市民族团结进步创建工作坚定前行。①拓展"文化内涵"。将每年8月定为"民族团结进步创建活动月"，结合火把节、"三月街"民族节、"自治州州庆"等各族群众共享的节庆，持续开展民族团结进步日、全民运动会、非遗展演、民族歌舞乐服饰展演等形式多样的群众性、普惠性民族文体活动，多层次多领域多样化增进各民族之间的交往交流交融，促进各民族在交往中增进了解、在交流中增加感情、在交融中增强认同，不断铸牢中华民族共同体意识。同时，在春节、清明、端午、中秋、重阳等重要传统节日，广泛开展共过传统节日、共传中华文化等系列活动，彰显中华民族文化内涵。共配合举办八届大理国际影会，架起了一座与世界和全国各地沟通的桥梁。杨丽萍大剧院成为大理最美艺术地标，上演的《阿鹏找金花》《雀之林》等精品剧目，成为海内外游客高度赞誉的文化盛宴。②接续"文化传承"。统筹省级"十百千万示范创建工程"、脱贫攻坚、乡村振兴、百村（社区）示范创建等工作，抓重点、补短板、强弱项，加快实施民族特色村寨建设和促进少数民族发展项目，大理古城、喜洲古镇、双廊古渔村和龙尾关古街区的保护工作成效明显，太和城国家考古遗址公园、云南提督府旧址提升改造等重大历史文化保护项目顺利推进，白族三道茶、甲马、面塑等非遗进校园活动深入开展，大理历史文化的时代价值和精神内涵得到有效挖掘和传承。全市现有各级文物保护单位101项，其中国家级9项（崇圣寺三塔、太和城遗址含南诏德化碑、喜洲白族古建筑群、元世祖平云南碑、佛图寺塔、银梭岛遗址、弘圣寺塔、云南提督府旧址、大理古城天主教堂），省级17项，州级28项，市级47项。③讲好"文化故事"。将铸牢中华民族共同体意识主题教育与精神文明建设深度融合，以"融媒体＋民族团结进步"为抓手，开设"民族团结进步创建"专栏，讲好民族团结进步"大理故事"，教育引导各族群众，特别是青少年牢固树立中华民族各民族是一荣俱荣、一损俱损的命运共同体，树立正确的国家观、民族观、宗教观、历史观、文化观，进一步增强了各族群众对中华民族的认同。围绕民族历史和本土现实题材，推出了一批讲述大理故事、传播大理声音的精品力作，白族大本曲《万众一心抗疫情》《众志成城战疫情》在各类媒体平台展播，由120多位央视剧组工作人员、40多位国内外知名艺术家参与的"我们的中国梦"大理专场文艺汇演活动成功举办，大理文化影响力进一步扩大，形成了人人爱团结、事事讲团结、处处显团结的浓厚氛围。

6. 坚持共治共创，共享平安"一家亲"。大理市始终坚持把依法治理民族事务作为铸牢中华民族共同体意识、促进民族团结进步、巩固发展平等民族关系的前提和保障，作为全面促进民族团结进步的基本遵循和行动指南。①"法治大理"彰显力量。全面贯彻落实宪法、民族区域自治制度和《云南省民族团结进步示范区建设条例》《宗教事务条例》《大理白族自治州自治条例》等法律法规，全市各级各部门每年至少组织 1 次民族政策宣传活动、1 次民族政策法规知识竞赛或测试活动，地方民族法律法规体系和民族区域自治制度得到较好落实，"八五"普法深入推进，成功创建 6 个省级民主法治村，2020 年荣获"全国法治县（市区）创建活动先进单位"，民族团结进步的法治根基不断筑牢。②"平安大理"成效巩固。坚持以全国市域社会治理现代化试点工作为引领，铁腕开展扫黑除恶专项斗争，成功侦办"1·15""8·23"涉黑涉恶腐败案件，政法队伍教育整顿扎实推进，社会治安综合治理水平不断提升。大理市公安局古城派出所创建为全国"枫桥式"公安派出所，2020 年群众安全感满意度达 95.36%，"平安大理"建设成效显著，民族团结、宗教和顺、边疆稳定的良好局面更加巩固，为示范创建营造了安全稳定的社会秩序。③"和谐大理"内涵提升。全面贯彻执行党的民族宗教政策，坚定不移贯彻落实党的宗教工作基本方针，依法加强宗教事务管理，在全市 48 个登记的宗教活动场所全面开展"五进"（国旗国歌爱国主义教育、宪法和法律法规、社会主义核心价值观、中华优秀传统文化、民族团结进步教育）活动和创建"和谐寺观教堂"活动，广泛组织宗教界人士和信教群众学习党的民族宗教政策、理论知识和法治宣传教育，引导宗教与社会主义社会相适应。④"团结大理"活力绽放。组织全市 6 个社区成立全州首个社区民族团结进步创建联盟，与州内其他 11 县、怒江州泸水市等地签订《少数民族流动人口服务管理联动协作协议书》，有效提升了流动人口双向服务管理工作质量水平。正确把握民族问题的特点和规律，健全完善综治、司法、民宗、民政等部门参与的协调处理机制，认真执行"一周一分析，一月一排查，一事一化解"工作制度，并定期召开民族宗教领域矛盾纠纷排查和形势研判分析会议，确保了民族宗教领域社会大局和谐稳定，民族宗教事务治理能力和水平不断提高。中华人民共和国成立以来，大理市未发生因民族和宗教因素引发的不稳定事件，民族团结进步的基因已深深融入苍洱大地各族干部群众的血脉。

九、祥云县创建云南省民族团结进步示范县实践

（一）基本情况

祥云素有"云南之源、彩云之乡"的美誉，位于云南省中部偏西北，坐拥"通一线于滇缅，控八州之咽喉"的特殊区位。境内居住着汉、白、彝、苗、回、傈僳等 6 个世居民族，42 种民族成份，占总人口的 19.6%。2021 年末生产总值 206.3 亿元，位居全省 129 个县市区第 32 位，95 个县第 9 位。集多民族聚

居、多文化交融、多宗教并存、多语言共通为一体的特殊县情，决定了民族团结进步工作在全州工作中的特殊地位。祥云县立足区位优势，倾力打造"一城四区+一轴两带一盟"民族团结进步示范走廊，构建"米字形"民族团结进步交通网络，为国家实施"大循环、双循环""一带一路"建设和孟中印缅经济走廊扣紧关键的一环。2022年，祥云县被命名为云南省第四批民族团结进步示范县。

（二）主要做法

1. 传承丝路文化，弘扬古道精神。祥云是历代内地通往滇西、滇东及东南亚诸国的要塞，是中原文化传入云南的桥头堡。坐落于祥云县下川坝的国家级历史文化名村云南驿，是"蜀身毒道"（中国古代西南丝绸之路）上的交通枢纽和重要驿站，是茶马古道上最重要和最繁华的货物集散地。如今，云南驿茶马古道保存完整，在自唐宋以来延续长达1000多年中，在汉、藏、白、纳西和彝等民族之间发挥着重要联系作用。自古以来，南来北往、东来西去的商人、旅客在这里交往、交流、交融，古驿道留下了各民族和谐相处的深深烙印。古驿道不仅是一条贸易之路、经济之路，更是一条文化的纽带、一种精神的象征，积淀了以和平合作、开放包容、互学互鉴、互利共赢为核心的古道精神。祥云秉承文化无国界的思想理念，深挖古道精神资源，在学习、宣传、实践引领上精耕细作，把历经风雨沧桑的茶马古道打造成开展爱国主义、民族团结、革命传统教育的"生动教材"。在古道周边新建4个民族文化活动广场，打造马帮文化博物馆、二战文化博物馆和二战中印缅战区交通史纪念馆。云南驿古镇被中国侨联确定为第六批中国华侨国际文化交流基地，云南驿村被命名为中国第一批传统村落名录，云南驿古建筑群被国务院公布为全国第七批重点文物保护单位。

2. 发扬老区精神，打造红色地标。祥云县是云南省第一批认定的47个革命老区县之一。这里人杰地灵，是孕育革命英雄的摇篮。100多年前，王复生、王德三从这里出发，用鲜血和生命开辟了云南各民族团结解放道路。王德三撰写的《夷经》（又称《苗夷三字经》），是中国共产党第一部民族工作文献，由他组织撰写的《少数民族问题大纲》，是中国共产党关于少数民族的第一份纲领性文件，开创了民族团结进步的先河。祥云县发扬老区精神，不断盘活红色文化资源，打造生死与共红色地标。以培根铸魂为出发点，将铸牢中华民族共同体意识教育纳入干部教育、党员教育、国民教育和社会教育体系，增进各族群众情感联系、文化共性、心灵共鸣，构建各民族共有精神家园。"体验式"教学，走好"红军路"凝心。1936年4月，中国工农红军二、六军团长征经过祥云，推动了祥云武装革命工作的开展。随后，中共云南省工委到下庄街开展以祥云为中心的滇西革命武装斗争，建立了中共滇西工委（滇西地委前身）、滇西地方行政委员会（滇西行政专员公署前身），组建了"边纵"八支队。革命的火种在彩云之南迅速燎原，祥城、普淜、东山、下庄、米甸、鹿鸣等革命的摇篮成为一个个红色地标，祥云县创新红色地标学习教育载体，坚持宣传教育、示范引领、实践养成"三结合"，举办"领导干部上讲台""祥云千名干部学习大讲堂""万名党员进党校"等特色培训班，以"红军路"为纽带，开展"体验式"教学，27 家单位 1600 多人通过重走长征路，弘扬中华民族伟大精神，厚植各族群众爱党爱国的历史情怀。"浸润式"教学，打造"示范区"汇智。先后整合资金 1750 多万元，将祥云"红色传承"现场教学基地打造为第一批省级民族团结进步教育基地。打造"普淜—下庄—刘厂"民族团结进步红色文化传承示范区 1 个，党群服务中心 1 个，民族团结文化广场 26 个。把基地和示范区所承载的革命历史、革命事迹、革命精神融入中华民族文化传承脉络，创新开展教育教学。采取学习例会"领学"、主题党日"促学"、专题授课"导学"、指尖平台"随时学"和教育基地"现场学"的"五学"模式，统筹推进民族理论研究重点人才、民族工作重点领域专业技术人才、民族传统文化优秀传承人才队伍建设。三年来，全县先后举办各类培训班 87 批次，培训各类人才 12 450 多人次。自基地建成以来，开展了"做好王德三民族问题大纲研究，守好民族团结进步生命线""传承中华民族优秀传统文化，王德三夷经问题研讨会"等活动，培训各类专家、学者 53 人，共有 30 余万全国各地各民族群众到基地接受爱国主义洗礼，凝聚起"同心筑梦"的强大合力。"引领式"传承，构建"红色带"铸魂。深挖"王氏一门三杰"、王孝达烈士、红军过祥云、边纵八支队等红色资源，建成 2 乡 8 镇红色文化传承带，打造了《村官普发兴》《生命的瞬间》等一批文艺精品，花灯戏《省委书记王德三》在全国演出累计 38 场次，30 余万人次观演。通过以文铸魂的方式，在先知先驱中汲取精神力量，引领文化思潮，使各族群众进一步树立正确的国家观、历史观、民族观、文化观和宗教观。牢固树立"抓教育管未来"的理念，坚持铸牢中华民族共同体意识从娃娃抓起，在 10 个乡镇 100 多所学校深入开展"童心向党"活动，参与学生 2 万多人次，把红色基因注入孩子们心田。全面推广普及普通话和语言文字规范化教育，在全县 330 所中小学幼儿园一体推进"爱我中华工程"，让中华民族文化基因在各族青少年心中生根发芽，系好人生的第一枚"扣子"。

3. 创新学习载体，打造宣传矩阵。筑牢"生死与共"宣传阵地，实施了祥云县铸牢中华民族共同体意识主题教育馆、祥云"红色传承"现场教学基地、祥云一中铸牢中华民族共同体意识教育基地"一馆两基地"和九鼎路"石榴籽"示范街区、民族团结进步清廉文化广场、铸牢中华民族共同体意识主题公园、高铁站、收费站、全民健身中心、乡镇、社区等"一街区两公园多节点"的中华文化精品视觉形象工程,将中国共产党的精神谱系、中央民族工作会议精神、社会主义核心价值观、中华优秀传统文化的仁义、忠孝、智勇、二十四节气、56个民族等进行展示;在人员流动密集的重要场所、主要路段、公共区域、旅游景区等,集中展示"祖国锦绣河山、悠久历史、灿烂文化、伟大精神"的文艺作品;设置包含华表、党旗、国旗、中国结、长城、天安门等元素的构筑物,把伟大建党精神、中华优秀传统文化、革命文化等融入群众生产生活中,使街区会"说话"、公园广场能"讲故事"。通过各民族共享的中华文化符号和中华民族形象宣传,让铸牢中华民族共同体意识"入目入耳入脑入心",汇聚生死与共的"精神力量"。与中央、省州县主流媒体联合开展常态化、多样化的实践宣传,打造多维一体宣传矩阵。通过《祥云时讯》、"祥云统战"微信公众号和县城LED大型电子屏、139个村(社区)广播、各类展板(墙体)等广泛普及相关知识并通报创建工作进展;在《祥云文化》开设"讲好祥云民族团结进步好声音好故事专栏"。累计在100多家中央、省州县主流媒体,刊发、播出各类宣传稿件、视频、图片700余件。先后编印了文件资料汇编、应知应会知识手册、典型资料汇编、宣传画册等各种资料5万多册,形成了组织有力、体系完备、横向联动、纵向衔接、运转高效的创建工作格局。

4. 城乡"互嵌融合",构建全域创建"新格局"。认真贯彻落实《城市民族工作条例》和《关于进一步加强和改进少数民族流动人口服务管理工作的实施意见》,以"内联外盟"的方式促进各民族交往交流交融,在空间、文化、经济、社会、心理等方面全方位嵌入,携手共建幸福祥云。把创建工作纳入全县经济社会发展大局,以"十进"为切入点,把创建工作重心下沉到机关、企业、社区、乡镇、学校、宗教活动场所等基层创建主阵地,拓展到部队、铁路、医院、基层政法单位等领域,实施"手拉手""心连心"工程,形成了"一城四区"(一城:区域产业中心城市。四区:经济开发区、物流园区、特色产业区、云南源文化区)和"一轴两带一盟"(一轴:全域创建为主轴线。两带:红色文化带、绿色发展带。一盟:"大祥魏"一体化发展联盟)的以点穿线、以线连片、连片成面的创建格局。目前,累计创建民族团结进步示范单位省级15家、州级64家、县级100家。2017年,祥云县被命名为大理州民族团结进步创建活动示范县。

5. 打好"绿色品牌",走上乡村振兴"致富路"。把创建工作与脱贫攻坚有机结合，累计整合资金约 60 亿元，在全省实现首批脱贫摘帽，2 个直过民族、4 个人口较少民族村整族脱贫，兑现了"决不让一个兄弟民族掉队，决不让一个民族地区落伍"的庄严承诺。促进民族团结进步创建与巩固脱贫攻坚成果助力乡村振兴"双融合，双推进"，持续加强产业、就业、科技等帮扶，脱贫劳动力转移就业 14 683 人，年内开发乡村公益性岗位 800 个，全县 29.85 万人次享受惠民资金 1.08 亿元。统筹实施"十百千万工程"，累计投入资金 4197.59 万元，实施项目 118 个。全县共投入资金 4050 万元，创建"一村一品"示范村 57 个、"一乡一特"农业产业园 10 个；打造云南省"绿色食品牌"产业基地 28 个，培育国家级农业产业化龙头企业 1 家、省级 19 家、州级 27 家。实施"人才回引"工程，开展"万名干部规划家乡""万名人才兴万村""万企兴万村"行动，133 个民营企业对接联系 136 个村（社区），推动优秀人才向民族地区聚集，形成"一个民族一个行动计划""一个民族一个帮扶集团"的乡村振兴模式，促进全县各民族一道实现全面小康。

6. 实施"民心工程"，改善民族区域基础设施。不断加大民生投入，加快小康建设，改善民生民本，打牢民族团结进步创建基础。全县累计投入资金 66.52 亿元，建成大中小型水库 322 座、小坝塘 2031 座，成功摘掉了云南省出名的"老旱区""干坝子"的帽子；天然气综合利用工程投产通气，新建 16 座变电站投入运行；通信网络全覆盖，建成 5G 基站 206 个，优化建设 4G 基站 459 个；加快教育强县建设，推动义务教育优质均衡发展，义务教育普及率 100%；持续推进健康祥云建设，提升公共医疗卫生能力水平，解决群众看病就医难题，各族群众享有更高水平的卫生健康服务，县域内医疗就诊率达 91.6%，公立医院综合改革荣获国务院通报表扬，紧密型县域医共体"祥云模式"在全省推广；完善覆盖全民、统筹城乡、公平统一、可持续的多层次社会保障体系，推动老龄事业和产业高质量发展，社保覆盖率达 96.1%，社会救助、就业扶持等惠民政策全面落实，5 个乡镇敬老院、10 个居家养老服务中心建成投入使用，各族群众住进了安全稳固的住房，促进各民族安居乐业、健康生活、荣辱与共。

7. 守好"绿水青山"，各族人民共享生态红利。践行"两山论"，坚持"绿水青山就是金山银山"的发展理念，积极探索人类生存与大自然互嵌互融"和谐共生"的发展思路，不断促进"人与自然的和谐"，让植绿播绿的种子在山川大地和各族人民心田旺盛生长。率先启动了"互联网+全民义务植树"网络募捐项目，以"我为祥云植棵树 共建美丽幸福新祥云"为主题，深入实施"森林祥云"建设，开展全民义务植树活动，绿化面积 11 300 平方米，植树 21 915 株，完成林木培育 1100 亩，人工造林 3000 亩，封山育林 2000 亩，实施生态建设工程14.76万亩。创建省级生态文明乡镇9个、国家级森林乡村1个、省级森林乡村11个，森林覆盖率达65.56%。全县核桃成林抚育689 844亩，木材采伐661立方米，森林蔬菜采集2.69吨，每年实现林业产值近5亿元。河（湖）长制全面落实，小官村水库荣获2020年省级美丽河湖称号。关闭煤矿37座，退出产能274万吨。省级生态文明县创建通过复核验收，被列为国家循环经济试点县。各族群众绿色消费、绿色居住、绿色出行、节约用水等低碳生活方式在示范创建中逐渐成为行为自觉。加快推进国土空间规划、县域乡村建设规划编制，城控规覆盖率达93%，村庄规划覆盖率达100%。有序推进撤县设市"822111"提升改造工程，大力建设"美丽县城"，实施棚户区改造16 939户，县城建成区面积达18.2平方千米，绿地率、绿化覆盖率分别达33.52%、38.13%，成功创建省级园林县城、省级卫生县城。城镇化率从2015年的43.78%提高到49.14%。乡村人居环境不断改善，创建5个省州级美丽乡村，命名美丽庭院8.4万户，完成户用卫生厕所改造3.3万座。各族群众对城乡生态宜居满意度达92%，祥云县被评为全国村庄清洁行动先进县，国家卫生县城创建通过省级技术评估。

8. 加强"五治融合"，促进社会平安稳定发展。习近平总书记考察云南时明确要求"云南要不断增强边疆民族地区治理能力"。祥云县以"政治、法治、德治、自治、智治"五治融合推进社会综合治理为抓手，打造社会安定团结、人民安居乐业、和谐稳定发展的祥云升级版本。全面贯彻落实宪法、民族区域自治法、大理白族自治州自治条例等法律法规，深入开展"宪法宣传周""法制宣传月"等活动，送法进学校、进社区、进公共活动场所，印放"中华民族一家亲，同心共筑中国梦"宣传画册5000张、《统一战线工作条例》2000本，不断提升各族干部群众的法律素养，形成良好法治环境，营造法律面前人人平等的良好氛围。做到把民族事务纳入共建共治共享的社会治理格局，以"党建+N"的方式，激活创建"红细胞"，配备村级宗教干事18名，选举产生139名党性强、作风好的村（社区）党组织"领头雁"，加强基层网格化服务管理，选培1549名网格管理员和巡查员，促进民族团结进步示范创建和社会治理现代化"双推双促"。坚持我国宗教中国化方向，积极开展宗教场所"五进"活动，争取省级民族宗教专项资金148万元，促进宗教和顺、社会和谐。大力开展平安乡镇、平安单位、平安校园等平安细胞创建，统筹公安、国保、网安、宣传等部门力量合力防范，开展"拉网式"矛盾纠纷排查化解，有效预防"民转刑、刑转命"案事件发生，2021年全县累计排查受理案件2259件，调解成功2237件，调解成功率为99.03%，兑付"以案奖补"经费14.25万元。不断强化"见警察、见警车、见警灯，安民心"的"三见一安"工程，创新城区网格化巡逻防控机制，充实街面巡防警力，组建巡特警大队、交警大队两支摩托化骑警队伍。建立基层党组织领导下的民主议事机制、矛盾排查预警、调处化解、督查督办机制，及时依法妥善处理、积极化解各类纠纷矛盾，着力维护各族群众合法权益。祥云曾被评为全国法治县创建活动先进单位和云南省先进平安县。

十、洱源县创建云南省民族团结进步示范县实践

（一）基本情况

洱源，西汉至隋朝属叶榆县地，是高原明珠洱海的发祥地，位于云南省西北部、大理白族自治州北部，东与鹤庆县相连，南与大理市、漾濞县接壤，西与云龙县分疆，北与剑川县毗邻。全县总面积 2614 平方千米，大丽高速、国道 214 线、省道平甸公路纵贯县境。共有 26 个民族成份，有白、汉、彝、回、傈僳、纳西、藏、傣 8 个世居民族，其中白族人口 18.84 万人，占总人口的 63.086%。多民族聚居决定了洱源县宗教信仰的多样性。佛教、道教、伊斯兰教、天主教、基督教，以及在原始宗教基础上发展起来的本主崇拜在洱源有着悠久的历史，拥有广泛的群众基础。近年来，中共洱源县委、洱源县人民政府以铸牢中华民族共同体意识这条主线，紧扣"努力建设国内一流温泉康旅胜地、世界一流'绿色食品牌'"的发展定位，"以高水平源头保护高质量绿色发展，全力铸牢中华民族共同体意识"为创建工作主题，坚持"生态立县、基础固县、农业稳县、康旅强县、改革活县"的发展思路，充分发挥郑家庄在民族团结进步示范创建中的典型带动作用，围绕民族团结进步教育、新典型培树、洱海源头保护、整合资源、加强文化交流、加快转型发展，使铸牢中华民族共同体意识在洱海源头生根开花。2022 年，洱源县被命名为云南省第四批民族团结进步示范县。

（二）主要做法

1. 强化民族团结进步教育，铸牢中华民族共同体意识。强化民族理论宣传，共开展大型铸牢中华民族共同体意识宣传 12 场次，2500 多人参加。加大社会宣传，实施中华民族文化视觉形象工作，设立铸牢中华民族共同体意识主题街道、主题广场，营造全社会共同参与民族团结进步示范创建的氛围。加强学校宣传，在各级各类学校广泛开展形式多样的教育实践活动，教育青少年加深对中华民族悠久历史和灿烂文化的了解，推动党的民族理论、民族政策、法律法规、民族知识、民族团结进步典型进校园、进教材、进课堂、进头脑，增进学生"五个认同"，促进各民族学生交流交往交融更加密切。强化新闻宣传，充分利用主

流媒体，广泛宣传全县民族团结进步示范创建工作的动态、经验、做法和取得的成效，《用实践回答》第九集《七个民族一家亲》在人民网云南频道视频中心发布，各主流媒体全面反映洱源县民族团结进步示范创建的生动实践，传递其民族团结进步示范创建的好声音、好做法。

2. 用郑家庄典型经验示范，铸牢中华民族共同体意识。充分发挥郑家庄在民族团结进步方面的示范教育作用，不断巩固成果，提升创建品质，按照典型引路，始终把郑家庄典型经验作为推进全县民族团结进步示范县创建的典型示范和有力抓手。①巩固提升郑家庄经验。以在郑家庄建设全县铸牢中华民族共同体意识主题馆为依托，按照党建引领这个重点，以法治德治自治和共建共享共治两条路径，铸牢中华民族共同体意识的典型、生态文明建设的示范、三个样板，全国文明村寨、全国先进基层党组织、全国少数民族特色村寨、全国民族团结进步单位四块牌子，把郑家庄建设成为新时代的干部教育基地，目前该项目已邀请两家公司做设计，并请大理大学马克思主义学院做主题馆建设的文本设计。②加大郑家庄集体经济建设。通过土地流转，郑家庄全村集体土地耕地 490 多亩、水田约 410 亩、水浇地约 80 亩。2021 年，全村经济总收入达 1660.9 万元、村民人均纯收入达 16 340 元，中草药材营销、乳畜业和烤烟是郑家庄因地制宜的三大产业。实现了集体经济零的突破。持续投入改善基础设施，整合乡村振兴民族团结资金，加大基础设施建设力度，投入 300 万元，提升人居环境，发挥原建筑物的作用，着力推进基础设施建设。③加大对郑家庄经验的推广。进一步加大对郑家庄经验的总结提炼，发挥民族团结教育主阵地作用，加大宣传报道力度，接待来自各地的干部群众，让他们感受郑家庄在铸牢中华民族共同体意识，实现各民族共融发展，特别是新时代全村群众心向党、感党恩、跟党走的生动实践，以及在全社会引起的强烈反响。全县全面深入持久地开展民族团结进步创建工作，"八进"各展风采，新的典型培树不断加强。④强化交往交流交融。通过接待外地干部群众参观学习，加强了与全社会各族各界人士的交往交流交融，各种思想、典型经验在这里得到交换，郑家庄成为传播民族团结进步和铸牢中华民族共同体意识，弘扬中华优秀传统文化，增强各族群众"五个认同"，树牢"三个离不开"思想的重要阵地。

3. 用洱海源头保护意识，铸牢中华民族共同体意识。始终牢牢把握习近平总书记对保护洱海的殷殷嘱托，扛牢源头意识，践行习近平生态文明思想，动员全县各族干部群众树立大局意识，让"绿水青山就是金山银山""洱源净、洱海清、大理兴"的理念深入人心，形成共识，凝聚起全县各族群众的源头意识、责任意识，用实际行动打好碧水蓝天净土保卫战。①凝聚污染防治共识。凝聚全社会各方面力量，持续打好"三大保卫战"和"八大攻坚战"，投入70亿元实施保护治理项目52个，构建起"五大体系"。新改建污水处理厂7座，处理站75座，管网958千米，洱海流域实现生活污水全收集、全处理，"五级垃圾清运机制"全面建设，生活垃圾实现全处理。在洱海流域实施"三禁四推"，实现大蒜零种植和含氮磷化肥、高毒高残留农药禁售禁用，构筑起主要入湖河两侧生态隔离带、截污沟、湿地库塘等多重保障，以"三库连通"直补洱海清水2.02亿立方米，主要河流水质持续改善。②凝聚生态文明示范共识。践行习近平生态文明思想，转变生活方式，生活垃圾处理率达100%，建筑、餐厨垃圾和畜禽粪便实现资源化利用，完成人工造林3万亩、封山育林2万亩，关闭退出非煤矿山29座，整合优化各类自然保护地4.99万公顷，河（湖）长制、"洱海保护日""三清洁"深入落实，保护洱海、保护生态成为全县各族干部共识，凝聚起树牢源头意识、扛牢源头责任、作出源头贡献的巨大力量。

4. 用"+民族团结"模式，铸牢中华民族共同体意识。坚持党建的引领作用，充分发挥基层党组织在创建民族团结进步示范县工作中的龙头作用，坚持把全县的各项工作与全国全省民族团结进步示范县紧密联系高度融合。①坚持把民族团结进步示范创建与乡村振兴、平安建设结合起来。制定下发《洱源县关于民族团结与乡村振兴、平安乡村建设"三融合三促进"的意见》，将民族团结进步和乡村振兴、平安乡村建设有机结合，协同推进，坚持以人民为中心的发展思想，以铸牢中华民族共同体意识为新时代党务民族工作的纲，所有工作都向此聚焦，赋予所有改革发展彰显中华民族共同体的意义，维护统一、反对分裂的意义，抓实"三农"工作，推进乡村振兴，加强和改进乡村治理。把巩固脱贫攻坚成果与乡村振兴有效衔接作为推进民族团结进步的重要内容，持续加大对贫困地区的支持力度。②坚持把民族团结进步示范创建与县城创建结合起来。将省级园林县城、省级文明县城、美丽县城、国家卫生县城和民族团结进步示范相互融合，统筹考虑，一同安排部署，一同进行研究，在传播中华优秀传统文化，提升群众文明素质，增进各民族相互理解、相互支持、相互学习、共建共享中不断推进民族团结进步示范创建与县城建设相融合、相促进，成功创建成省级园林县城、文明县城和卫生县城。③坚持把民族团结进步示范创建与党史教育、"大理之问"大讨论活动结合起来。在党史学习教育中加强对全县各族群众的"四史"教育，让伟大建党精神深入人心。通过在党组织中开展党史学习教育，深化党员群众对"五个认同"的理解，通过"大理之问"大讨论活动，强化干部群众对县情的认识，进一步激发各族干部群众活力，增强发展信心，特别是在多重压力下，动员全县各族群众敢于向困难挑战，敢于解放思想，敢于破冰前行，破解发展难题，实现全县产业转型发展，在发展中画出最大同心圆，找到最大公约数，让各民族在发展中像石榴籽一样紧紧抱在一起。④坚持把民族团结进步示范创建与发展定位结合起来。紧紧围绕州委、州政府召开的"北部洱剑文旅引领"现场办公会对洱源的"国际一流康旅胜地，绿色食品牌"的发展定位，充分发挥资源优势，因地制宜，以优化营商环境为突破，树立"政府围着企业转、企业有事马上办"的意识，挖掘文化引领潜力，策划开展丰收节、梅花文化节等民俗文化活动，显示全县中华优秀传统文化的魅力，展现洱源优越的自然资源禀赋，着力在康旅胜地上下功夫。

5. 用区域协调发展，铸牢中华民族共同体意识。始终坚持把发展作为解决民族问题的"总钥匙"，坚持"生态优先、绿色发展"，加快培育产业转型发展新动能。①加快产业转型，提升发展质量。紧扣"两不愁三保障"，聚焦"六个精准"，抓实"五个一批"，投入 52.59 亿元，完成各类扶贫项目 749 个，实施安全稳固住房 30 337 户，易地搬迁 720 户 3151 人，发放扶贫贷款 12.4 亿元。转移劳动力 3.62 万人，3 个贫困乡镇、30 个贫困村实现脱贫出列，绝对贫困问题得到历史性解决，小康梦淘汰产能落后企业 10 户，完成技改升级企业 20 户，建成"1+9+90"电商服务体系，三次产业结构比例调整为 39：17：44，绿色发展、生态发展的势头日趋激烈。②完善基础设施，增强发展后劲。完成 214 国道洱源段改造，全县公路通车里程达 3472 千米，架设 10 千伏线路 134 千米、低压线路 275 千米，新建和改建 4G 基站 656 个，实现 90 个行政村通硬化路、4G 网络、动力电、光纤网络，5G 网络实现县城和 9 个乡镇政府所在地全覆盖，改造 20 条市政道路，开发碧桂园等 9 个房地产项目，县城建成区面积增加，农村人居环境不断提升。③提升民生保障，改善民生祉福。实施义务教育均衡发展项目 905 个，认定为全国义务教育均衡县，普高、职业、民办等教育全面发展。新冠疫情防控有力有效，先后派出 389 人驰援边境，县中医院等一批基础设施项目建成并投用。建成 16 万平方米保障性住房。医保、养老等健康发展，建成施滉烈士事迹陈列馆等一批公共文化项目，文化惠民活动多元化开展，公共突发事件应急处置和防灾减灾能力不断提升。

十一、鹤庆县创建云南省民族团结进步示范县实践

（一）基本情况

鹤庆县地处云南省西北部，是茶马古道上的文化重镇，属白、汉、藏、纳西文化的交会地，素有"泉潭之乡""民间工艺之乡"和"银都水乡"的美誉。

县域面积为 2395 平方千米,辖 7 镇 2 乡 117 个村(居)民委员会,2021 年年末总人口 28.14 万人,少数民族人口 19.37 万人,占总人口的 68.82%。云鹤镇为县城所在地,县城建成区面积 6.12 平方千米,户籍人口 2.66 万人、常住人口 5.56 万人。鹤庆县以铸牢中华民族共同体意识为主线,把推动民族地区的经济社会发展作为第一要务,在铸牢中华民族共同体意识上守正创新、接续奋斗,带领全县各族人民在相互交往交流交融中共同团结奋斗、共同繁荣发展,切实增强各族群众对伟大祖国、中华民族、中华文化、中国共产党、中国特色社会主义的高度认同。2022 年,鹤庆县被命名为云南省第四批民族团结进步示范县。

(二)主要做法

1. 加强和完善党对民族工作的全面领导,增强各族群众对中国共产党的认同。①落实主体责任,实行示范创建党政"双一把手"工程,单位主要领导亲自抓创建,先后出台了《鹤庆县关于开展民族团结进步创建"七进"工作方案》《关于进一步加强新形势下民族工作的意见》《鹤庆县加快推进全国民族团结进步示范县创建工作实施方案》等重要文件,将民族团结进步创建工作和铸牢中华民族共同体意识纳入 2021 年党的建设和政治考察、2021 年意识形态工作责任制、巡视巡察计划和 2019—2022 年的综合考评,印发了相关文件。县委牵头整改了各级巡视巡察中发现、反馈的各类问题。②强化理论武装。坚持把民族政策、铸牢中华民族共同体意识教育和习近平总书记关于加强和改进民族工作的重要思想纳入各级各部门理论中心组学习内容、全县干部职工的理论学习计划和中共鹤庆县委党校干部教育培训计划,作为各级干部培训的必修课程;各级党委(党组)、各部门采取理论中心组学习等多种形式进行民族政策、法律法规学习。③完善体制机制。成立了鹤庆县创建全国民族团结进步示范县工作领导小组,由县委书记、县长任组长,县委副书记任常务副组长,其他领导班子成员任副组长,9 个乡镇党委、58 个部门主要负责人为成员,办公室设在县委统战部,由县委常委、县委统战部部长任办公室主任,分管副县长任常务副主任,并抽调 7 人组成专班,负责创建日常工作。成立了鹤庆县民族团结进步促进会,首届民族团结进步促进会有会员 59 个。④建立长效机制。把围绕铸牢中华民族共同体意识主线开展民族团结进步创建工作摆在党委和政府重要议事日程,把创建全国民族团结进步示范县作为主要任务的"和谐鹤庆"建设列为"十四五"的重点工作一体推进。⑤创新创建载体。打造"三圈两盟一区一廊"典型示范工程,建成鹤庆县、玉龙县、古城区、香格里拉市、德钦县、维西县、兰坪县、剑川县三州市八县区市滇西北铸牢中华民族共同体意识示范圈,西邑、新华民族团结进步示范圈,鹤庆总商会与异地鹤庆商会、大理州鹤庆县与丽江市古城区铸牢中华民族共同体意识创建联盟，文庙公园铸牢中华民族共同体意识主题教育区，县城西片区铸牢中华民族共同体意识中华文化长廊。

2. 全面推进中华民族共有精神家园建设，增强各族群众对中华文化的认同。①加强宣传教育。2021 年印发《鹤庆县深入学习宣传贯彻中央民族工作会议精神做好铸牢中华民族共同体意识宣传教育方案》，成立"民族团结进步创建"主题宣讲团，以县委党校教师、县委统战部领导和县创建办相关人员为宣讲团成员，定期深入各乡镇、各行业和各系统开展民族政策宣讲。县委组织部将铸牢中华民族共同体意识纳入全县"万名党员进党校"培训计划，将铸牢中华民族共同体意识纳入国民教育体系。采取街头宣传、入户宣传，以及知识测试、专题学习、农村广播、宣传栏、公交车体等宣传方式，分众化开展宣传。在"鹤庆统一战线""鹤庆融媒体"微信公众号和县人民政府门户网站开通的"民族团结进步"专栏，及时上传各乡镇、各部门创建工作动态、典型经验；各乡镇辖区内的村（社区）将铸牢中华民族共同体意识写入居民公约、村规民约中。②弘扬中华文化。组织开展了以"中华民族一家亲，同心共筑中国梦"为主题的征文活动和"赓续红色血脉，铸牢中华民族共同体意识"书画作品创作征集展览活动，编撰《红军长征过鹤庆》一书，建设了红色文化陈列馆、红军长征过鹤庆纪念碑公园等各类活动场所。在县城主街道、公园、景区等实施 11 个中华文化视觉形象符号工程，以及中华文化符号造型的 46 个堡垒、56 块宣传标语标牌和 54 个 LED 灯箱，做到中华文化符号随处可见。2014 年以来，共投入资金 1100 多万元，编撰出版了《鹤庆历史文化丛书》，实施了少数民族文化抢救保护项目和百名人才工程 12 个。中国工艺美术大师、国家级非遗传承人、鹤庆银匠寸发标率团队历时 4 年创作完成"中华民族一家亲 同心共筑中国梦"大型银雕屏风。全县 199 所学校使用国家统编教材，全体教师使用国家通用语言文字作为教育教学基本用语用字，均创建为语言文字规范化建设达标学校。以开展"民族团结进步宣传活动月""民族团结进步宣传日"系列活动为契机，以民族团结进步创建"十进"为主阵地、主渠道，引导各族群众树立"四个与共"，增强"五个认同"，成功创建省级民族团结进步示范单位 15 个、州级民族团结进步示范单位 58 个，县命名民族团结进步示范单位 60 个。

3. 推动各民族共同走向社会主义现代化，增强各族群众对中国特色社会主义的认同。①创新发展理念。全面落实州委、州政府"东部宾鹤工贸协同"现场办公会精神和"十四五"规划，一张蓝图绘到底，一任接着一任干，努力建设"滇西县域经济强县"。县域经济发展平稳。地区生产总值从 2014 年的 51.12 亿元增至 2021 年的 127.03 亿元，年均增长 10.3%；一般公共预算收入从 2014

年的 4.99 亿元增至 2021 年的 7.7 亿元，年均增长 7.6%；城乡居民人均可支配收入分别由 2014 年的 24 499 元、7212 元增至 2021 年 41 062 元、13 665 元，年均增长 7.9%、9.6%。基础设施更加夯实。以高速公路为骨架、铁路为动脉、农村公路及航运为补充的综合交通网络初具规模，全县通车里程 3669.5 千米，行政村道路通畅率达 100%，农村客运覆盖率达 100%，自然村道路硬化率达 95%，2019 年荣获"四好农村路"全国示范县。全县水利工程蓄水能力达 3858.8 万立方米，农田水利灌溉面积达 21.98 万亩，集中供水率和自来水普及率均达 99.9%，农村饮水安全保障率达 100%。城镇、农村电网供电可靠率分别达 99.9%、99.8%，被列为国家整县屋顶分布式光伏开发试点县。覆盖城乡的主干光缆体系基本形成，全县手机用户、有线宽带用户分别达 24.4 万户、5.7 万户，4G 信号实现了自然村全覆盖。城乡面貌焕然一新。县城建成区市政路网达 92.17 万平方米、路网密度达 8.08 千米/平方千米，铺设排水管网 111.85 千米、供水管道 121.3 千米、燃气管道 59.5 千米。建成县城停车场 23 个，黄龙潭公园、森林公园等城市公园 6 个，县城建成区绿地率达 33.99%，人均公园绿地面积达 13.19 平方米。县城基础设施不断改善，县城整体功能不断提升，宜居宜业宜游的白族精品小城初步形成，先后被评为省级园林县城、美丽县城。社会保障不断完善。社保参保 28 万人次，新增城镇就业 2498 人，开发公益性岗位 2174 个，城镇登记失业率控制在 3.91% 以内，"鹤庆银匠"被列入全国典型劳务品牌宣传推广。保障对象应保尽保、社会救助应助尽助，发放各类救助、救灾资金 0.75 亿元。②融入新发展格局。先后成功招引华润水泥（鹤庆）有限公司、鹤庆溢鑫铝业有限责任公司、大理欧亚乳业有限公司等一批东中部企业入鹤建厂兴业，加强东西部扶贫协作和定点帮扶，进一步完善帮扶方式，在积极争取资金支持、援建项目基础上，强化产业合作、劳务协作、人才支援，深化教育、文化、医疗卫生、科技等行业支援协作，持续强化沟通协调，高位推进帮扶协作。2021 年实施沪滇帮扶合作计划内项目共 7 个，投入上海援助资金 2631.21 万元；实施中国船舶集团帮扶项目 17 个，涉及项目资金 1659.96 万元；大力开展东西部消费帮扶，2021 年度累计开展各类消费帮扶 2015 万元，有力地带动了鹤庆农业特色产业发展。③维护国家统一。通过法治宣传教育，全面提升各民族群众尊法、守法、学法、用法的意识，定期开展民族宗教领域意识形态的分析研判和风险排查，全力做好统一战线各项工作，让各族群众自觉主动维护国家统一、反对分裂和促进民族团结。④注重生态建设。大力践行习近平生态文明思想，打好"蓝天、碧水、净土"三大保卫战，扎实推进大气污染防治工作，落实"一库一策"管理，县内 3 座尾矿库均编制了生态环境应急预案和污染治理方案，完成全县耕地生产障碍修复利用示范区建设 16 394 亩。县城集中式饮用水水源地西龙潭水库和"千吨万人"饮用水水源地燕子崖、羊龙潭水库水质均达到或优于地表水 III 类标准，达标率 100%。实施森林管库面积 249.95 万亩，全县森林覆盖率达 56.76%，森林蓄积量 921.24 万立方米。印发《鹤庆县草海湿地保护治理攻坚实施方案》，制定并颁布《云南鹤庆东草海国家湿地公园管理办法》，落实湿地保护管理制度，建立草海湿地生态保护长效机制，建成国家级湿地公园 1 个、国家级森林乡村 2 个、省级重要湿地 1 个、全国环境优美乡镇 1 个、国家级生态乡镇 1 个、省级生态乡镇 7 个，各族群众的获得感、幸福感不断增强。

4. 促进各民族交往交流交融，增强各族群众对中华民族的认同。①构建互嵌式发展环境。鹤庆县各族群众呈大杂居、小聚居分布，邻里之间和睦相处。各乡镇、村（社区）深入实施文明创建、公民道德建设、异地搬迁等工程，引导各族群众在思想观念、精神情趣、生活方式上向现代化迈进。如六合乡的彝族村民会讲汉语、彝语、白语、苗语等。金墩乡金墩村委会下金登梨树坪是由鹤庆草海、金墩 2 个乡镇 5 个自然村的 51 户 221 人组成的，他们不分民族、不分姓氏、不讲血缘关系，仅按居住地址分别组成了由不同民族、不同姓氏构成的"5 个本家"，一家有事、本家支援，为我们展现了各民族亲如一家、携手前行的美好画卷。②构建互嵌式学习环境。全县 117 所幼儿园 7192 名学生，61 所小学 18 448 名小学生，11 所初中 9064 名初中生，2 所高中、1 所职业高中 4833 名高中生，校内各族学生混班，所有寄宿制学生混宿，共同学习进步，嵌入式生活、学习，在互帮互助中铸牢中华民族共同体意识。③实施三项计划。牵头构建"滇西北铸牢中华民族共同体示范圈"，在示范圈的框架下，由共青团、工商联等牵头，加强青少年之间的交往交流交融活动和企业互相走访活动，制定了《鹤庆县各民族青少年交往交流工作方案》《旅游促进各民族交往交流交融工作方案》和《鹤庆县各民族互嵌式发展工作方案》，定期开展群众性文艺活动，支持民族节庆活动。每年 7 月 16 日为草海耍海节，该节日是鹤庆各族群众纪念毛主席畅游长江的节日，充分体现了鹤庆各族人民对中国共产党的认同。

5. 提升民族事务治理体系和治理能力现代化水平，增强各族群众对伟大祖国的认同。①发挥人大监督职能。2014 年以来鹤庆县人大常委会多次通过专题调研、代表视察、执法检查等方式对鹤庆县民族团结进步创建工作、贯彻实施《中华人民共和国民族区域自治法》《云南省实施〈中华人民共和国民族区域自治法〉办法》等法律法规情况进行监督。②司法机关公正司法。县公安局、县法院、县检察院、县司法局坚持各族公民享有同等法律地位、享受同等权利、履行同等义务的原则，把中华民族共同体意识铸牢在司法行政工作各领域。③加强法治宣传教育。县委统战部、县委政法委、县农业农村局、县乡村振兴局联合印发了《鹤庆县关于民族团结进步与乡村振兴、平安乡村建设"三融合三促进"的意见》，出台了《鹤庆县关于推动实践新时代"枫桥经验"示范创建工作的实施意见》，将民族事务纳入共建共治共享的社会治理格局，把民族宗教法治宣传纳入"七五"普法规划和"八五"普法规划。2020年12月，和邑村杨银柱被司法部授予"全国模范人民调解员"称号；2021年10月，金墩司法所所长洪灿澎被司法部授予"全国司法所模范个人"称号。法治政府建设持续加强，建成公共法律服务平台127个。

6.有效防范化解民族领域风险隐患，铸牢各族群众中华民族共同体意识。①建立分析研判制度。建立完善《鹤庆县民族宗教领域矛盾隐患分析研判制度》，健全有统战、公安、司法、民宗、卫健、教育、民政、人社等部门参与的协调处理机制，及时研究部署维护民族团结和社会稳定工作，定期开展排查涉及民族因素的矛盾纠纷，妥善处置涉民族因素各种矛盾纠纷，每季度召开民族宗教领域矛盾隐患分析研判会议。②深化平安建设。巩固平安中国建设示范县成果，常态化开展扫黑除恶、禁毒、反诈工作，扎实开展群众安全感满意度"双提升"工作，加强网络舆论监测管控，建立健全信访问题与矛盾纠纷多元排查化解机制。加快"三个中心"和乡镇司法所建设，争创全省法治政府示范县。2021年鹤庆县荣获平安中国建设示范县。③加强民主法治。依法接受人大及其常委会法律监督和工作监督，自觉接受政协民主监督，办理县人大代表建议126件、县政协委员提案121件，办结率、满意率均达100%。政务公开水平不断提升，审计监督、统计监督不断加强。

十二、弥渡县创建云南省民族团结进步示范县实践

（一）基本情况

弥渡，是中国花灯艺术之乡，有距今1150多年被列入第三批全国重点文物保护单位的南诏铁柱，1523.43平方千米上生活着汉、彝、白、回、傈僳等25个民族32.72万人，其中少数民族人口3.9万人。2016年，弥渡获得了首批州级民族团结进步示范县命名，7个村获得了国家级传统村落命名，21个单位获得了省级民族团结进步示范单位命名，5个村获得了省级少数民族特色村寨命名，66个单位获得了州级民族团结进步示范单位命名，139个单位获得了县级民族团结进步示范单位命名。2022年，弥渡被命名为云南省第四批民族团结进

步示范县。

（二）主要做法

1. 党建铸魂，"三个引领"谋民族团结进步之策。各级党组织始终把民族团结进步示范创建作为最大的民生工程，把争取和凝聚民心作为最大的创建动力，带领全县各族人民把推进"小河淌水乡愁地，绿色蔬菜产业园"作为弥渡贯彻落实新时代党的民族工作的重要任务，把铸牢中华民族共同体意识纳入党的建设和意识形态工作责任制，纳入政治考察巡视巡察政绩考核，纳入县人大、县政协专题调研、视察、评议、协商内容，为做好新时代党的民族工作提供了根本的政治保证。一是政治引领，扛起示范创建主体责任。成立了以县委书记、县长为组长、32 个部门领导为成员的创建工作领导小组，形成了党委统一领导、政府依法管理、统战部门牵头协调、民族工作部门履职尽责、各部门通力合作、全社会共同参与的新时代党的民族工作格局，以进机关、进企业、进社区、进乡镇、进学校、进医院、进连队、进政法单位、进宗教活动场所等"十进"工作为抓手，全覆盖创建、全领域推进，做到行业职能职责工作与民族团结进步示范创建工作"双融合双推进"。二是思想引领，实施铸牢中华民族共同体意识宣传教育入脑入心工程。整合党史学习教育、"大理之问"大讨论、"学做"活动、"两个革命"等教育资源，开展"百场万人"大培训活动，以创建"一园四馆一街一长廊"为圆心，辐射带动周边视觉形象工程展示，有形有感有效抓宣教促认同，现已建成铸牢中华民族共同体意识主题公园 4 个、主题教育馆 7 个、主题街区 5 条、文化长廊 4 个，宣教阵地 113 个，爱国主义教育基地 14 个，民族团结进步示范教育基地 11 个。三是工作引领，结果导向推进整体协同创建。先后出台了《弥渡县加快推进全国民族团结进步示范县创建工作实施方案》《弥渡县创建"全国民族团结进步示范县"工作 42 项指标细化落实方案》《关于在全县各级学校中全面深入持久开展民族团结进步示范创建工作铸牢中华民族共同体意识的通知》等 29 份文件，推进民族团结进步示范创建工作与重点工作有机结合起来、与职能职责工作有机结合起来的"两个结合"工作法，建立"一月一交办、一月一督查、一月一调度、一月一考核、三月一问效"的考核奖惩制度，落实考核结果与项目、经费、绩效"三挂钩"的结果运用，层层压实责任，各族群众人人关心创建、人人参与创建，人人共享创建成果，创建工作全面开花，凝聚起了赶超发展的民族团结进步力量，示范创建工作与经济社会发展工作整体协同推进，民族团结进步之花在弥川大地越开越艳。

2. 文化兴魂，"三个打响"筑共有精神家园之基。近年来弥渡文化振兴发展，先后获"中国文化艺术之乡，全国文化先进县、中国花灯艺术之乡，全国第五届、第八届服务基层服务人民先进集体"等国字招牌，增添了弥渡文化自信底气。全县各族儿女在多元一体的中华文化滋养下，在水乳交融的生产生活方式中共居、共学、共事、共乐，各美其美、美美与共，形成了共同的价值追求、共同的价值意识，汇成了弥渡文化大观园，更加彰显出人文荟萃、文化繁荣的诗意"小河淌水"，打响"小河淌水"文化牌、节庆群众文化牌，全县建成了图书馆、文化馆、博物馆、铸牢中华民族共同体意识非遗展演中心、全民健身中心、786 个大喇叭·小广场、28 个花灯传习所等文化品牌阵地，763 支群众文艺队活跃在各村各寨，在东方花灯狂欢节、铁柱庙会、五台歌会、大王操兵、阿尼山歌会、火把节、火龙庙会、乡村村晚等传统民俗文化节庆活动中张灯踏歌为乐，锣鼓响、笛子鸣、耍龙舞狮、祭祀祈福，引来四面八方的游客欢歌起舞。2018 年弥渡花灯亮相印度尼西亚，把中华传统文化带到了国外，文相融、情相亲、人相近，在灯海浪花中拉近了人与人之间、地域与地域之间的情感交流，链接起"你中有我、我中有你"的精神文化纽带。打响农文旅乡愁牌，"东谷梨花、西河烟柳、南山温泉、北刹疏钟、天桥挂月、文笔捴砚、铁柱祭古、长桥飞虹、古洞花鱼、青螺环翠"、南诏铁柱、AAA 级景区国家级历史文化名村文盛街，一首歌、一棵柱、一班灯，勾起乡愁，成就了"弥渡坝子是一个大景区"，来弥渡"泡温泉、品美食、赏花灯"的小河淌水农文旅产业发展快速迭代。

3. 发展强魂，"三个力抓"增共同富裕民生之福。一是力抓项目，夯实了交运便捷高效、基础设施完善的"幸福弥渡"。走各民族共同繁荣发展之路，累计投资 50 多亿元，水、电、路、讯、网等"五网"基础更加完善，城乡面貌焕然一新，乡村振兴大有可为。给予少数民族和民族地区资金和项目政策倾斜，注重提升自我发展能力，先后投资 7000 多万元实施了朵祜、瓦哲、上马台、张迁等一大批民族团结进步示范项目，极大改善了制约发展的基础条件，在人居环境、村庄治理、产业发展、村民自治、移风易俗等方面亮点频现，引领发展，这些示范项目大多成了乡村振兴发展的示范样板。投资近 10 个亿的县城老城区改造是最大的民生工程，为上万人解决了几代人居住在低矮破旧危房的历史，改造后的老城新貌成了弥渡最亮丽的街景，还原了青螺环翠、小桥流水的景观。现弥渡又坚定不移走城乡互补共同富裕之路，城镇基础设施建设、居民素质整体得到提升，县城越来越美，"建美一座城，幸福千万家"，打造了特色鲜明的生活"小河淌水"。二是力抓产业，三产融合建设产能集聚的"幸福弥渡"。弥渡被列为全国生猪调出大县、云南省特色农产品优势区、蔬菜产业"一县一业"特色县，现正着力打造"一园四中心"，加快发展高原特色现代农业。成功打造了大理春沐园现代数字农业、新街大荒地"双绑"蔬菜发展、张迁合作社规模化农业、马厂箐"一村一品"中药材种植、栗子园农文旅融合等富民产业。现已建成了无公害蔬菜生产示范基地 10 万亩、省级蔬菜标准园 2 个，蔬菜产品老土罐小米辣、春沐园樱桃番茄入选云南省"十大名品"；建成了一条 50 万头正大生猪全产业链，在带动农户稳定增收的同时，彻底结束了全县 85 个行政村无集体经济收入的历史。三是力抓生态，呵护弥川绿水青山。现已成功创建了国家级卫生县城、省级文明县城、省级生态文明县，新街、弥城、密祉创建为国家级生态乡镇。推行"河长制""林长制"，瓦哲、保邑两村入选国家森林乡村，太极山州级自然保护区挂牌"云南省林业和草原科学院太极顶森林生态系统研究监测基地"，打造生物多样性示范带。森林面积增加了 9359 万平方米，森林蓄积量增加了 85 万立方米，森林覆盖率提高了 6.13%，蓝天、碧水和净土"三大保卫战"取得阶段性成果，水美乡村建设有序推进。

4. 交流活魂，"三个融入"育互嵌发展之花。一是融入"大弥城"，构建互嵌式的生活圈。资源共享、信息互通，形成了经济上相互依存、文化上兼容并蓄、情感上相互亲近的生活圈。社区创建联盟在城市建设工作中发挥了共商共创共建的重要作用，特别是在县城老城区改造中，文笔社区牵头组织开展"天天见"志愿活动，社区党组织带领志愿服务队活跃在各条商贸街区、各居民楼栋之间，听民意、解民忧，为各族居民解决矛盾纠纷 5000 多件，2020 年文笔社区被命名为省级民族团结进步示范社区。二是融入"大保障"，构建便民式服务圈。发挥学校阵地作用，把铸牢中华民族共同体意识教育融入教学课堂内外，涌现出了牛街民中等办学特色鲜明、办学理念新的大批民族团结进步示范学校创建典型；推进医联体医共体，建设智慧医院，全县医疗水平不断提升。织牢社会保障网，发放各类救助金 4.87 亿元，报销医疗费用 9 亿元，家庭养老改革试点工作走在全省前列，转移农村劳动力 10.66 万人，新增劳务经济收入 41 亿元。三是融入"大环境"，构建引资引智交流圈。深入实施各族青少年交流计划，举办少年军校、梦想课堂等，在青少年心中烙上"家国情怀"的烙印。在定点帮扶结对中引资引智、互鉴融通，在对口帮扶中架起弥渡与北大、弥渡与上海的连心桥，让人民真切地感受到中华民族一家亲的温暖。

5. 法治护魂："三个紧扣"固共建共治共享之本。一是紧扣人民安居乐业，营造法治环境护民族团结。结合"平安弥渡"建设，法治进校园、民族团结进步宣传月、宪法宣传日等，加大法治宣传力度，开展扫黑除恶专项行动，建设法治弥川，公检法司护航民族团结进步，扎实推进民族团结，并将其作为维护社会稳定和长治久安的根基，涌现出了全国模范检察干部段启功、司法所所长彭灿等大批优秀平安守护人，为全县各族人民安居乐业负重前行。二是紧扣"共建共治共享"，社会治理护宗教和顺。坚持党的宗教工作基本方针，实行县处级领导挂钩联系宗教团体、宗教场所、宗教人士制度，网格化管理宗教事务，25个宗教活动场所高举爱国爱教旗帜，坚持我国宗教中国化方向，依法开展宗教活动，认真组织开展宗教政策法规宣传月、铸牢中华民族共同体意识活动月等，贯彻落实宗教政策，严密防范和有效打击各种渗透破坏、违法犯罪等活动，多年来全县各民族之间、各宗教之间和谐共处、相互包容、尊重差异，高标准创建"和谐寺观教堂"。伊斯兰教协会、基督教协会、东岳宫、白云寺等宗教团体充分发挥正能量，结成民族团结进步创建联盟，共同维护宗教和谐稳定，积极引导宗教与社会主义社会相适应，为构建平安弥渡、法治弥渡贡献力量。三是紧扣团结统一，严格执法护社会稳定。创新社会治理，推动法治弥渡、法治社会建设，保障各族人民合法权益，常态化开展网络诈骗、扫黑除恶等专项工作，维护社会公平正义。

第三章

机制创新篇

　　作为铸牢中华民族共同体意识的重要抓手，当前各地方均面临着推动民族团结进步示范创建工作提档升级、打造创建工作升级版的新要求。将第三方评估机制引入民族团结进步事业，可以在保证公平公正的同时变被动创建为主动创建，推动示范创建工作尽快进入升级版。该篇以大理全州为个案，阐述了主编作为项目负责人，三年来融入大理州 12 县（市）创建全国全省民族团结进步示范县（市）第三方评估的深度参与过程。先后对基于问题意识校地深度合作改变传统创建思路与认知、守正创新精准构建民族团结进步示范创建评估指标体系、以评促创推进铸牢中华民族共同体意识三个方面进行了论述，探索了西南边疆民族地区铸牢中华民族共同体意识的实践进路。最后，以"十个解决好"总结了当前以民族团结进步示范创建为重要抓手推动铸牢中华民族共同体意识实践中存在的共性问题及建议。

"以评促创"：探索大理白族自治州铸牢中华民族共同体意识的实践进路

　　恩格斯在《工人阶级同波兰有什么关系？》一文中写道："没有民族统一，民族生存只不过是一个幻影。"① 在人类历史发展的过程中形成共同体，实现民族团结进步是世界各族人民的共有愿望。回顾漫长摸索历程，我国在践行平等、团结、互助、和谐民族关系的过程中不断积累经验，成效斐然。中办发〔2019〕65 号文件明确提出，新时代民族团结进步创建工作要坚持以各族群众为主体，以铸牢中华民族共同体意识为根本方向，加强各民族交往交流交融；第五次中央民族工作会议基于习近平总书记关于加强和改进民族工作的重要思想，进一步明确了铸牢中华民族共同体意识的主题主线，为新时代民族工作尤其民族团结进步事业指明了前进方向。作为铸牢中华民族共同体意识的重要抓手，各民族聚居地近年来对于巩固提升民族团结进步示范创建、铸牢中华民族共同体意识进行了有益探索，积累了典型示范、兵地共建、多级联创等各类形式，在巩固各族人民和睦共济、和谐发展大好局面中发挥了显著作用。2021 年 11 月，第九批全国民族团结进步示范区（单位）236 个获命名。作为少数民族人口众多的省份和西南生态屏障，要把云南省建设成为我国民族团结进步示范区，是以习近平同志为核心的党中央着眼国际国内两个工作大局和全国民族工作全局作出的重要部署。2012 年 7 月，云南省民族团结进步示范区建设正式启动；2018 年 1 月，云南省委十届四次全会通过的《中共云南省委关于深入学习贯彻党的十九大精神促进云南跨越式发展的决定》明确指出，到 2035 年实现把云南建设成为我国民族团结进步示范区的目标。② 当前，云南省各州（市）都面临着民族团结进步示范创建成效考核、检验与申报或重新申报的问题，尤其第五次中

---

① 中共中央马克思恩格斯列宁斯大林著作编译局 . 马克思恩格斯全集：第 16 卷［M］. 北京：人民出版社，1956：174.
② 云南省建设我国民族团结进步示范区规划（2016—2020 年）［EB/OL］. （2019/11/28）［2023/05/13］. http：//www. yn. xinhuanet. com/minzu/2019-11-28/c_ 138590155. htm.

央民族工作会议召开后，作为推动铸牢中华民族共同体意识的重要抓手，民族团结进步示范创建工作在新时代民族工作的高质量发展中发挥着重要作用。而第三方评估作为民族团结进步事业的考核机制，有助于相关部门在全国全省民族团结进步示范创建工作中完善、反思和落实决策，提高工作绩效，弥补决策和实践中的不足。在此背景下，对民族团结进步示范市（地、州、盟）、县（市、区）及各级示范单位创建成效展开第三方评估，推进云南省铸牢中华民族共同体意识示范创建试点工作，极具现实紧迫性。

学术研究方面，经对 2010 年 1 月至今 CNKI 平台数据的梳理，以"民族团结进步创建"为索引关键词的期刊报刊文章 622 篇，研究主题排名前十位的关键词依次为民族团结进步、示范县、民族团结进步创建活动、创建工作、示范创建、民族团结、示范州、民族团结进步示范州、创建活动、示范村；研究领域多为"行政学及国家行政管理"，共 587 篇，马克思主义学科 1 篇、中国政治与国际政治 28 篇、农业经济 12 篇、中国共产党 9 篇……未见民族学马克思主义民族理论与政策或文化学相关领域内容。内容上，多为民族团结进步示范创建工作的个案实践，如罗彩娟（2021）基于广西环江毛南族自治县陈双村的调查，认为铸牢中华民族共同体意识是新时代民族团结进步创建工作的根本方向，为民族团结进步创建工作指明了方向，提供了遵循；① 热娜古丽·阿不都热合曼（2021）以新疆维吾尔自治区党委和政府开展民族团结进步创建工作所取得的成就，认为民族团结进步事业是实现中华民族伟大复兴中国梦的基础性事业，加强民族团结进步事业就要以铸牢中华民族共同体意识为主线，并围绕新疆加强民族团结工作重要性的再认识；② 李正洪（2021）认为，推进民族团结进步示范区建设，铸牢中华民族共同体意识，需要从规划、研究、教育、宣传、创建、队伍建设等方面深度聚焦。③ 与"第三方评估"相关的论文仅两篇，吴文光（2019）提出了云南民族团结进步示范区建设规划评估指标的构想；④ 王志达

---

① 罗彩娟. 铸牢中华民族共同体意识与民族团结进步创建工作路径思考——基于广西环江毛南族自治县陈双村的调查[J].广西民族大学学报（哲学社会科学版），2021（05）：132-137.

② 阿不都热合曼. 加强民族团结进步创建工作 铸牢中华民族共同体意识[J].经济师，2021（08）：26-27.

③ 李正洪. 把握时代要求 聚焦工作主线 在铸牢中华民族共同体意识上作出云南示范[J].今日民族，2021（07）：1-4.

④ 吴文光. 构建云南民族团结进步示范区建设规划评估指标体系的总体构想[J].云南社会主义学院学报，2019（04）：66-73.

（2020）研究了民族团结进步考核机制。① 著作方面，仅有青海省果洛藏族自治州（2019）、海西蒙古族藏族自治州（2019）、玉树藏族自治州（2018）民族团结进步示范创建经验研究 3 部。可见，关于我国民族团结进步示范创建第三方评估相关研究还较薄弱，在前人研究基础上从民族理论的学科视角科学、系统地构建民族团结进步示范第三方评估体系，确立行之有效的创建工作机制，亦具理论必要性。

基于此，笔者以大理白族自治州为个案，通过近两年的深度参与和深度观察，阐述了作为项目负责人融入大理州全国全省民族团结进步示范创建第三方评估的实践过程，通过参与创新并推广"以评促创"工作机制，梳理了以第三方评估推动铸牢中华民族共同体意识的实践逻辑与现实问题。我认为，将第三方评估的理论与实践引入民族团结进步事业是示范创建工作机制的创新，能有效推动民族团结进步示范创建工作提档升级，改变"跑创建"的传统面貌，真正发挥全面深入持久开展民族团结进步示范创建的重要抓手作用，推动西南边疆地区铸牢中华民族共同体意识的实践。该篇研究成果的应用性转化，对于推进各民族地方科学创建、精准创建、规范创建和新时代民族工作的高质量发展具有重要现实意义，亦能为西部地区铸牢中华民族共同体意识研究提供知识样本和施策参考。

一、问题导向：校地深度合作，改变传统创建思路与认知

大理州地处滇西中心，是全国唯一的白族自治州，有白、汉、彝、回、傈僳、苗、纳西、壮、傣、阿昌、藏、布朗、拉祜 13 个世居民族、47 种民族成份，少数民族人口占总人口的 51.84%，其中白族占比 33.98%。自古以来这里就是一个多民族融合地区，"你中有我，我中有你"、经济上相互依存、文化上交往交融，近代大理革命者代表的革命精神更是奠定了中华民族共同体建设的红色基础。近年来，该州坚持把产业转型升级、城乡协调发展和民族团结进步作为自治州发展战略不动摇，始终把发展作为解决民族地区各种问题的总钥匙，把示范区建设融入全省发展大局，采取一系列有力举措推动少数民族和民族地区跨越式发展，民族地区发展差距逐步缩小。2013 年被国家民委确定为"全国民族团结进步示范州"首批试点；2016 年，经国家民委和云南民族宗教委考核验收，被国家民委正式命名为"全国民族团结进步创建活动示范州"；2021 年

---

① 王志达，黎贵优，穆智，等. 新时代民族团结进步第三方评估的逻辑与实践[J].云南民族大学学报（哲学社会科学版），2020（03）：17-22.

全州创建工作进入全面深化期，需检验五年创建成效，提档升级重新申报全国民族团结进步示范州，从而面临激发各县（市）创建工作内生动力的问题。在此要求下，大理州民族宗教委与地方高校①展开了民族团结进步示范创建第三方评估、铸牢中华民族共同体意识示范州（试点）第三方评估的横向合作，笔者有幸受聘为第三方评估项目负责人。经近两年的深度参与，笔者认为当前民族团结进步示范创建第三方评估存在几个普遍问题：一是第三方评估基本为一次性测评性考核，动态与追踪性不足，导致田野调查受时间限制不能充分展开，对被评估对象了解不够，不易甄别突击式创建的情况。二是对国家民委新测评指标理解不足，由于民族工作话语体系转变后新测评指标更宏观、全面和凝练，从而各创建地方在具体操作中存在对新测评指标理解不足的问题，有些还在沿用过去的测评指标，有些则未能理解民族工作主题主线和重点的变化。三是多数评估机构将测评指标应用于第三方评估，难以体现测评指标与评估指标的区别和衔接。

从问题意识出发，如何将相对宏观、简洁的测评指标分解化、操作化为立体的第三方评估指标体系，如何改变过去"等靠要创建""跑创建"的工作思路，已成为项目组思考的主要问题。经与大理州民族宗教委多次磋商，校地统一了关于评估体系与过程的设计理念：①立足时代要求，紧紧围绕铸牢中华民族共同体意识展开第三方评估的理论与实践，即衡量一个地方民族团结进步创建工作做得是否有成效，要以是否铸牢中华民族共同体意识为核心标准，包括是否切实推动民族地区经济社会的发展，实现中华民族共同体的现代化。②"考""导"结合，推动铸牢中华民族共同体意识落细落实。实地调研中项目组发现，创建工作主题主线转变实际落实中仍然存在"两张皮"的情况，这说明一项政策从上层到落地需要时间和各方力量的推动，而第三方评估在"考核"的同时可以发挥引导、教育的功能，因此要将评估作为大宣教格局的一部分，推动铸牢中华民族共同体意识落到实处。③更侧重认知和思想层面，通过第三方评估考查示范区（单位）对共同性与差异性、中华民族共同体意识和各民族意识、中华文化和各民族文化、物质和精神四对关系的正确把握。④体现测评与评估的区分和衔接，以更高要求合理划分评估结果，优中选优，在原有"合格、良好、优秀"的基础上增设"优秀示范"，真正凸显典型培塑功能。⑤紧扣"第三方"体现公正性和适用性。在公平公开公正、奖惩分明的同时做到

---

① 国家民委发文对第三方评估机构的资质进行了要求，即评估机构须是高校、科研院所，由此大理州民宗委选择了地方高校大理大学，并签订了横向合作框架协议。

"适用"，根据被评估地方的本土特点，设置基础项和加分项，做到"普遍性"与"特殊性"的结合，立足大理面向全国，实现第三方评估成体系、重实用、可复制推广。⑥理论要依靠实践、结合实践、服务于实践，不能仅靠学术思维或行政推动，必须进行校、地、社、企等多方的深度合作，避免纸上谈兵。⑦评估过程中第三方机构一定要深入田野，不仅要听汇报、看材料、统计大数据，还要不被短期绩效与热情、周到的接待所影响，保持评估的正确及公平公正。基于上述共识，经反复探讨、预评估与实地调研，项目组确定了《全国民族团结进步示范州（地、市、盟）创建第三方评估指标体系》，对大理州各县（市）创建全国全省民族团结进步示范县（市）开展了五年动态第三方评估工作，为大理州创建云南省铸牢中华民族共同体意识示范州试点打牢了理论与实践基础。

二、守正创新：精准构建民族团结进步示范创建第三方评估指标体系

一把好的尺子，是衡量各地方在民族团结进步上做示范，以及在铸牢中华民族共同体意识上做示范的基础，科学、严谨、规范地开展第三方评估，是精准检验是否将铸牢中华民族共同体意识作为做好新时代党的民族工作的"纲"的重要措施和必要手段，对将所有工作都向此聚焦具有十分重要的现实意义。

（一）构建"三类""四层""七问卷"为框架的第三方评估指标体系

第五次中央民族工作会议之后，国家民委紧扣习近平总书记关于进一步改进和完善民族工作的重要思想，针对东西部地区分类发布了具更高标准的新测评指标，要求深化内涵、丰富形式、创新方法，对创建工作提出了更高的要求。所以，项目组以国家民委 2020 年 1 月、2022 年 1 月先后印发的《全国民族团结进步示范州（地、市、盟）测评指标（试行）》与《全国民族团结进步示范市（地、州、盟）、县（市、区、旗）测评指标（西部地区）》为设计蓝本，将测评指标尤其 2022 年 1 月印发的 21 条新测评指标进一步细化与操作化，本着让主题鲜明起来、主线突出出来、工作精准起来的目的，坚持问题导向、统筹兼顾、分类分层、精准施策、相互贯通、有机衔接的宗旨，将测评指标分解化、细节化，制定了《全国民族团结进步示范州（地、市、盟）第三方评估指标体系》，包括"三类""四层""七问卷"。"三类"指州（地、市、盟）、县（市、区）和创建工作"七进"的七套评估指标。第一类：《全国民族团结进步示范州（地、市、盟）第三方评估指标体系（单列）》由"基础项"（100 分评估指标+58 分奖惩细则，包括 7 个 1 级指标、17 个 2 级指标、50 个 3 级指标）和"地方亮点与创新项"（100 分，包括 4 个一级指标、8 个二级指标、10 条评估细

则）组成。第二类：《全国铸牢中华民族共同体意识暨民族团结进步示范县（市、区）第三方评估指标体系（单列）》由"基础项"（80分，包括5个1级指标、14个2级指标、46个3级指标）和"地方亮点与创新项"（20分）组成。第三类：民族团结进步进乡镇、机关（事业单位及医院）、社区、学校、企业（景区）、连队（军警营）、宗教活动场所，共"七进"的第三方评估指标表，根据被评估对象情况，以［Σ（N个"进"指标体系评估所得分值）］÷N的计算方法确定使用示范单位的不同评估类别个数，各表亦均由"基础项"80分和"地方亮点与特色项"20分组成。"四层"指一级指标、二级指标、三级指标和评估给分细则。"七问卷"则针对不同群体、年龄阶段、职业、政治面貌，配套制定了共有精神家园建设、民族团结进步宣传教育、民族理论政策法规、增强群众获得感幸福感安全感等考核铸牢中华民族共同体意识情况的七类网络问卷。该第三方评估指标体系遵循守正创新的思路，是对《全国民族团结进步示范市（地、州、盟）、县（市、区、旗）测评指标（西部地区）》的操作化、细节化和分解。内容主要围绕"加强和完善党对民族工作的全面领导、全面推进中华民族共有精神家园建设、推动各民族共同走向社会主义现代化、促进各民族广泛交往交流交融、提升民族事务治理体系和治理能力现代化水平、有效防范化解民族领域风险隐患情况"展开。

该指标体系目前相继通过云南省与国家知识版权局文字作品登记，同时经云南省民族宗教委推荐获批"2021年云南省地方标准重点项目制订计划项目"，系全省38个立项中唯一的人文社科类项目，亦是云南省市场监督管理局在行业地方标准制定上的首次尝试。作为民族团结进步示范创建工作的跨行业创新，地方标准重点项目立项与作品登记进一步充实与推动了西南边疆地区铸牢中华民族共同体意识的理论与实践。

（二）形成"理论—实践—理论"的科学环，不断完善第三方评估指标体系

华莱士在《社会学中的科学逻辑》一书中提出"科学环"的模式，即理论演绎假设，假设导致观察调查，调查观察归纳概括结论，概括结论修改、完善或提出新理论。[1] 第三方评估体系的构建与实践亦历经了"科学环"的过程，2020年12月至2022年3月第三方评估项目组将指标体系的主要依据、内容、计算方法、认定标准初步应用于大理州各县市的预评估与正式评估，构成了从理论到实践，再从实践回到理论创新的研究回路。具体评估过程为：2020年12

---

① 风笑天. 社会研究方法［M］. 4版. 北京：中国人民大学出版社，2013：47.

月 25 日至 2021 年 3 月 10 日，在巍山、剑川、永平、漾濞、南涧、云龙等县深入田野，以明察暗访、座谈会、深度访谈、问卷、资料查阅等多种形式，开展以上县份创建云南省及全国民族团结进步示范县的第三方预评估与正式评估；2021 年 5 月 30 日至 2021 年 6 月 10 日，对大理市、宾川县、洱源县、祥云县创建云南省民族团结进步示范县开展第三方预评估与正式评估；2021 年 11 月 25 日至 2021 年 12 月 15 日，对宾川县、大理市、云龙县创建全国民族团结进步示范县开展第三方预评估；2022 年 2 月 23 日至 3 月 21 日，对宾川、大理、云龙、南涧创建全国民族团结进步示范县，以及祥云、鹤庆、弥渡、洱源县创建云南省民族团结进步示范县开展第三方评估。采取查阅资料、实地查看、听取汇报的方式，结合座谈会、问卷调查、个别访谈、大数据分析，将贯彻政策要求与尊重群众意愿相结合、定性研究与定量研究相结合，客观研判全州民族团结进步示范创建的工作成效。

通过上述评估实践，项目组主要了解被评估对象如下创建情况：其一，政治站位与思想认知高度情况。对民族团结进步示范创建工作的重要性要把握到位，精准创建，做到不断增强"五个认同""四个与共""三个离不开""两个维护"，要站在维护祖国统一安全、反对分裂、增进民族团结的角度来开展工作；从领导到一般干部职工要对党的民族政策理论认识理解掌握到位，执行政策和法律法规没有偏差。其二，话语体系精准把握情况。创建工作总体上要符合新时代民族工作的要求，聚焦主线和"五个认同"；围绕铸牢中华民族共同体意识主题主线，体现为什么开展创建工作、怎么开展创建工作、开展创建工作取得了什么成效，以及创建工作思路是否成规划成体系、是否有整体性和系统性。其三，创建有机融入行业领域中心工作以及与本职工作高度融合的情况。要将示范创建作为中心工作与本职工作相互促进，带来由内而外的变化，做到深化内涵、丰富形式、创新方法，覆盖面广、扎根基层。其四，创建工作共性与个性度的把握情况。创建氛围应适度、得当，突出共性、共享的中华民族形象符号、中国风、中国味，而不是突出民族特色、强调个性，要借鉴在全国具有示范意义的品牌活动、经验做法等，这样各族群众对民族团结进步创建工作才能参与度高、满意度高。其五，创建工作的全面性、长期持久性情况。创建工作是否能全面开展，持续不断地浸润社会、争取人心、增进共同、巩固一体，具体做法有哪些；是否能坚持久久为功、绵绵用力的工作方法，持久深入地开展创建工作,要将铸牢中华民族共同体意识"两个纳入""三个计划"① 落细落实,而不是运动式开展,常态化做法有哪些。其六,创建地方性特色亮点与创新的情况。亮点是否明显,总结归纳提炼是否到位,能否形成一系列的做法经验和规范的操作流程,形成制度机制;创新性做法有哪些,是否有不断突破原有内容、地域、示范单位界限的创新体系和示范创建复合网络等。截至 2022 年10 月,项目组已完成 78.6 万字评估报告和 112 万份调查问卷,同时不断搜集被评估对象反馈,广泛吸纳各方意见,对评估指标体系进行了数十次的实际检验、论证和完善。

三、"以评促创":推进西南边疆铸牢中华民族共同体意识的理论逻辑与实践进路

经第三方预评估与评估,项目组向基层政府提交评估报告、问题清单与咨政建议,及时进行成果转化,助力大理州创建工作提档升级,成为精准创建的助推器。

（一）理论逻辑:何以"以评促创"

传统创建多为指标分配、择优定向指导,申报单位一定程度存在"等""靠""要"创建、突击式创建的情况。第三方评估作为一种必要而有效的外部制衡机制和促进机制,能弥补过去自我评价较为狭隘和被动创建的不足,引入隐性竞争机制,通过一定周期的动态评估,从考核层面倒逼创建主体主动抛弃"突击式创建"、靠协调汇报争取照顾等错误做法,以科学规范的实际评价促进"精准创建",激发创建单位自觉提高创建水平,达到"以评促创"的目的。遵循该理论逻辑,项目组采用多种方法力求建立正确的创建导向,引导评估对象不要以结果为导向,为了创建而创建。以 2021 年 11—12 月对大理州宾川县的评估为例,为避免出现突击式创建的情况,考核铸牢中华民族共同体意识暨民族团结进步示范创建工作是否全面、深入,以国家民委提出的民族团结进步示范创建"七进"和云南省"十进"② 为依据,根据宾川县具体条件,评估组请该

---

① 铸牢中华民族共同体意识"两个纳入",是指把铸牢中华民族共同体意识工作纳入党的建设和意识形态工作责任制,纳入政治考察、巡视巡察、政绩考核。"三个计划",是指要启动实施"各族青少年交流计划""各族群众互嵌式发展计划""旅游促进各民族交往交流交融计划"。

② 云南省提出的民族团结进步示范创建"十进",是指在国家民委"七进"（民族团结进步进乡镇、机关、社区、学校、企业、连队、宗教活动场所）的基础上,根据云南省特点增加了进医院、进景区、进口岸。

县以民族团结进步"十进"为范畴，每"进"向第三方评估组提供 3 个示范点组成样本框，以分层随机抽样的方法从样本规模为 30 的样本框里，以每"进"为一层，每层抽取一个被评估单位，组成数量为 10 的预评估样本，形成预评估路线及具体安排。如此，能从考核层面避免创建工作出现政绩化、结果导向化和突击式创建，落实铸牢中华民族共同体意识"重在平时""重在行动""重在示范"的理念。

（二）实践进路：予以"以评促创"

1. 以第三方评估工作推进创建工作全面深入持久开展。从 2021—2022 年申报全国、全省示范县（市）、示范单位成效看，各县各单位一改过去"跑创建""等指导"的旧况，纷纷主动请缨，两年间申报并获得命名全国示范县 4 个、全省示范县（市）6 个。第三方评估的引入有效解决了人为因素干扰和评价不精准、不公开透明等问题，得到了各县市、各单位高度认可，排名靠前的县质量有保证，排名靠后的县心服口服，树立了质量第一的鲜明导向，构建了积极健康的创建环境。具体体现在三个方面：①坚持将高质量发展理念贯穿创建工作的全过程，使第三方评估成为创建全国民族团结进步示范县市的"必经"之路。国家民委团结促进司在 2022 年初实施"第十批全国民族团结进步示范区（单位）"推荐申报工作时发文，"申报示范市（地、州、盟）须提交第三方对本地区民族团结进步创建工作的评估报告和省级初验报告"，将第三方评估作为促进创建工作的重要机制，由过去的评上了运转了再评估成效，往前提到作为申报材料的内容之一。②强化"以质促创"的鲜明导向，推动创建工作全面深入持久开展。作为一种必要、有效的内外部促进机制，紧扣"第三方"的公正性和精准性，通过开展规范动态评估，营造"以质促创"的良好氛围，持续提高常态化开展创建工作的质量和水平，推动全州各县精准创建工作。③为创建工作提供智库支撑。项目实践精准对接了国家民委《关于全国民族团结进步示范区示范单位命名办法的通知》精神，突出第三方评估结果运用，建立第三方评估数据库，为示范县市单位 5 年届满重新申报和日常动态管理搜集真实、完备的数据信息，提供科学决策的依据。

2. 以第三方评估介入创建加快铸牢中华民族共同体意识大众化进程。为检验第三方评估介入创建工作的成效，尤其铸牢中华民族共同体意识大众化的推进难点，项目组运用实验法，把第三方评估作为实验刺激，将引入第三方评估之前和之后"铸牢中华民族共同体意识"系列问卷填答的数据进行对比，以此判断"以评促创"机制是否真正发挥作用。系列问卷由 7 个分问卷组成，分别是"铸牢中华民族共同体意识　全面深入持久地长期开展民族团结进步示范创建工作"情况的调查问卷（A1）、"铸牢中华民族共同体意识 普及民族理论政策法规和民族知识"情况的调查问卷（A2）、"铸牢中华民族共同体意识 增进各族群众获得感、幸福感、安全感"情况的调查问卷（A3）、"铸牢中华民族共同体意识 提高各族群众对民族团结进步示范创建工作知晓度、满意度、支持参与度"情况的调查问卷（A4）、"铸牢中华民族共同体意识 强化各族群众民族团结进步教育"情况的调查问卷（A5）、"铸牢中华民族共同体意识 增强群众'五个认同'"情况的调查问卷（A6）、"铸牢中华民族共同体意识 推动中华民族共同体建设"认知情况的调查问卷（A7）。问题设置均有清晰的认知倾向，如"您是否清楚开展民族团结进步工作必须突出铸牢中华民族共同体意识的主题主线?""非常清楚""基本清楚""不清楚"。通过问卷星平台发放，目前回收总数量22.2万份。

　　具体对比过程如下：经2020年近1年在大理州12县（市）的田野调查熟悉，项目组于2020年12月25日至2021年3月10日进行了部分县（市）全国民族团结进步示范创建的第1轮评估，2021年3月21日0时0分封存数据，得到大理州7份问卷填答数量对比情况、大理州6县（市）问卷填答数量最大值对比情况（6县均取填答人数最多的那份问卷进行对比）、7份问卷答题正确率及满意度数据对比情况，共三组数据。之后，评估组进行了多次预评估与评估，应比较需要，项目组取2022年2月23日至3月21日最近的1次第三方评估数值，于2022年3月21日0时0分封存数据，得到与2021年相同内容的三组数据，如图1、图2、图3。可以看到，2021年3月21日至2022年3月21日，三组数据均呈升序，尤其填答数量增幅非常大。虽然引入第三方评估期间，也可能有其他变量影响数据结果，如基层政府发动群众填答力度加大，多层面多维度形成铸牢中华民族共同体意识大宣教格局，对民众认知产生影响等，但平均近两倍的填答数量增长仍能一定程度说明第三方引入的成效。图3则表明民众关于铸牢中华民族共同体意识的认知得到了较大的提升，变化幅度最小的问卷A5系"强化各族群众民族团结进步教育"，说明持续的民族团结进步教育打牢了铸牢中华民族共同体意识的思想基础。三组数据对比表明，第三方评估引入民族团结进步示范创建工作后，的确不同程度推动了地方铸牢中华民族共同体意识的大众化进程。

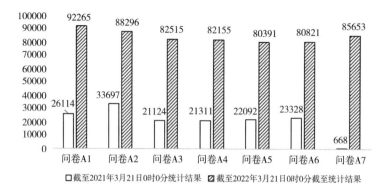

图 1 2021 年 3 月—2022 年 3 月大理州"铸牢中华民族共同体意识"系列问卷填答数量对比情况

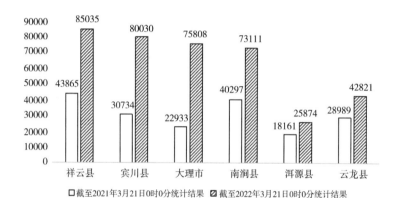

图 2 2021 年 3 月—2022 年 3 月大理州 6 县（市）"铸牢中华民族共同体意识"问卷填答数量最大值对比情况

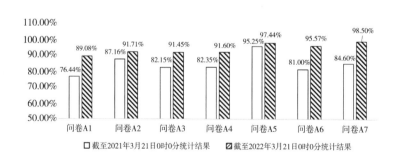

图 3 2021 年 3 月—2022 年 3 月大理州"铸牢中华民族共同体意识"系列问卷答题正确率及满意度数据对比情况

四、"十个解决好":问题及建议

经深度参与大理州民族团结进步示范创建第三方评估的理论与实践,同时结合项目组走出滇西到广西、海南等省份进行示范县示范单位的调研,笔者认为,虽然各地方创建程度上呈现不均衡的状态,但大体上能保证创建成效。县级层面,能从维护祖国统一、反对分裂的政治高度去推动工作;县委、县统战民宗系统领导干部对于创建工作话语体系把握较精准,能聚集铸牢中华民族共同体意识的主题主线;创建基础性工作,如外部氛围营造上,铸牢中华民族共同体意识、"两个共同""五个认同"、档案材料等均能达标;各地方亦有自己的创建主题,但现阶段仍存在一定问题,编者将问题及相应建议归纳为"十个解决好"。

(一)主题主线入脑入心,解决好话语体系转变不彻底的问题

近年来,创建氛围营造上铸牢中华民族共同体意识的主题主线普遍突出,但思想认知上话语体系转变还不彻底,县级以上、基层单位和群众层面三个环节之间存在部分中间断层的问题,即市(州)、县(市)话语体系能完成转变,而落实到基层,如乡镇公务人员、社区工作人员对习近平总书记关于加强和改进民族工作的重要思想、中央民族会议精神的了解还不够清晰,对铸牢中华民族共同体意识之于"五位一体"总体布局与"四个全面"战略布局的重要性理解不足,无法达到县级领导、统战民族部门工作人员的思想高度,未能对创建工作形成全面系统的了解,从而"下达"不精准、不充分。针对基层创建工作大多停留于物质上的"入眼"阶段、"入脑入心"不够、话语体系转变不彻底的问题,省、市(州)层面进一步加强了对基层单位创建主体的宣传教育培训,把创建工作重心下沉到乡镇、社区等基层单位,引导其围绕主题主线去思考为何开展创建工作,怎样成体系、规范系统地开展,怎样实现创建的整体、系统与全域性,落实"重在基层"。

(二)正确理解"多"与"一"的辩证关系,解决好保证创建方向的问题

"多元一体"是中华民族作为一个自在自觉民族实体的基本文化格局,"多元"和"一体"辩证统一,你中有我、我中有你、不可分割,只有切实把握好了"多"与"一"的关系,才能正确把握共同性与差异性的关系、中华民族共同体意识和各民族意识的关系、中华文化和各民族文化的关系、物质和精神的关系,避免出现创建工作中强调差异而弱化一体的问题,出现处理特殊性与普遍性时政策方向上的偏差。同时,我们在对共性与个性的把握中找到适度的结

合点，在政策落地、宣传教育、材料汇报、外部氛围营造上都强化了对"度"的把握。体现为在创建氛围适度、得当的基础上，不一味强调地方文化与民族特色，大力挖掘各民族交往交流交融的历史事实，突出各民族共享的中华文化符号、中国风、中国味，加强传播推广，融入各族群众日常生活，推动各民族文化互鉴交融、创新发展。只有方向正确了，才能在"守正"的基础上谈"创新"。

（三）拔高创建工作政治站位，解决好"以果代因"的问题

"以果代因"指部分单位过于看重创建的结果，为了创建而创建，将创建工作之"因"政绩化、结果导向化，忽视民族团结进步创建工作的真正出发点，即紧扣一条主线铸牢中华民族共同体意识，构筑中华民族共有精神家园，加强各民族全方位交往交流交融，实现"两个共同"，增强"三个离不开""四个与共""五个认同"。针对上述问题，在民族团结进步提档升级的过程中，我们注重去引导创建单位将地方民族团结进步创建融入国家民族团结进步事业之中，将地方创建工作成绩归结到社会主义制度的优越性上，拔高创建工作的政治站位，以质量为导向从"做得好"走向"做得更好"，坚决避免牌子到手、创建到头。获得命名不仅是对过去成绩的肯定，更是对未来工作的鞭策，是创建工作的新起点。

（四）通过大众化创建推进铸牢中华民族共同体意识大众化，解决好发动群众不足的问题

当前，党委统一领导、政府依法管理、统战部门牵头协调、民族工作部门履职尽责、各部门通力合作的大统战格局已较完善，统战、民族工作部门履职尽责、真扎实干。不足之处在于，全社会共同参与尤其发动群众大合力创建的力度不够，不利于形成全社会共同参与的新时代党的民族工作格局。为将铸牢中华民族共同体意识大众化切切实实落到实处，我们以各族群众为主体，找准民族团结进步创建工作与人民群众心理的契合点和情感的共鸣点，做到党委领导、基层落实、群众拥护，做好"重在交心"，通过大众化的创建推动铸牢中华民族共同体意识的大众化。

（五）点线面结合，解决好片面理解全面创建的问题

经民族团结进步创建第三方评估、测评和调研发现，部分基层领导认为全面创建就是要将力量平均地用在每一个单位或点位上，结果人财物力跟不上，一段时间以后对示范创建失去信心。该情况系将全面创建片面理解为面上的"全面"所致，仅从字面上解读了"全面"两个字，受到固化思维的局限。全面创建，不仅指要抓全域，更要抓示范，重点跟进示范圈、带、区与示范点，

通过点、线带动面，点线面结合落实全域创建，为深入持久地推进民族团结进步创建工作打下扎实基础。

（六）创新创建联盟理论与实践，解决好创建联盟理解偏差的问题

一般性的互相学习、经验交流不是创建联盟；纸上谈兵、落实不足也不是创建联盟。基于此认知，我们严格按照国家民委最新测评指标标准，构建"有纵有横""纵横联动协同"的立体创建联盟模式。一是不断突破原有内容、地域与单位的业务界限，创新创建的复合网络，由"单兵"上升为"联合"，在各州（市）形成真正具有示范意义的品牌活动和经验做法。二是放眼全国建立创建联盟，不局限于一域，通过示范点线面的结合和广域的纵横协同联动，推动示范创建工作整体发展、全面发展和系统发展。三是将创建联盟的特色和创新一步步扎实地落到实处，真正发挥示范带、圈等创建联盟推动铸牢中华民族共同体意识实践的叠加效能，在扩大影响和创建实效上开新局。

（七）实现创建主体实体化和多元化，解决好创建载体不足的问题

如何创新抓手和载体不松劲，是一项需要长期持续不断思考的工作，中观层面我们重点关注了夯实创建主体，从"根"上解决载体不足的问题。一方面，推进创建主体的实体化。各级创建工作机制保障的源头是党政一把手双组长负责制的领导小组，如果不作为，就会成为"文件"上的领导，使统战、民族及各部门的实体工作打折扣。所以，严格落细落实"两个纳入"，将党委和政府的统一、依法领导实体化，健全完善体制机制，真正发挥其责权落实创建极为重要。另一方面，推动创建主体的多元化。范围上在"七进""十进"的基础上将创建向家庭、岗位、个人延伸，内容上以共同富裕为落脚点，推动创建工作融入中国式现代化的全过程，以经济社会发展夯实民族团结进步创建的物质基础。

（八）加强创建理论研究研讨研判，解决好埋头创建的问题

经对痕迹资料查阅、深度访谈、听取座谈会及汇报，多数申报单位谈及的"理论研究"体现为出了问题、追踪问题、解决问题，易停留于救火队模式，埋头创建，以检查、督查、纠察代替研究、研讨、研判，层次较低。针对该问题，我们在各州（市）建成各级铸牢中华民族共同体意识研究基地和中华民族共同体研究中心，注重加强与高校、科研院所的深度合作，积极推动符合新时代党的民族工作要求的话语体系研究，为铸牢中华民族共同体意识实践提供源头活水和智力支撑。

（九）进一步丰富创建手段，解决好创建方式单一的问题

具体方式方法上，我们以加强分类指导，严格动态管理，扩大社会参与，

创新宣传教育的方式，促进各民族在理想、信念、情感、文化上的团结统一为宗旨，展开了系列工作。如对大数据、新媒体、信息技术等现代技术的应用，将大数据技术应用贯穿到分析、监测、调查、研判的各阶段；增加典型故事的挖掘力度，尤其对各民族交往交流交融历史渊源的深入挖掘；提高创建工作项目化管理水平，以具体项目带动人力、物力的整合，优化资源配置，注重过程控制，在创建项目的计划、实施、控制、验收和评价中推动铸牢中华民族共同体意识的云南实践；等等。

（十）实现从"民族团结进步+"到"+民族团结进步"创建思路的转变，解决好创建工作与本职工作如何高度融合的问题

过去创建工作的常用思路是"民族团结进步+"，脱离、虚化或弱化主责主业去谈创建，易陷入"两张皮"的困境。鉴于此，我们将创建思路从"民族团结进步+"转变为"+民族团结进步"，即以铸牢中华民族共同体意识为主题主线，围绕本职工作和主责主业的方方面面全面推进"+民族团结进步"，在与本职工作的相互促进和高度融合中创建，从而有机融入行业领域的中心工作，带来由内而外的变化。

综上，列出成效清单、问题清单，探索机制创新，以更严标准、更高要求、更佳程序，合理推动创建工作的精准提升、精准整改，以质量导向避免突击式创建，遏制政绩化和为创建而创建的势头。不偏离真正出发点，增进各民族群众的共同体理念，坚定其对伟大祖国、中华民族、中华文化、中国共产党、中国特色社会主义的高度认同，加强各民族交往交流交融与互嵌式发展，在共同团结奋斗、共同繁荣发展中不断推进中华民族共同体建设，将地方铸牢中华民族共同体意识成果归结到社会主义制度的优越性上，从而使中华各民族大团结坚如磐石，中华民族凝聚力、感召力、向心力空前增强，中华民族共同体作为利益共同体、政治共同体、文化共同体、命运共同体的各项基础更加牢固，从而推动新时代工作的高质量发展和铸牢中华民族共同体意识思想认知与行动自觉的统一。

第四章

生态示范篇

为全面贯彻落实习近平生态文明思想，中央、云南省、大理州党委民族工作会议精神，以铸牢中华民族共同体意识为根本方向，站位全局谋发展、率先探索创经验、深化内涵树品牌、面向全国做生态示范，大理州探索推进了民族团结进步与洱海保护治理等工作深度融合之路，重点实施六项示范工程，聚焦人与自然生命共同体和中华民族共同体建设，推动各民族政治上团结统一、经济上共同富裕、社会上互嵌互融、文化上美美与共、生态上和谐共生。该篇以大理市为个案，围绕在大理市实施六大示范工程，建设苍洱一体、民族共融的"环洱海铸牢中华民族共同体意识示范圈"展开，呈现了将其打造成具有大理辨识度、全国引领性铸牢中华民族共同体意识的生态示范实践。

构建环洱海铸牢中华民族共同体意识示范圈：
六大工程推动生态文明示范实践

以铸牢中华民族共同体意识为鲜明导向，大理州打造了具有大理辨识度、全国引领性的"苍洱处处石榴红"民族团结进步示范创建品牌，尤其环洱海铸牢中华民族共同体意识示范圈在全国具有唯一性，极具创新性。"苍洱一体、民族共融"环洱海铸牢中华民族共同体意识示范圈统筹人与自然生命共同体、中华民族共同体建设，重点抓牢落实，组织实施了示范圈培根铸魂示范工程、绿色发展示范工程、文化浸润示范工程、互嵌融合示范工程、党建引领示范工程、共治共享示范工程，切实在洱海保护治理中彰显共同体意识，以共同体意识凝聚洱海保护治理强大精神力量。同时，围绕大理市环洱海铸牢中华民族共同体意识示范圈，大理州组织州内八大景区成立了大理州民族团结进步创建景区联盟。环洱海铸牢中华民族共同体意识示范圈用习近平生态文明思想、习近平总书记关于加强和改进民族工作重要思想武装各族人民，站位全局谋发展、率先探索创经验、深化内涵树品牌、面向全国做生态示范，聚焦人与自然生命共同体和中华民族共同体建设，打造了有大理辨识度、全国引领性的示范工作品牌，在民族团结进步创建、高原湖泊治理等方面，为省内其他高原湖泊示范圈、带的创建与治理提供了经验借鉴，做到了全国唯一、高级创新。

一、实施苍洱党建引领示范工程

1. 在强化党的理论武装上做示范。把学深悟透习近平生态文明思想、习近平总书记关于加强和改进民族工作的重要思想及考察云南重要讲话精神对大理工作所做的重要指示批示精神作为首要政治任务，严格落实第一议程制度，常态化跟进学习习近平总书记最新重要讲话和理论文章，与开展"大理之问"大讨论和推进"两个革命"开展"学做"活动紧密联系起来，完整准确全面领会，深刻把握其核心要义、精神实质、丰富内涵和实践要求，坚持用习近平总书记新思想来观察大理、解读大理、思考大理、发展大理。

2. 在切实提高政治站位上做示范。牢记习近平总书记"把云南建设成为我国民族团结进步示范区""一定要把洱海保护好"的殷殷嘱托,结合深入学习党史、新中国史、改革开放史、社会主义发展史学习教育,教育引导党员干部忠诚拥护"两个确立",不断增强拥护核心、跟随核心、捍卫核心的思想自觉政治自觉行动自觉,始终把民族团结进步示范区建设和洱海保护治理作为最大的政治责任和最高的政治看齐,始终把落实总书记指示视为最大光荣和最大责任,以最大决心和最大努力落实总书记指示,奋力把习近平总书记为云南为大理擘画的美好蓝图早日变为现实,让"苍山不墨千秋画、洱海无弦万古琴"的美景永驻人间。

3. 在强化基层党建引领上做示范。坚持以党建为引领,结合实施"智慧党建"三年行动计划、城市基础党建示范引领行动等工作,深化基层党建与民族团结进步、铸牢中华民族共同体意识、洱海保护治理等融合推进,加快推进周保中纪念馆等创建申报为国家、省民族团结进步教育基地。健全完善基层党的民族工作网络和运行机制,充分发挥基层党组织在促进民族团结进步、带领群众共同致富、共同保护治理洱海、维护社会和谐稳定、开展反分裂斗争等方面的战斗堡垒作用,着力培树打造一批"苍洱石榴红"双融合双推进示范典型。以党建带群建,深入开展"大理之问"大讨论"我为群众办实事"、在职党员"双报到"服务、"干部规划家乡"等活动,发挥大理"阿鹏金花"志愿服务、"金花"宣讲团、巾帼志愿服务队、青少年志愿服务者等的积极作用,开展形式多样的宣传宣讲、志愿服务,用群众的话讲理论,用身边的事说政策,把党的声音传递到家家户户,把党的主张和决定转化为群众的自觉行动,不断夯实铸牢中华民族共同体意识的群众基础,让苍洱大地成为党的民族政策和党的领袖光辉照耀的美丽幸福家园。

二、实施苍洱转型发展示范工程

1. 在洱海保护治理中彰显共同体意识。始终牢记习近平总书记的殷殷嘱托,认真践行"两山"理论,以创建全国民族团结进步示范市为抓手,强化苍山洱海与各族人民是一体、共生的理念,做好绿水青山就是金山银山转化文章,结合开展创建国家级洱海保护绿色发展示范区,将洱海保护治理与民族团结进步、铸牢中华民族共同体意识有机结合、深度融合、互促共进。对标在全州全省率先实现农业农村现代化目标,把推动洱海流域转型高质量发展作为贯彻落实党的民族政策的大事要事来抓,促进洱海流域特别是生态廊道周边农业高质高效、农业宜居宜业、农民富裕富足,系统谋划、统筹推进、一体推进落实"五创两争"工作，在苍山洱海一体化保护治理和民族团结进步创建一体推进的生动实践中，一体打造国家级洱海保护绿色发展示范区、铸牢中华民族共同体意识示范圈，使各民族在"望得见苍山、看得见洱海、记得住乡愁"中增强情感联系，产生心灵共鸣，达到精神相依。使各民族在共同守护洱海、创造幸福生活的美好历程中守望相助、手足相亲，牢固树立"三个离不开"思想、增进"五个认同"，合力争创"国家生态文明建设示范市""全国民族团结进步示范市"。

2. 以共同体意识凝聚洱海保护治理强大精神力量。强化顶层设计，科学编制苍山洱海一体化保护治理、民族团结进步示范区建设等规划，切实将改善民生、凝聚人心作为推动以绿色为底色的高质量发展的出发点和落脚点，赋予其彰显中华民族共同体意识、维护国家统一、反对分裂和民族团结进步的意义，做到一体规划、一体部署、一体推进、一体考评。打造以点穿线、以线带面、以面连片的环洱海铸牢中华民族共同体意识"示范圈""示范带""示范长廊""示范联盟"，形成共同保护、共同发展、共同富裕的命运共同体，努力在推动边疆民族地区高质量发展上闯出新路子，在推动绿色发展上迈出新步伐，在建设民族团结进步示范区上取得新成效。充分发挥州市铸牢中华民族共同体意识主题教育馆的主体宣传教育功能，发挥大理州铸牢中华民族共同体意识研究基地的理论阵地作用，提升大理大学、州市党校（行政学校）"基层党建、生态文明、民族团结"三大教育品牌效用，坚持把生态文明、铸牢中华民族共同体意识等纳入党员干部教育和国民教育培训体系，深入挖掘生态环境保护与民族团结进步的特色亮点，打造古生村、南五里桥、云南顺丰洱海环保科技股份有限公司等一批生态文明建设、民族团结进步现场教学基地，全方位、多角度宣传好洱海保护、民族团结、铸牢共同体意识的工作成效，讲好大理新故事，使生活方式绿色化成为全民行动，汇聚起全社会共同践行习近平生态文明思想和关于加强和改进民族工作重要思想的强大合力，促进各民族在中华民族大家庭中像石榴籽一样紧紧抱在一起，形成共同、自觉参与洱海保护的良好风尚，为打赢洱海保护治理攻坚战凝聚磅礴的精神力量。

三、实施苍洱文化浸润示范工程

1. 强化铸牢中华民族共同体意识宣传教育。成立大理市铸牢中华民族共同体意识宣讲团，组建宣讲员队伍，采取专题辅导、主题报告、授课培训等方式，深入机关、乡村、社区、学校、企业、宗教活动场所等进行中央民族工作会议精神、习近平总书记关于加强和改进民族工作的重要思想，以及铸牢中华民族共同体意识的宣讲宣传，把铸牢中华民族共同体意识的重大意义、丰富内涵、理论创新、工作重点、思路举措讲清楚，把"中华民族是休戚与共、荣辱与共、生死与共、命运与共的共同体""我们辽阔的疆域是各民族共同开拓的，我们悠久的历史是各民族共同书写的、我们灿烂的文化是各民族共同创造的、我们伟大的精神是各民族共同培育的"等重大理论实践问题讲清楚，教育引导各族群众，特别是青少年牢固树立中华民族是一荣俱荣、一损俱损的命运共同体，清楚认识中国、中华民族、中华文明和中国各民族之间的关系，树立正确的国家观、民族观、历史观、文化观、宗教观。

2. 弘扬中华民族伟大精神。在各民族群众中深入培植和践行社会主义核心价值观，大力弘扬以爱国主义为核心的民族精神，继承和弘扬各族人民在历史长河中共同培育形成的革故鼎新、勇于发明的伟大创造精神，勤劳坚韧、自强不息的伟大奋斗精神，齐心协力、同舟共济的伟大团结精神，向往美好、不懈追求的伟大梦想精神。在"四史"学习教育中，继承和发展党领导人民在各个历史时期斗争中形成的伟大建党精神等精神谱系。大力挖掘和讲好"南诏德化碑""苍山会盟碑"等大理各族人民心向国家统一、维护民族团结的好故事，创造性传承和发扬以张伯简、周保中、王德三等革命前辈为代表的红色革命文化和爱国主义情怀，用共同理想信念凝心铸魂，赓续精神血脉。大力弘扬以改革开放为核心的时代精神，激励各族人民更有信心地共同迈进全面建设社会主义现代化国家新征程。结合"大气明理、崇尚礼仪、诚信进取、德化和谐"的大理精神，加强现代文明教育，深入实施文明创建、公民道德建设、时代新人培育等工程，引导各族群众在思想观念、精神情趣、生活方式上向现代化迈进。在机关单位、乡镇（街道）、村（社区），开展党的民族政策理论"百场万人"大宣讲活动，大力宣传弘扬张理南、杨春霞、杨海涛等先进事迹，彰显新时代榜样力量，汇聚强大精神力量，画好最大同心圆。

3. 增强中华文化认同。实施全媒体传播工程，树牢一盘棋思想，在主要交通出入口、主要路段、重点区域、旅游景区等地，统筹规划建设一批体现各民族共享的中华民族共同体意识，具有中华文化特征、彰显中华民族视觉形象的文艺作品、宣传广告、标识标牌，把中华文化深厚内涵融入生产生活中，不断增强各族群众对中华文化、中华民族的认同。在各级各类学校全面深入开展形式多样的铸牢中华民族共同体意识主题教育和社会实践活动，全面开展诵读经典和铸牢中华民族共同体意识说课比赛，培树打造州民族中学、市少艺校、下关三小等一批示范学校，让中华民族共同体意识根植于青少年心灵深处。实施文化惠民工程。积极支持以图书馆、文化馆、科技馆、非遗传习馆为重点的城乡文化基础设施建设，沿洱海生态廊道打造一条集美术馆、博物馆、音乐厅等在内的文化艺术长廊，加大文化交流互鉴，不断丰富和发展各民族共享的中华优秀文化。鼓励各民族优秀文化传承保护和创新交融，加大传统村落民居保护，打造一批具有影响力的"乡愁大理"样板。在宗教界深入开展"爱党爱国爱社会主义"主题教育及共度传统佳节、共享中华文化等活动，结合"七进"宗教活动场所、"和谐寺观教堂"创建等，深入宣传党的民族宗教政策理论和法律法规，进一步激发宗教界人士爱党爱国爱社会主义的热情，在宗教界不断铸牢中华民族共同体意识。

4. 凝聚感恩奋进强大合力。结合喜迎党的二十大召开，利用三月街民族节、民族团结进步日等节庆活动，充分利用网络新媒体平台，广泛开展"中国梦""自强、诚信、感恩""建党百年·幸福大理"等全媒体主题教育，大力宣传中国共产党领导全州各族人民翻身做主，走上社会主义康庄大道，过上幸福安定小康生活的光辉历程。大力宣传在党的民族政策光辉照耀下，各族干部群众在洱海保护、脱贫攻坚、绿色发展、乡村振兴等重点工作中，共同守护共有精神家园、创造幸福生活的美好历程，引导各族群众从身边的新发展新变化新生活切身感受习近平总书记和党中央对大理的亲切关怀，使"感恩共产党、感恩党中央、感恩总书记"成为各族群众的共同心声，不断夯实铸牢中华民族共同体意识的思想基础。认真组织宪法宣誓、入党入团入队仪式等，通过公开宣誓、重温誓词等形式，强化国家意识和共同体理念。在大凤路、兴盛路等主要道路沿线悬挂国旗、中国结。依托周保中将军纪念馆、湾桥镇古生村、洱海科普中心、生态廊道等红色基因和优势资源深入开展红色教育和爱国主义、社会主义核心价值观、国家安全、国防教育，将中华民族共同体意识根植于各族群众心灵深处，激发共鸣共情，不断增强各族人民的凝聚力和向心力。

5. 精心组织开展系列主题宣传活动。加大媒体宣传力度。继续与国家、省州媒体和新媒体开展常态化、多样化合作，进一步深化与中国民族报社、今日民族杂志社等的合作，建立覆盖面更广、程度更深、影响力更大的宣传模式，不断扩大环洱海铸牢中华民族共同体意识示范圈的影响力和示范引领作用。认真做好云南日报报业集团"魅力大理·团结之光"专栏，与中央媒体合作开展"铸牢中华民族共同体意识看大理"大型全媒体主题宣传活动，在州市媒体开设专题专栏，广泛深入宣传大理民族团结进步、铸牢中华民族共同体意识的好故事、新形象。利用各级各部门政务新媒体、商业自媒体平台等各类媒体，播放民族团结进步、铸牢中华民族共同体意识宣传片、微视频、公益广告等，通过多种形式的社会宣传和媒体宣传，做到广播有声音、电视有画面、报纸有文章、网络有故事，形成人人爱团结、事事讲团结、处处显团结的浓厚氛围。

四、实施苍洱互嵌共融示范工程

1. 建立城市流动人口服务管理体系。建立三级联动机制，深化全国少数民族流动人口服务管理示范市建设。将少数民族流动人口服务管理工作纳入全市流动人口管理和基层社区治理体系建设大局，建立完善市（区）、乡镇（街道）、村（社区）三级民族工作联动机制，加强以社区为单元的基层民族工作，动态掌握少数民族流动人口情况，帮助少数民族群众解决生产生活实际困难，及时妥善化解和处置矛盾纠纷，为少数民族群众更好地融入大理、大理更好地接纳少数民族群众营造良好环境。深化区域协作机制。积极落实大理州与攀枝花市等4州市及与昆明等13个州市分别签订的合作协议，扎实做好与州内11个县签订的少数民族流动人口服务管理联动协作协议，不断拓展城市流动人口流出地与流入地工作联系协作机制，建立更高层次、更宽领域少数民族流动人口服务管理跨省、跨州、跨市协作机制，建立社区服务管理平台和制度机制，推动实现信息互通、平台共用、资源共享、共建共创。打造社区服务平台。结合深入实施"3323"行动计划，建立少数民族流动人口基础信息数据库，设立社区少数民族流动人口服务管理联络服务站（点），开设少数民族服务通道，开通服务热线，设置便民服务卡，编印服务手册，为少数民族流动人口提供登记办证、劳动就业、子女入学、法律援助等均等化公共服务。坚持以铸牢中华民族共同体意识为主线，多层次多渠道多样化开展民族团结进步教育服务活动，为少数民族流动人口提供职业技能、自主创业、法律法规、国家通用语言文字方面的教育培训，积极开发适合少数民族流动人口的就业岗位，利用好信息化服务平台和便民窗口，使少数民族流动人口享受一站式服务、网上服务、"两微一端"服务、预约服务等，推动实现线下服务"只进一扇门、最多跑一次"，线上服务"一次登录、全网通办"，帮助他们尽快融入城市生活。引导少数民族群众积极参与社区建设。通过开展结对子、手拉手、心连心、送温暖等一系列文化交流、民族联谊、互帮互助等活动，建设各民族共居共学、共建共享、共事共乐的共有家园，让各族群众亲身感受到"美丽湖区、公园城市"大家庭的温暖，不断提升城市少数民族流动人口的归属感、幸福感和安全感。

2. 构建互嵌式社会结构和社区环境。认真贯彻落实《城市民族工作条例》和《关于加强和改进少数民族流动人口服务管理工作的实施意见》，以巩固提升全国少数民族流动人口服务管理示范市为抓手，将基层民族事务融汇于基层社区工作中，充分考虑不同民族、不同区域的实际，统筹城乡建设布局规划和公共资源配置，完善政策举措，健全完善市铸牢中华民族共同体意识示范社区创建联盟运行机制和平台，积极与州内、州外县市成立创建联盟，互学互鉴，充分发挥城市和社区在促进各民族广泛交往交流交融、铸牢中华民族共同体意识中的重要平台作用。结合开展"书记院坝协商会""我为群众办实事"等活动，打造特色服务品牌，在社区形成你中有我、我中有你，谁也离不开谁的多元一体格局，不断夯实铸牢中华民族共同体意识的社会基础。

3. 广泛开展各民族交往交流交融系列活动。把"五创两争"作为提升城市管理水平的重要抓手，以创建全国文明城市为引领，加强新时代公民道德建设，深化群众性精神文明创建，推动新时代文明实践中心建设提质增效。健全志愿服务体系，打造"阿鹏金花""苍洱石榴籽"等志愿服务品牌，建设诚信大理，全面提升社会文明程度。全面推广普及国家通用语言文字，尊重和保障少数民族语言文字学习使用，以语言相通促进心灵相通、命运相通。广泛开展群众性交流活动，打造"中华民族一家亲，同心共筑中国梦"系列教育活动平台，规范开展"接对子""手拉手""心连心""一家亲"等多层次多领域多样化的民族联谊活动，增进各民族感情交流。把爱国主义，中华民族共同体理念、元素融入新时代文明实践中心建设、志愿服务、精神文明建设等工作之中，体现到广场舞、文艺演出、体育竞技等群众性文化、体育、民俗活动之中，引导各族群众自我宣传、自我教育、自我提高，不断以"三交"增进民族团结，铸牢中华民族共同体意识的群众基础。

五、实施苍洱共创共建示范工程

1. 推进创建工作全覆盖。以全国民族团结进步示范市创建领航全域创建，将创建工作与以绿色为底色的高质量发展要求融入融合，突出铸牢中华民族共同体意识鲜明导向，以民族团结进步创建"十进"为主阵地、主渠道，推动创建工作下沉到基层政法单位、新经济组织、新社会组织、窗口单位和其他事业单位、民间团体，延伸到家庭和岗位，着力创新载体、提质扩面，创建一批民族团结进步创建"十进"示范带、圈、廊、点，充分发挥宣传教育作用，年内高标准、高质量打造 20 个以上示范效应明显、特色亮点鲜明的民族团结进步、铸牢中华民族共同体意识新示范典型，推动创建工作走深走实，为环洱海铸牢中华民族共同体意识示范圈提供坚实支撑。

2. 培树打造创建新品牌。深入推进"+民族团结进步"，把民族团结进步、铸牢中华民族共同体意识与基层党建、乡村振兴、洱海保护、文旅产业、社会治理等有机结合起来，打造特色亮点，在不同领域做精做实工作品牌。做亮"党建+民族团结进步"品牌，深化"坚持党建+民族团结进步"双融合双推进，结合开展"一圈一带"洱海流域生态文明党建示范区等工作，将党的民族政策法规和铸牢中华民族共同体意识学习培训纳入理论中心组学习、"三会一课"、主题党日和各类教育培训，推进党的民族工作全领域延伸，打造南五里桥、古生村、桃源"一路两中心"等一批示范典型。做亮"爱国教育+民族团结进步"品牌，将铸牢中华民族共同体意识纳入教育教学计划，广泛开展说课比赛、诵读经典、中华民族一家亲等主题活动，在各级各类学校全面开展铸牢中华民族共同体意识教育，把爱我中华、中华民族共同体意识的种子埋入每个孩子心灵深处。做亮"乡愁大理建设+民族团结进步"品牌，牢记习近平总书记"一定要把洱海保护好"的殷殷嘱托，在民族团结进步示范创建工作的同步推进中，让城镇居民"望得见山、看得见水、记得住乡愁"，实现人与人、人与自然的和谐相处。努力走出一条以人为本、四化同步、优化布局、生态文明、文化传承的大理市特色新型城镇化道路。做亮"文旅+民族团结进步"品牌，深化与大理旅游集团共建共创，在主要景区景点建设中华文化视觉形象工程，持续开展民族团结进步、铸牢中华民族共同体意识导游讲解培训、比赛，在打造"一带三道十八廊"世界级康旅项目、推进5A级苍山洱海大景区建设中，把大理民族团结进步、铸牢中华民族共同体意识的好故事、好声音传递给广大游客、各族群众，打造景区景点促进各民族交往交流交融工作品牌。做亮"乡村振兴+民族团结进步"品牌，扎实推进民族团结进步与乡村振兴、平安乡村建设三融合三推进，全面推进"五大振兴"，加快创建美丽集镇、美丽村庄、美丽庭院，建设一批有影响力的"乡愁大理"样板，打造环洱海美丽乡村和民族团结进步示范带，让各族群众的获得感成色更足、幸福感更持续、安全感更有保障。做亮"同心共筑+民族团结进步"品牌，组织发动新经济组织、爱心企业家、宗教代表人士等广泛开展扶贫帮困、捐资助学、公益慈善和技能培训，提升"大理好人"品牌形象，激发全社会共同参与民族团结进步创建、铸牢中华民族共同体意识的积极性、主动性，让广大群众成为中华民族共同体建设的主体。

3. 深化拓展创建新领域。着力打造一批可复制、可推广的主题主线突出的民族团结进步示范创建系列工作品牌，推动创建工作由"民族团结进步示范"向"铸牢中华民族共同体意识示范"转变。持续巩固提升以"十进"为重点的全国、省级民族团结进步示范单位创建成果，不断深化主题内涵，创新载体方式，全面提质增效，逐步将其创建为全国、省级铸牢中华民族共同体意识"示范点（单位）"。按照"两城一区"规划布局，打造"大（大理市）祥（祥云县）巍（巍山县）一体化"交往交流交融"示范带"。以路好景美为目标，把大凤路、大丽路、机场路建设成为美丽公路景观视廊，把农村公路建设成为

"四好"自然风景线，把洱海生态廊道、辖区主干道和农村公路沿线，打造成为各具特色的铸牢中华民族共同体意识"示范带""示范路"。充分发挥已命名的全国、省州民族团结进步示范单位的引领示范作用，打造以下关片区为中心辐射洱海周边乡镇（街道）、以乡镇（街道）为中心辐射周边村（社区）的民族团结进步和铸牢中华民族共同体意识"示范圈"。扩展联建联创，打造一批跨区域跨部门的具有标杆性的"创建联盟"，打造创建共同体。重点建立大理市与腾冲市、古生村与司莫拉村等跨区域创建联盟，以州企业家协会为主体的企业民族团结进步创建联盟，以大理旅游集团为主体的旅游企业（景区）民族团结进步创建联盟，以州医院牵头的卫生健康系统民族团结进步创建联盟，以州民族中学牵头的各级各类学校民族团结进步创建联盟，以万花社区为龙头的社区创建联盟，等等，广泛拓展建立各行业系统领域的创建联盟，相互学习、取长补短、互促共进，不断夯实铸牢中华民族共同体意识的社会基础。

六、实施苍洱共治共享示范工程

1. 大力营造民族工作法治环境。全面贯彻党的民族政策和法律法规，把民族事务、洱海保护治理纳入共建共治共享的社会治理格局。不断强化执法责任制，积极推进执法规范化建设，健全案件查处、移交、督查工作机制，完善行政执法程序。强化对行政权力、司法权力运行的监督制约，全面完成行政执法与刑事司法"两法衔接"；弘扬社会主义法治精神，推动国家工作人员学法用法、人民群众学法守法，长期坚持开展洱海保护治理的法治宣传教育，开展法律服务进村居活动，鼓励律师事务所与社区、村委会长期结对，提供法律咨询服务，引导群众依法表达利益诉求，预防和化解各类社会矛盾纠纷；积极推进司法体制改革，优化、调整司法资源配置，满足司法机关办案要求，营造平安、公正的法治环境，着力提升司法公信力。加快推进全国市域社会治理现代化试点工作，坚持和发展新时代"枫桥经验"，畅通和规范群众诉求表达、利益协调、权益保障渠道，依法保障各族群众合法权益，依法打击各类违法犯罪行为，做到法律面前人人平等。健全完善基层党组织领导下的村（社区）民主议事制度、矛盾纠纷调处机制、帮扶机制等乡村治理体系，提升村（社区）服务能力、自治水平和管理水平。尊重和包容差异性，注重对各民族在饮食服饰、风俗习惯、文化艺术、建筑风貌等方面的保护和传承。常态化开展民族团结进步和生态环境保护法规、政策、知识等宣传教育活动，不断增进各族人民"五个认同"和国家意识、公民意识、法治意识、生态环境保护意识，营造社会各界共治共享的良好氛围，提升公众满意度。深入开展宗教界爱党爱国爱社会主义主题教育，教育引导宗教界与党同心同德，与人民同心同向，共同致力于洱海保护治理，共同致力于中华民族共同体建设，为实现中华民族伟大复兴贡献力量。

2. 全力维护社会和谐稳定。不断健全完善长效管理制度机制，定期开展民族宗教领域影响团结稳定因素风险隐患矛盾分析研判处置工作，积极稳妥处理涉民族宗教因素的意识形态问题，依法加强对互联网涉民族宗教类话题的管理，形成有利于铸牢中华民族共同体意识的正能量、好声音，使互联网成为铸牢中华民族共同体意识的最大增量。坚决反对和纠正针对特定民族成员的歧视性行为，依法打击破坏民族团结、传播极端思想和制造分裂的违法犯罪活动，持续肃清民族分裂、宗教极端思想流毒，守好守住意识形态阵地。加强社会治安防控体系立体化智能化建设，深化"雪亮工程"，着力提升民族宗教事务治理现代化水平，为打造环洱海铸牢中华民族共同体意识"示范圈"营造良好社会环境。

综上，在环洱海铸牢中华民族共同体意识示范圈的实践中，大理州坚持"共抓大保护、不搞大开发"，把建设"美丽湖区、公园城市"摆在突出位置，将习近平生态文明思想融入产业结构、生产方式、生活方式、空间格局之中，强化苍山洱海与各族人民是一体共生、和谐共融的理念，推进洱海保护治理与民族团结进步、铸牢中华民族共同体意识有机结合、深度融合、互促共进，着力构建生态共同体，共同打造环洱海铸牢中华民族共同体意识示范圈，推动洱海高水平保护和流域高质量发展。坚定不移践行良好生态环境是最普惠的民生福祉的理念，正确处理生态与民生的关系，建立苍山洱海一体化保护治理与环洱海铸牢中华民族共同体意识示范圈创建一体推进机制，走以绿水青山构筑各民族共有精神家园的共同团结奋斗、共同繁荣发展之路，推动各族群众形成共同保护、共同发展、共同富裕的命运共同体，让洱海这一"高原明珠"在大理州铸牢中华民族共同体意识实践中绽放出更加夺目的光彩，成为构筑中华民族共有精神家园的生态亮点与生活依托。

第五章

交通助推篇

　　大理州历来是一个集多民族聚居、多文化交融、多宗教并存、多语言共通于一体的地方，也是茶马古道的要塞，祥云云南驿、剑川沙溪、大理凤阳邑等村镇都是重要的贸易集散地和咽喉要道，决定了"交通底色"在铸牢中华民族共同体意识大众化和民族团结进步示范创建中具特殊作用，其中铸牢中华民族共同体意识的祥云实践又成为新时代交通示范的典型，该篇即以祥云县云南驿社区与交通局云南驿高铁站为个案展开，呈现了社区与机关以"建设滇西民族团结第一站，打通铸牢中华民族共同体意识最后一公里"为抓手，铸牢中华民族共同体意识的交通示范实践。正是在交通助推下，县级层面倾力打造"一城四区＋一轴两带一盟"民族团结进步示范走廊，为国家实施"大循环、双循环"、"一带一路"建设和孟中印缅经济走廊扣紧关键的一环。

从云南驿到滇西民族团结进步第一站：推动铸牢中华民族共同体意识大众化

一、深入挖掘"古驿道"承载各民族交往交流交融的历史记忆

云南驿是最早叫"云南"的地方，是"云南之源，彩云之乡"云南文化的重要发祥地。云南驿社区位于祥云县云南驿镇北部，坐落在 320 国道旁，距县城 18 公里，距镇政府 3 公里，楚大高速从境内横穿。社区下辖 2 个自然村、9 个村民小组、1322 户，总人口 4709 人。云南驿历史悠久、文化底蕴深厚，是"西南丝绸之路""蜀身毒道"和"茶马古道"上的重要驿站，"随风潜入夜，润物细无声"，千年文化浸润使历史上途经云南驿的商贾马帮络绎不绝，云南驿成为茶马古道上最重要和最繁华的货物集散地，每天从云南驿经过的大小马帮二三十伙，无数马帮促进了不同文化的交融。古驿道铺就的是石板，连接的是民心，自唐宋以来延续 1000 多年，在汉、藏、白、纳西和彝等民族之间发挥着重要联系作用，自古以来，南来北往、东来西去的商人、旅客在这里交会、交流、交融，古驿道留下了各民族和谐相处的深深烙印。这里自古就是滇西军事和交通中心，"二战"时期作为抗战生命线"驼峰航线"和"滇缅公路"上的重要驿站和补给线，曾担负着中国战局成败、民族存亡的使命，发挥了重大的作用。基于这段历史，2005 年建成了二战中印缅战区交通史纪念馆，它是云南驿各族人民"不畏牺牲、团结一致、众志成城、同仇敌忾"崇高爱国主义精神的集中体现。马帮文化博物馆与二战中印缅战区交通史纪念馆隔街相望，它们都呈现各族人民"不畏艰险、艰苦创业，奋勇争先、开拓创新"的精神。

习近平总书记曾指出："文化是一个民族的魂魄，文化认同是民族团结的根脉。"在构筑共有精神家园方面，云南驿社区始终践行文化为民、场馆惠民，让历史文化活起来，把传承弘扬马帮文化、发扬抗战精神贯穿到社区发展的方方面面。一是依托二战博物馆和马帮文化博物馆，开展宣传教育 308 场次，时时

讲抗战精神、人人宣传马帮文化，引导各族群众强化对伟大祖国、中华民族、中华文化、中国共产党、中国特色社会主义的高度认同。二是创新宣传教育方式，组建9支花灯文艺队，将"抗战故事""马帮故事"和中华优秀传统文化相融合，编创好听、易记、易推广的歌舞，在群众中时时传唱，形成共居、共事、共学、共乐的交融氛围，唱响各民族共同团结奋斗、共同繁荣发展的主旋律。坚持创建工作与教育"双推进"。把古驿道承载的和谐包容思想摆在突出的位置，通过教育引导，常态化开展民族团结进步教育进纪念馆、学校、村组、部队，村两委带头学、党员示范学、群众跟着学，全面提高全村党员干部群众思想理论水平，不断夯实铸牢中华民族共同体意识的思想基础。三是坚持文化软件与硬件"双加强"。在古驿道周边新建4个文化广场，配齐广播、体育器材，开展丰富多彩的文化活动，将文化活动场所打造为宣讲宣教民族理论政策法规、民族知识的基层前沿阵地。

在促进各民族交往交流交融方面，云南驿社区以"古驿道"为载体，引导各民族在共同生产生活和工作学习中相互了解、相互尊重、相互包容、相互欣赏、相互学习、相互帮助，不断增进感情，营造尊重各民族文化、尊重差异、包容多样的氛围。通过坚持保护与服务"双提升"，投资8000余万元，在古驿道内进行古建筑的保护修缮和改造，引入文创、餐饮、商业、休闲等元素，打造李家大院、华美餐厅、多彩古驿酒店、杨炳麟故居、关圣殿、天星杆驿站、古街铺子等，提升街区功能与服务意识，搭建各族群众交往交流交融平台。

"中华民族是一个大家庭，一家人都要过上好日子。"在推动中国式现代化民族地区实践方面，云南驿社区以维护好各族人民群众的利益为出发点，着力解决区域发展问题，提高公共服务水平，增进民生福祉，让各族群众共享改革发展成果，切实增强各族人民的获得感、幸福感、安全感，不断夯实民族团结进步的物质基础。一是构建农业全产业链，提高生活水平。以增加各族群众收入为核心，构建种植农业、体验观光农业、畜禽养殖为主，服务游客体验消费为辅的特色农业产业链，形成以蔬菜种植为主打的"一村一品"、以蛋鸡养殖为特色的"一村一特"的产业发展格局。2019年，87户贫困户298人全部脱贫，各族群众的生产生活条件得到极大提升，人民对美好生活的信心更加坚定。二是升级文化旅游产业链，助力乡村振兴。全力推进"云南之源"文化小镇建设，打造以餐饮住宿、文化娱乐和特色旅游商品为主要内容的"一村一业"，完成四线入地通道建设、游客接待中心、民族文化广场提升改造和农耕文化体验区稻田景观打造，完成智慧小镇项目主体建设，接入"一部手机游云南"平台，带领各族群众闯出了一条致富新路子。三是培育物流产业链，经济提档升级。依托铁路、公路的交通枢纽优势和物资集散功能，全力推进物流产业集群发展，做强现代物流产业链，激活发展红利，全面夯实民族团结进步基础。

"船的力量在帆上，人的力量在心上。"在社会治理方面，云南驿社区不断探索民族团结进步示范创建和社会治理现代化双推双促新路径，社区呈现出社会安定团结、人民安居乐业的局面。一是积极探索社会治理模式。秉承"待民轻声细语、帮民春风化雨、为民风雨无阻、济民风雨同舟"的理念，探索"党组织+公益睦邻点"模式，为各族人民群众提供"订单式"的党群、政务、法律、健康、文化、生产生活、村组管理和自治共治等服务，积极构建党组织引领，自治、共治、德治、法治一体的基层治理新体系。开展睦邻活动1758场次，引导各族群众走出家门、会聚一堂，相互沟通、相互学习，群策群力、共同参与家园建设，形成抱团互助、和谐邻里、弘扬文明新风尚，夯实铸牢中华民族共同体意识的社会基础。二是提供坚强有力的法治保障。坚持把全面贯彻执行《中华人民共和国宪法》《民族区域自治法》作为落实民族区域自治制度的重点来抓，广泛开展《民法典》、法治教育进村组活动，积极引导各族干部群众自觉学法守法用法，夯实铸牢中华民族共同体意识的法治基础。三是打造宜居生态环境。先后投入900万元抓绿化、抓硬化、抓亮化、抓净化，对村内小公园、中心广场周边、村庄干道、绿化工程进行提升改造，建立"户分类、组保洁、村收集、镇清运处理"的生活垃圾收运处置机制，全面推进农村生活垃圾治理，持续推进爱国卫生"7个专项行动"和村庄清洁行动，各族群众生产生活环境在示范创建中不断提升。四是抓村规民约促乡风文明。通过组织各族群众代表召开村民代表会议，定规矩、立良俗、破陋习、扶正气，将铸牢中华民族共同体意识纳入村规民约，以规立德滋养文明村风，使各族群众自我管理、自我教育、自我约束，推动村级各项事业健康有序发展。

二、充分发挥交通新站作用，打通"命运与共"的世纪动脉

祥云集中了马帮运输、公路运输、铁路运输、高铁运输和航空运输等不同时代运输方式，是人类交通发展史的活化石，是民族团结进步走廊人文化、实体化、大众化的真实体现。近年来，祥云县以"建设滇西民族团结第一站（高铁云南驿站），打通铸牢中华民族共同体意识最后一公里"为抓手，将民族团结进步创建工作与响应时代需求融合嫁接，打通了与世界接轨的世纪动脉。具体表现如下。

开展"结盟共建"，拓宽区域发展"纵深维度"。构建"大祥巍"一体化发展联盟，统筹优化"大祥巍"中小学、幼儿园一体化布局，以名师送教、互派交流、跟岗研修和校长返聘等举措，加强教育信息资源交换共享；深化"大祥巍"全民健康信息化协同合作，实现医疗健康信息互认互通，提升异地结算服务水平，打造医联体和紧密型医共体；助力"大祥巍"户籍"一元化"管理政策实施，形成来去自由的城镇户籍迁移。积极融入大滇西旅游环线建设，深入实施"物流引领、中心铸造、区域协同、产域融合、城市升级、级差经济"六大战略，培育2个千亿级、4个百亿级、4个五十亿级"244"产业集群，向着"百万级人口规模、千亿级经济总量"的区域产业中心城市和"先进制造业中心、商贸服务国际陆港、产城融合新型城市"目标迈进。

立足"互嵌融合"，架起沟通交流"爱心桥梁"。发扬"一方有难，八方支援"的大爱精神，组建"祥云县援湖北医疗队"，逆行驰援武汉市中心医院，先后派出五批次医疗队员驰援武汉、瑞丽，组织民兵300人参加边境抗疫，共同筑牢疫情"防控墙"。加强沪滇协作，推动祥云与上海互嵌融合，开展就业培训、专场招聘、转移就业等工作，截至目前到沪就业人数24人，省外就业人数170人，省内就地就近就业人数346人。强化对口帮扶，上海九院22批115名专家先后在祥云真情帮扶，新建14个新科室，推广300余项新技术，留下了一支"带不走的医疗队"。深入实施"万企帮万村"行动，84家民营企业结对帮扶136个行政村，其中龙云大有、翼通宏茂公司实施生猪养殖项目，直接带动2706户建档立卡贫困户每年户均增收3000元。

融入"一带一路"，走好世纪工程"丝绸之路"。"一带一路"是中国古代经过中亚通往南亚、西亚以及欧洲、北非的陆上贸易交往的通道。祥云县地处滇西咽喉要地，坐拥"通一线于滇缅，控八州之咽喉"的特殊区位，是国家实施"一带一路"倡议丝绸之路经济带上的重要节点。秉承"和平合作、开放包容、互学互鉴、互利共赢"的丝路精神，筑牢社会根基，探索"企业+商会"创建模式，在华侨、侨眷集中的下庄镇、刘厂镇、云南驿镇设立"侨胞之家"，广泛开展文化交流。走好"丝绸之路"，打造"赢龙""滇丝"牌白丁丝、蚕丝被系列产品，通过ISO质量体系标准认证，荣获云南省农博会"金奖"和"云南名牌农产品"称号，产品远销江浙一带和日本、印度、缅甸等周边国家。2019年，松梅村被农业农村部认定为第九批全国"一村一品"示范村（蚕桑）。

织密交通网络，打通命运与共"世纪动脉"。"民族团结，交通先行。"积极探索"农村公路+特色农业""农村公路+工业""农村公路+旅游业""农村公路+物流业"的模式，实施"人、车、站、路"一体化建设。全县共投入6.7亿元，高质量建设农村公路875.5公里；投入1.27亿元实施自然村公路项目744.7公里，实现了行政村100%通硬化路，自然村100%通达。围绕"大祥巍"

一体化发展战略部署，着力打造"6322"和"954"综合一体化立体交通网络，实现"东融（融入滇中联系昆明）、西承（联动滇西，对接大理）、北联（协同丽攀，北达成渝）、南贯（贯通弥涧，联系临沧）"，建立祥云与全国各地区"共同繁荣发展、共同团结奋斗"的联系纽带。充分发挥独特的区位优势和向西南开放重要窗口作用，以及面向南亚、东南亚的辐射中心作用，不断加强高铁、铁路、公路建设，境内10余条重要公路、铁路交会贯通，形成"米"字形放射式交通网络，纵横交错的县内大通道缩短了时空距离，成为丝绸之路经济带上重要的交通枢纽和商贸物流中心。

三、交通机关扛起政治责任，成为推动铸牢中华民族共同体意识大众化的"前沿哨所"

县交通运输局以铸牢中华民族共同体意识为主线，坚决扛起民族团结进步创建的政治责任，以"不忘初心 牢记嘱托 感恩奋进 交通先行"为行业共创主题，深入贯彻落实习近平总书记关于加强和改进民族工作的重要思想及两次考察云南的重要讲话精神，履行建设交通强国的历史新使命。作为民族团结进步示范机关，其铸牢中华民族共同体意识的实践主要表现为以下几方面。

（一）加强组织领导，健全体质机制

成立了以交通运输局为主导、全系统各行业共同参与的工作领导小组，制定了《祥云县交通运输局党组关于加快推进民族团结进步创建暨民族团结进步创建进机关工作实施方案》，明确责任、细化措施，形成了全行业各领域横向到边、纵向到底、同心协力创建的工作体系，做到了民族团结进步创建工作有组织领导、有工作计划、有安排部署、有督查检查，为铸牢中华民族共同体意识提供了有力的政策支持和制度保障，确保了有条不紊、久久为功地开展创建工作。紧扣"共同繁荣发展、共同团结奋斗"主题，把习近平总书记关于加强和改进民族工作的重要思想列入局党组理论学习中心组学习计划、党支部"三会一课"、职工例会必学内容，在"两学一做""不忘初心、牢记使命"、党史学习教育等主题教育中，专章学习习近平总书记关于铸牢中华民族共同体意识的原创性论断和党的民族理论政策，教育干部职工准确把握民族工作的核心要义，让民族团结进步意识培养抓在日常、民族团结进步言行管理严在经常。近年来，县交通运输局通过党组会议学习关于加强和改进民族工作的重要思想、民族理论、民族政策、民族法律法规和民族基本常识10余次、干部职工会集中学习20余次、党支部书记讲授专题党课5次、党员大会学习5次，每年组织全体干部职工到祥云县红色传承教育基地、祥云县警示教育中心等现场教学基地学习，全系统干部职工和从业人员通过"学习强国""云课堂"等教育平台学习 2000 余人次。通过学习，不断增强了干部职工和行业从业人员对伟大祖国、中华民族、中华文化、中国共产党、中国特色社会主义的高度认同，真正做到交通运输干部职工人人都讲民族团结进步情、人人都说民族团结进步话、人人都做民族团结进步事。

（二）拓展宣传载体，打造行业"宣传高地"

结合行业覆盖面广、流动性大、带动性强等特点，充分利用各种宣传载体，创新宣传方式，将铸牢中华民族共同体意识融入工作日常。一是坚持教育引导，氛围营造全嵌入。以社会主义核心价值观为引领，在局机关办公场所打造铸牢中华民族共同体意识主题墙，在宣传栏和楼道走廊张贴民族团结进步主题海报 8 张，电子显示屏长期滚动播放宣传标语 6 条，将铸牢中华民族共同体意识嵌入机关文化，形成宣传教育常态化，干部职工通过长期学习，思想意识进一步强化。二是发挥行业优势，宣传教育全覆盖。以大众化宣传教育为出发点和落脚点，充分发挥行业优势，做到宣传教育全覆盖。以"人、车、站、路"为载体，在县内公路和铁路客运企业办公场所、客运候车室、售票厅等长期播放宣传音频、摆放宣传海报 26 幅，在县内客运班线车、公交车、出租车车身粘贴民族团结进步宣传画 540 条，在公路巡查中发放宣传资料等，做到行业宣传全覆盖，形成立体化、全方位、多层次宣传格局，将铸牢中华民族共同体意识精神实质和丰富内涵传播给每一位群众，构筑共有精神家园，打通铸牢中华民族共同体意识的"最后一公里"。

（三）注重相融互促，建设团结进步"康庄大道"

认真践行习近平总书记"必须团结带领中国人民不断为美好生活而奋斗""全面建成小康社会，一个民族不能落下"的重要讲话精神，强化融入互嵌，把人民对美好生活的向往作为交通运输的奋斗目标，充分发挥"先棋手"作用，点线面体结合，全面加强交通基础设施建设，建立起各民族休戚与共、荣辱与共、生死与共、命运与共的基础纽带，通过日新月异的路网变化扎实推进各民族共同富裕，为实现中华民族伟大复兴中国梦贡献交通力量，展现交通担当。

以点相连，架起脱贫"连心桥"。交通建设，铺下的是路，着想的是民，通达的是富，连接的是心。祥云县曾是云南省扶贫开发重点县，2017 年以来，全县共投入 1.27 亿元实施脱贫攻坚自然村公路项目 744.7 千米，实现了自然村全部通达。自然村公路的建设改变了贫困地区群众的生产生活条件，为贫困山区、贫困村、贫困群众不断增强"造血能力"奠定了坚实基础。一批批民心工程、一条条脱贫路的实施架起了党心民心沟通的桥梁，更加坚定了各民族群众"只有中国特色社会主义才能凝聚各民族、发展各民族、繁荣各民族"的信仰,扎深了"感党恩、听党话、跟党走"的决心。

以线相交,铺开民族"致富路"。公路通,百业兴。近年来,祥云县深入贯彻习近平总书记关于农村公路发展作出的重要指示精神,在"建设好、管理好、养护好、运营好"农村公路上下功夫,投入6.7亿元高质量建设农村公路875.5千米,全面深化农村公路管理养护体制改革,筑牢农村公路安全"防护网"。全县10个乡镇139个行政村(社区)全部通公路、通客车,各乡镇、村"农村公路+特色农业""农村公路+工业""农村公路+旅游业""农村公路+物流业"迅速发展,东山乡的农产品百合和药材、刘厂镇的红梨和野生菌、云南驿镇的青花椒和蚕桑畅销全国各地甚至远销海外,禾甸镇七宣村的"哑巴节"、东山乡的"百合大赛""拼火节"也吸引着各地游客,民俗文化和民族特色产品销往世界各地。"四好农村路"建设取得了实实在在的成效,"晴天一身土、雨天一身泥"正成为历史,"出门硬化路、抬脚上客车"已变为现实。"四好农村路"不仅让农村更强、农民更富、乡村更美,为农村和群众带去了人气、财气,也为党在基层凝聚了民心。

以面相辅,打通流动"大动脉"。"各民族在社会生活中紧密联系的广度和深度前所未有"离不开高速铁路、高速公路等国民经济大动脉的建设。"十三五"以来,祥云从无到有,开通了广大高铁线,从有到优,320国道提级改造完成,楚大高速复线、宾南高速、既有广大铁路设备补强启动建设,客运枢纽站、楚大高速公路红土坡收费站、云南驿服务区、普淜服务区建成投入使用,大攀高速公路、楚大高速公路板桥收费站改扩建、财富路北延线等启动建设。纵横交错的县内大通道缩短了时空距离,扩大了民族团结进步"朋友圈",破除了祥云与全国各地交往交流交融的距离障碍,建立了祥云人跑天下、各地人民到祥云的紧密联系。

以体相融,织密联系"交通网"。迈入新征程,为推动走向包容性更强、凝聚力更大的命运共同体,围绕"大祥巍"一体化发展战略部署,以促进民族共融共享为出发点和落脚点,祥云着力打造"6322"和"954"综合一体化立体交通网络,实现东融(融入滇中联系昆明)、西承(联动滇西,对接大理)、北联(协同丽攀,北达成渝)、南贯(贯通弥涧,联系临沧),建立祥云与全国各地区"共同繁荣发展、共同团结奋斗"的联系纽带。

综上,要推动地方铸牢中华民族共同体意识实践,就必须紧紧抓住铸牢中华民族共同体意识这条主线,深化民族团结进步教育,引导各族群众牢固树立休戚与共、荣辱与共、生死与共、命运与共的共同体理念,逐步实现在空间、文化、经济、社会、心理等方面的全方位嵌入，不断巩固中华民族共同体思想基础，促进各民族在中华民族大家庭中像石榴籽一样紧紧抱在一起；端正历史文化认知，树立正确的国家观、历史观、民族观、文化观、宗教观，增进对伟大祖国、中华民族、中华文化、中国共产党、中国特色社会主义的认同，铸牢中国心、中华魂，只有这样才能构筑中华民族共有精神家园。要将这些目标落到实处，需要民族团结进步创建全面深入持久开展，真正把铸牢中华民族共同体意识从国家大政方针落实到群众生活中，而纵横交错的交通网络在推动大众化进程中能够也正在起着重要作用。在这里，一条条高质量的大道从祥云伸向全国各地，一条条高标准的柏油路延伸到老百姓的家门口，各民族在这片土地上广泛交往、全面交流、深度交融，这里也正在为实现"交通强国"战略目标、实现中华民族伟大复兴、促进各民族"共同团结奋斗、共同繁荣发展"奠定强有力的交通支撑。

第六章

党建引领篇

基层各项政策最终要靠农村基层党组织来落实，基层党组织以及依靠党组织带动各类社会组织参与发展，是乡村振兴与乡村治理的基础和原动力。该篇以云南省大理白族自治州南五里桥村为个案，阐述了党建引领纵深推进基层党组织和各类组织发挥作用的过程。南五里桥村先后荣获"全国文明村镇""乡村振兴示范村""基层党建与民族团结进步'双推进'示范点""三清洁示范村"等荣誉称号，以该村作为个案较具典型性与代表性。结合该个案党建工作的成功经验，统筹各治理主体，笔者分别从党建引领乡村文化治理载体、民族团结进步事业、产业富村、凝聚农村治理巾帼力量等方面，摸索党建引领纵深推进乡村社会治理与乡村振兴的组织示范实践。该实践推动了产业发展，加快了强村富民步伐，党员干部在急难险重任务中受磨炼、长才干，提升了战斗力，吸引了一大批人才回流，锻造了一支懂农业、爱农村、爱农民的"三农"工作队伍。

党建引领共治：基于大理南五里桥村的组织
示范实践

　　大理镇阳和村委会南五里桥村位于大理古城之南，苍山最高峰马龙峰麓，龙溪河畔，大凤公路以西，与大理大学、大理财校毗邻，地理位置优越。南五里桥村村落形成于唐初，名为宝溪庄，南诏时期大理崇圣寺三塔建设时，采用堆土建塔的方式，土堆向南北五里运送渣土，因此更名为南五里桥村，与北五里桥相对。南五里桥村是一个城郊型少数民族聚居的村庄，村内共有 6 个民族，其中回族占总人口的 80% 以上，全村共有 5 个村民小组、462 户、1573 人，流动人口 47 户 72 人，其中回族 245 户、其他民族 98 户，下设 1 个党支部，共有党员 63 名。

　　近年来，党支部依托地理优势，结合多民族共居的实际，发挥党员先锋模范作用，积极引导村民调整产业结构，成功发展起清真饮食、旅游运输、建筑工程机械等特色支柱产业。在村党支部的带领下，南五里桥村 2015 年 7 月 27 日成立了宝溪庄乡村旅游有限公司，并多方筹措资金将苍洱大道打造成清真食品一条街，目前已有特色民居接待典型户 50 多户，带动村民从事清真餐饮、清真食品加工、家庭小客栈近 102 户，解决劳动力 600 多人，同时利用便捷的交通条件发展旅游运输，拥有各类旅游营运车辆 80 多辆，小轿车、中巴车 300 多辆，去年全村餐饮总收入达到了 3000 万元，在产业发展的带动下，居民生活水平有了很大的改善，老百姓的生活富裕了。按照城乡一体化的要求，南五里桥村农村基础设施建设和公共服务方面也逐渐完善起来，近年来，南五里桥村建设新村"八景"，即"和谐坊""和谐路""清真寺""综合楼""清真美食街""文化广场""昆明伊斯兰教经学院大理分院""大理大学附属幼儿园"，并将它们作为生态休闲观光游的景点。为了美化村内环境，提升村容村貌，南五里桥村围绕"产业、环境、人文、生活"四美建设美丽乡村，投入数百万元，完成村内道路水泥硬化，安装百余盏路灯，做好村容村貌整治工作，修建广场和"古龙亭"，打造了"古井流泉"景观；扎实推进综治维稳工作，建立村综治维稳检测工作室，成立村级综治维稳巡逻队，并安装 62 组视频探头，覆盖无死角，在进村路口设置门卡和岗亭，大大提升了村民的安全感和幸福感。

一、党建引领下建构乡村文化治理载体

党建引领下建构乡村文化治理载体，有助于增强内生动力，通过提供支持和帮助，可以帮助农民建立信心，改变落后的思维方式，提高他们的道德水平和科学文化素养。与此同时，利用建立起的文化基础来催生多样新业态，可取得社会效益与经济效益双丰收。文化建设方面，大理镇制定出台了《大理镇农村文化市场管理制度》，共分为七章五十二条，内容涉及文化市场管理，管理机构及其职责，经营者、消费者的权利与义务，文化娱乐和文化艺术管理，图书报刊管理，音像制品管理和法律责任等方面；乡镇政府与乡村的关系，不仅是单纯领导与被领导、上级和下级的关系，二者更需明确其角色定位。南五里桥村严格遵守大理镇农村文化市场管理制度。在此制度下，南五里桥村的文化市场管理有序，同时在大理镇政府的有力领导下，南五里桥村积极响应党和政府的号召，着手构建乡村文化治理载体，积极实施文化惠民工程，群众参与广泛。在大理镇政府以及南五里桥村村委的领导下，南五里桥村初步构建设了基础的文化设施，为本村村民开展文化生活提供了载体，同时村委会倡导有序开展乡村文化活动，充分调动村民积极性，满足其精神需求。

村委会首先对老房屋进行了拆除，修建综合广场，为村民休闲、活动、停车、红白喜事待客提供了良好的场所，投入 50 万元新建综合楼，内设"农家书屋""为民服务室"等文化设施，"农家书屋"由专人负责，定时定点开放，并制定了相应的管理制度，屋内有农业、养殖业、科技等方面的书籍供村民阅读，丰富了村民的生活常识和农业知识，培养了村民爱学习的良好氛围，不仅起到了为村民科普知识的作用，也起到了增强致富本领的目的；"为民服务室"则由本村党员自愿值班，为村民提供复印、打印的服务，同时订阅报刊供村民阅读，促使村民关心时政新闻、了解民生百态，另外南五里桥村还为少年儿童建设了"少儿之家"，为儿童及其家庭提供多样化服务。南五里桥村把这些活动场所纳入党员"民生实事计划"之中，并按照村民的文化需求逐步完善文化设施。在文化体育活动方面，南五里桥村每年都会定期组织开展文体活动，例如每年不少于 3 次的篮球赛、羽毛球赛等，通过这些比赛，不仅发扬了体育运动积极向上的精神，而且带动了全民参与体育运动的热情；除了体育运动，村里每年都会组织一两次妇女活动，例如"妇女讲坛"，或者组织妇女参加学习活动以及村里的文艺队伍表演，提高其文化素养。

基于此，南五里桥村实现了支部活动场所、老年活动场所、文化屋建设的有机结合，购置办公设施，订阅报纸、杂志及各种图书，制定相应的管理制度，丰富群众的精神生活，在党组织的引领下不断提升村民文化自觉和文化素养。

二、党建引领打造基层党建文化阵地

加强基层党建文化宣传教育，坚持学习先进文化思想，把握发展理念及规律，用先进文化指引基层党建文化阵地建设是新时代对基层党组织提出的新要求，当下中国正面临"百年未有之大变局"，把握先进文化有助于巩固基层党员的思想基础，有助于提升基层党组织的号召力，发挥基层党组织在乡村文化治理中的核心引领作用。

南五里桥村积极探索，充分发挥活动场所多功能、多用处的综合效用，使支部活动室既成为党员活动的阵地，也成为普通村民经常去的活动场所，让南五里桥村党员群众真正实现了"六个不出村"：一是将活动室一楼的部分房间留作村民小组工作室，为村民小组提供议事场所，安排党员义务值守，解决一般情况纠纷，做到矛盾纠纷不出村；二是将闲置的集体房屋整体出租给村民开办惠民超市，价格亲民，让群众不出村就能买到便宜的日用品；三是为群众搭建简易蔬菜交易市场，免费提供给村民进行蔬菜交易，群众实现买菜不出村；四是协调多部门安装缴费机器，不出村即可办理多项业务；五是争取卫生部门支持，设立卫生室，做到小病不出村，并对周边村组起到影响辐射作用；六是在公共活动场所建设安装惠民健身器材，并积极组织开展群众性文体活动，村民不出村就可以开展丰富多彩的文体活动。充分发挥活动场所作用，能够使党建文化与乡村文化相结合，造福村民。与此同时，南五里桥村依托党史学习教育，宣传党建文化，以"四步走"开展了特色鲜明、形式多样的党史学习教育，与"我为群众办实事"实践活动、"新班子新气象解难题"等活动结合起来，助推党史学习教育落地落实，夯实党建文化阵地。在村支部的倡导与鼓励下，推行党员自愿报名到活动场所义务值班联系服务群众制度，严格落实"三会一课"制度，严格落实党风廉政行为准则，加强党史学习教育，创新党课方式方法。南五里桥村党支部党建工作的有效开展，为当地文化建设工作的顺利开展提供了坚实保障，打造了党建文化新阵地。

三、党建引领推动三治融合

（一）发挥组织堡垒作用，调动乡村自治活力

1. 民主选举。在我国农村地区，民主选举是村民自治的前提和基础，村民同时拥有选举权与被选举权，这种政治参与使村民们可以直接选举出信赖的领头人及团队，这种重大事务的决策有利于促进农村社会和谐。南五里桥村在自治的过程中着力完善实践流程和制度规范，选举程序严格按照党中央要求，保证群众利益最大化，确保选举的合法有效。在关于选举过程特色与优势方面，南五里桥村支委 HJ 认为："一般的支部书记选举都是差额选举，是由上级提出名字，后由党员群众讨论，对其中认可选民进行提名。第二个是无记名表决，就是谁的票最多，谁就当选，采用的是无记名投票，本村 63 个党员都有这个权利，跟一般的选举比较更民主化，更体现党员的意志。"在谈到主要村干部需满足什么条件时，南五里桥村支委 HJ 认为分几个方面："第一个方面，党性如何？政治责任、政治敏感度如何？是否与中央保持高度一致？这是最基本的条件；第二个是有没有实干精神，能否带领广大群众增收致富，这是对支部书记的要求，必须要有带头致富的能力，有这个能力，就有说服的能力；第三个是善不善于团结各族人民群众，我们选支部书记不光是针对党员，还有这个村的所有农民，本村拥有 6 个民族，不可区别对待。"① 通过访谈发现，南五里桥村每位村民在民主法治维护下均享有选举权与被选举权，并且能够基于日常生产生活及对公共事务的认知参与到乡村自治中。在法治的约束下，道德声望高、拥有更多支持者，同样体现法治与德治对自治过程的影响。

2. 村规民约的实施。2018 年底，民政部牵头制定《关于做好村规民约和居民公约工作的指导意见》②，对村规民约的基本程序、核心内容、工作落实等方面作出具体要求，为村规民约在全国范围内的基层普及奠定了基础。在自治的过程中，能够使全体村民达成一定共识的就是村规民约，也是习惯法，从属性上看这是一套经过共同制定、遵循、监督的日常行为规范准则，致力于引导全体村民崇尚公序良俗、抵制陈规陋习，具有道德教化和法治规约的特点。在农村基层党组织的指导下，在新时代党建引领多元共治的条件下，村规民约也是

---

① 访谈资料来源：访谈对象 HJ（回族），男，69 岁，南五里桥村支委。访谈地点：大理市南五里桥村。访谈时间：2022-04-08。

② 2018 年 12 月 27 日民政部、全国妇联等 7 部门联合出台《关于做好村规民约和居民公约工作的指导意见》。

全体村民进行自治、法治、德治的乡村治理实践。南五里桥村 2011 年新农村建设初期制定了第一版 8 条《南五里桥村村规民约》，2014 年美丽乡村建设时修改为 18 条，2020 年 1 月为了促进南五里桥村的社会治安综合治理和精神文明建设，增强法治观念，根据有关规定精神，结合南五里桥村生活习惯，经村民讨论及村委会批准，特制定了 21 条村规民约，并于 2020 年 2 月 1 日生效实施。南五里桥村通过指定村规民约来实现有效率的自治，并将村民的行为分为积极和消极两种，对值得鼓励赞扬的行为给予奖励肯定表扬，对不提倡的行为进行批评警告和适当罚款，通过正反两方面的制度表彰来引导村民改变生活习惯，促进思想转变，同时南五里桥村在加强农村思想道德建设，形成良好家风方面，深入开展党员致富示范户、十星级文明户等精神文明创建活动，用机制来弘扬和倡导中华民族优良传统美德与科学文明的生活方式。以"平安家庭"评选为抓手，充分发挥妇女在创建中的作用，由妇女代表提名，村民小组组织农户进行互评，确定候选家庭，村委会审核后将候选家庭上报大理市妇联和大理市综治办审批。笔者调研发现，当前该村已有 90 户取得"平安家庭"称号，大大提高了村民参与平安创建活动的主动性和积极性；坚持抓宣传，抓整治，抓载体，抓提升，抓管理，倡导文明新风，社会公德、家庭道德得到弘扬，全力打造文明村镇实践园。近 5 年，村里没有发生过一起刑事案件、矛盾纠纷基本在村里就全部化解完毕。"平安家庭"创建就是南五里桥村抓实"枫桥经验"的一个有力举措。

（二）发挥组织堡垒作用，焕发乡村治理活力

1. 落实网格化管理。网格化管理的概念是从互联网领域演化而来，其本质是通过资源共享和组织协同，来实现管理效率的提高，网格化管理是新形势下我国基层治理的一项创新，它将社会治理和服务的重点放到基层，借助信息化手段整合一定区域内的信息资源，提高基层治理工作效率和服务质量，这既是一条有效途径，也是维护社会大局和谐稳定和长治久安的重要手段。

大理镇阳和村委会共六个网格，南五里桥村为第一网格，村党支部始终坚持以党建引领基层社会治理网格化服务管理工作，把支部建在网格上，推进"市域现代化"治理，将党群服务中心、综治服务中心、网格服务管理中心"三中心"合一，充分应用信息化技术，打造网格化管理平台。2011 年，南五里桥村安装 24 个安防监控探头。2013 年，该村将监控设备全部改造成 200 万像素以上。随后，筹集 46 万多元资金，设置室外 LED 显示屏 1 块、灯杆 LED 显示屏 14 块，在村庄路口、主要道路和广场等公共区域安装 86 组视频监控探头（其中 8 组为人脸识别），实现了监控全覆盖，能有效预防公共安全事件的发生，同时

提升技防效能配套，建成 1 个综合治理服务站、2 个服务点，如有安全隐患发生，服务站点视频监控系统能第一时间发现，护村队员 5 分钟内即可骑摩托车到达现场处置，为村庄安上"平安之眼"，打造"天网"；积极开展"值班党员+护村队员+治安志愿者"治安防范、治安巡逻的"三加"模式，配置警棍、手电、对讲机、治安志愿者袖标、电瓶巡逻车等必要警务装备，建立日常守护巡逻、联合巡防等工作机制，夯实"地网"；完善党建引领网格化管理机制，按照"布网、划格、定人、明责"的思路，号召所有党员及村内贤人成为网格员，健全"人网"。南五里桥村第四网格长 MYT 表示："我是南五里桥村第四网格的网格长。第四网格现有村民 104 户 310 人，其中党员有 10 人。为了让基层治理常态化、网格管理规范化，在日常的网格工作中我们积极总结经验，及时掌握网格动态信息，尤其是针对疫情防控，让组织、党员、群众三者团结合作，共同防疫，在网格内一是积极开展日常环境消毒和排查工作，二是定期积极宣传推送最新防疫相关信息，三是及时掌握网格内人员疫苗接种情况。"① 网格员是网格化管理的核心人物，南五里桥村党支部号召所有党员及村内贤人成为网格员。在日常的网格工作中，各网格员需做到采集基础信息、了解村情民意、调解矛盾纠纷、服务特殊人群、巡查社会治安、倡导文明新风、代办居民事项、进行科学防疫、宣传政策法规等，要更好更规范地服务群众，发挥好先锋模范作用。

2. 加强普法宣传。南五里桥村为增强全村群众的法律意识，加强基层普法宣传，推进基层法制进程，让村民树立法治意识、了解法律知识，打造了木质仿古回廊建筑的"法治长廊"，长廊上的对联"宣法律持公道惩恶扬善树正气，化纠纷解矛盾细雨和风润民心"，代表着村民对普法宣传和矛盾纠纷调处化解的期待。长廊共有固定法治宣传栏 28 块，内容包括习近平总书记关于依法治国的重要论述、与村民息息相关的《民法典》相关条例，还有相关法治典故、名言等多项内容。每块宣传栏均将枯燥的法律知识进行归纳总结，并配以漫画，使得其通俗易懂，深受村民的喜爱。这个长廊不仅是法治宣传阵地，还是村民的休息场所，在这里经常组织党员干部学习《民法典》《刑法》《治安管理处罚法》等法律法规，组织村民集体观看"3·15""12·4"晚会。

南五里桥村在法治方面最突出的一个表现是六和调解室，"六和"既拥有鹤鹿同春的寓意，也是村内 6 个民族和谐共处的生动写照。南五里桥村调处矛盾纠纷历史悠久，在村子西边苍山最高峰马龙峰下龙溪畔的一块雷打石上还留有

---

① 访谈资料来源：访谈对象 MYT（回族），女，32 岁，南五里桥村第四网格长。访谈地点：大理市南五里桥村。访谈时间：2022-04-08。

这样一个"县正堂公示",即"龙溪水出南门外七分,出河三分,此判。——道光四年(1824年)示",当时天气干旱,田地无水灌溉,庄稼大面积干旱枯死,但龙溪水量充沛,为争夺灌溉用水,南门村白族群众与南五里桥村回族群众多次发生冲突,后来在双方乡绅的奔走调解之下,由当时的县令主持调解,最终以"三七分水"判令让群众灌溉用水问题得到妥善解决,有效避免了少数民族群众之间的冲突,白、回两个民族和睦相处至今。南五里桥村的调解工作也希望以史为鉴、以和为贵,在这里,党员调解做表率,阿訇调解显特色,最基础的调解员就是网格管理员,若网格员难以调解则上报到调解室进行调解,调解成功的可以现场通过法院的云平台进行司法确认,进一步为调解结果提供法律保障。南五里桥村支委 HJ 在谈到六合调解室时讲:"我们村有六个民族,那么在六合调解室我们也配备了六个民族的调解员,任何小问题都能在村里面的六合调解室解决,并且老百姓在需要调解时,可以有权利选择他们喜欢的认可的,认为有说服力的调解员进行调解,充分发挥了民主性。"①

(三)发挥组织堡垒作用,挖掘乡村治理定力

1. 开展道德讲堂。"道德讲堂"最初是在江苏省常州市开展的试点建设,其核心理念是在公民中汲取精华和力量后再将"道德的种子"撒播到公民中去,这不仅有助于继承中华优秀传统文化,也是对广大人民群众生活水平的提高及经济社会发展的回应。场地大多设立在我国的基层单位,在这里可以对亲友、邻里甚至陌生人等群体用最朴素的语言来讲述道德故事,营造良好的社会氛围,不断提升群众的科学文化素养。南五里桥村定期开展道德讲堂活动,每季度均开展一次,并利用此平台开展乡贤文化进讲堂、让道德模范与村民群众进行互动、歌唱爱国歌曲、朗诵国学经典、观看道德短片等系列活动,使群众在潜移默化中不断提升文明素养。另外,南五里桥村搭建思想道德建设新平台,将村级思想道德建设的内容项目化、实践化;还有个别基层党支部创新性地将道德讲堂与微型讲堂内容、党员远程教育、"双惠"教育活动相结合,紧密结合党的各项方针政策,不断提升各族干部群众的思想道德素质,不断促进全村精神文明的健康发展。

2. 倡导移风易俗新风。南五里桥村进一步规范村民行为,倡导文明新风,厉行节约、反对浪费。成立村民理事会,督促自然村将移风易俗事项纳入村规民约,充分发挥村民议事会作用,有效推进了村各项工作深入开展。2016 年 7

---

① 访谈资料来源:访谈对象 HJ(回族),男,69 岁,南五里桥村支委。访谈地点:大理市南五里桥村。访谈时间:2022-04-08。

月 18 日表决通过《南五里桥自然村关于移风易俗客事从简的规定》，制定 15 条章程规范，在村民委员会统一指导下，党员带头遵守规定，由本村村民理事会管理，村民监事会监督，通过文艺表演、宣传栏、微信公众号等形式广泛宣传，改变群众错误观念。理事会制定红白事的办理流程、标准要求及奖惩规定，纳入村规民约并公示上墙，在公示栏公示之后，让村民了解从简规定及流程，对于违反规定的事主给予 500 到 2000 元罚款，办客场所使用费和违规罚款，由本村村民理事会收取和管理，用于本村办客场所建设，并向村民公开使用情况。另外，结合村实际，推动农村移风易俗，积极宣传政策，了解群众意愿，多次召开村民代表会议，最终成立了大理市首家集体经济股份合作社，通过改革赋予农民更多权利，不断壮大集体经济，解决了农村集体资产产权归属不清晰、权责不明确的问题。

南五里桥村支委 HJ 在谈到移风易俗时讲："村里有一家娃娃要结婚，虽然家里也不是很有钱，但是为了面子上过得去，在村子里有地位，就打算摆三四十桌请客吃饭。后面村领导听说这件事后都来劝导那家的老人，说现在提倡勤俭节约，没必要大规模地搞了，而且村里面的村民理事会也会帮忙，最后在村民理事会的帮助下，娃娃结婚办事的钱节省了好多。"

移风易俗能够推动社会文明进步，也是乡村治理的关键一环，随着时代的发展，一些不适应新时代的旧风俗必须彻底改变，南五里桥村所有党员干部以签名的形式向全村人民承诺，带头遵守有关规定，让新理念新思想扎根在群众心中，逐步消除以往不良风气，优化社会环境和政治生态，为乡村德治营造良好的社会风气。

3. 评选先进模范，树立典型榜样。在我国，模范是指在各个领域能够引领众人、做出贡献的群体，在我国道德模范是指具有良好道德修养的人，能够在其岗位上无私奉献、发挥正能量的人。我国始终将评选道德模范作为地方政府重要的日常工作，但是绝不仅是简单的评选颁奖，在评选后，需要对道德模范进行线上线下宣传，向社会传播道德的种子，营造良好风气。道德模范必须是实实在在我们身边的"真人"，而不能是虚无缥缈的"纸人"。南五里桥村在德治方面，以树牢"民族团结、爱国爱教、干部表率、共同富裕、热心公益、讲究卫生、和谐家庭、敬老尊贤"以及南五里桥"新八德"为载体，注重发挥道德模范的宣传作用，党员带头实施"民生实事计划"。例如：促进村里共同富裕的党总支书记马武超，切实关爱弱势群体，带头建设村级保障性住房，并无偿提供给村内特殊困难群众居住；马丽被大理市评选为"抗疫最美家庭"，她始终冲在战"疫"一线，践行初心使命，为打赢疫情防控阻击战贡献了自己的力量；

热心公益的老党员合杰，得知邻家小女常因语文、数学跟不上而被父母指责，便每天晚上到其家中帮助指导，最终使其顺利完成初中学业走向社会；爱国爱教乡贤张金勇在村里德高望重，是爱国爱教的楷模，他从教39年，学生遍及全国各地，个人条目被收入《共和国专家成就博览》等30余部辞书，他认真履行职责，化解矛盾，促进民族团结进步，维护社会稳定，多次被评为先进个人；敬老尊贤的马红军，自2018年9月起就无偿地在上下学时间帮助孩子们过马路，风雨无阻，无怨无悔坚持了三年多。榜样的力量不断影响着村民，逐渐在南五里桥村形成团结互助、扶贫济困、平等友爱、融洽和谐的良好风尚，为共筑美好精神家园发挥了重要作用。

四、党建引领社会组织参与发展

（一）政府、社会、个人"三位一体"参与治理

为了解决乡村治理面临的种种问题，维护乡村社会的繁荣与发展，南五里桥村探索出"三位一体"参与治理模式，"政府职能部门、社会民间组织、个人力量"三者相互配合，更好地实现治理。

从政府层面来看，在当前社会阶段，政府依旧保持行政主体的核心地位，一是作为乡村公共服务者，有向乡村提供公共服务、化解矛盾、维护秩序的职责。自1954年首份《政府工作报告》发行后，"重点工作"一直是基层政府的核心任务，这主要是指基层政府在规定时期内，不计成本全力投入重点工作范围的乡村治理事务，包括提供公共基础设施、公共产品、公共规范等。乡村治理工作涉及社会生产、生活的细枝末节、方方面面，如此复杂的环境，单一主体是很难独自完成的，因此密切联系群众成为重点。在调查研究的同时，解决群众的民生问题，从而有效率有针对性地提供公共服务是政府应当做到的；二是作为多元共治的组织者与实践协调者，随着我国乡村的内外部变化，乡村逐步出现了多元化价值表达及利益诉求的群体，亟须权威主体对其进行正确引导和行为规范，而拥有丰富乡村治理经验的政府职能部门，在多元主体参与治理的基础上，通过出台相应的制度化法治化标准从而保证公平性，才能体现由多元主体参与治理向多元共治的转变价值所在；三是作为乡村治理矛盾纠纷的权威化解者，这种权威不仅要承担防范化解矛盾冲突和解决的工作，还需保持中立性，保持"适度"原则，并为乡村社会治安稳定提供制度规范和规则支撑。

从社会民间组织层面来看，社会民间组织在多元共治治理格局中扮演着公共服务者和社会资本建设者的角色，广义上来讲，民间组织是由公民自愿组建，

除党政机关、企事业单位以外的社会中介性、非营利性社会组织，南五里桥村的社会民间组织是多元共治的重要组成部分。一是南五里桥村清真敬老院。敬老院是人道主义关怀的典型表现形式，此敬老院专注于离休退休的老年人、孤寡老人等群体，辐射范围狭至大理市广至全国范围，离清真寺近的目的是方便老人去做礼拜，这所敬老院的经济收益只需满足日常开销即可，因为在村里人看来，这所敬老院所涵盖的社会效益要远大于经济效益，清真敬老院虽更强调服务有清真饮食需求的回族人，但是本着民族团结一家亲的原则，更愿意吸纳各民族有需求的老人来此养老，敬老院的这种行为体现了南五里桥村乡村治理传承"尊老、敬老、爱老"的中华民族传统美德。二是南五里桥村的餐饮协会。自 2013 年清真美食街成立后，政府不仅鼓励就业创业，而且给予一系列的福利待遇政策，如免除三年税费、简化开店手续等，几年后，本着规范性制度化的原则，政府需要对零散商户进行统一登记管理，这就催生了南五里桥村餐饮协会，由南五里桥村马永华担任餐饮协会秘书长，由美食街各店推选的代表作为成员，成立了餐饮协会，按照市委市政府的要求，自 2019 年后，清真美食街内的所有门店都补齐补全了开店手续，全部拥有营业执照，厨师方面餐饮协会不仅有专门的业务培训，而且监督厨师拿到相关资格证及执照后方能上岗，调研中发现这些商户和厨师平时忙于生意没时间去跑业务办手续，均由餐饮协会统一办理，只需把相关佐证材料交给餐饮协会的管理人员，然后踏实回家赚钱即可，餐饮协会为这些商户提供了便利条件，得到了村民的一致好评，而且餐饮协会也是非营利组织，他们不仅不收取商户的费用，而且发扬餐饮文化，为乡村治理加"菜"。三是南五里桥村寺管会。清真寺民主管理委员会也是社会民间组织，是国家规定的清真寺管理组织。

　　南五里桥村支委 HJ 谈到"寺管会"时讲："我们寺管会在管理上实施国家和地方两套办法，包括国家的宗教事务管理条例、换届和管理职权的规章和要求，寺管会的成员由民主投票产生，有 3 至 5 年的任期，组织架构由主任、副主任、出纳、会计和若干委员组成，主要负责管理清真寺的人事和财务，寺管会的收账和出账非常严格，收支记录会年审并定期公布，寺管会作为一个社会性质的机构被严格监督和管制，包括寺管会主任在内的所有会员都不求劳务报酬，只负管理的责任。"① 清真寺是穆斯林的宗教活动场所，寺管会的成立在方便穆斯林群众实施宗教活动的同时也具有监督职能，例如，做礼拜要交"天

---

① 访谈资料来源：访谈对象 HJ（回族），男，69 岁，南五里桥村支委。访谈地点：大理市南五里桥村。访谈时间：2022-04-08.

课"，"天课"是阿拉伯语的意译，含"纯净"之意，伊斯兰教规定，当穆斯林个人资产超过限额时，需按比例缴纳课税，用于施舍贫困及有需求者，即每年都要在能力允许的情况下进行"天课"功修，这些钱不能是借来的，必须是合法来源的钱财，房子车子首饰等财产不算，得是闲置的钱中拿出一部分来，这些所缴纳的"天课"课税也会纳入寺管会来记录管理，寺管会引导宗教坚持宗教中国化方向，宗教的群众性能够使宗教成为一种强大的社会力量，而寺管会的存在能够避免用行政手段解决宗教与社会的冲突矛盾，为乡村治理化解矛盾、维护稳定做出贡献。

从个人层面来看，乡贤文化是中华民族传统文化的根基，过去乡贤拥有较高的社会地位，可参与地方事务决策，因此在乡村治理的过程中，积极吸引乡贤，使他们为乡村治理贡献力量与智慧，对探索多元共治具有深刻的意义。笔者所调研的南五里桥村高度重视乡贤工作，并建立健全保障机制，召开宣传动员会议，深入宣传乡贤工作的重要意义，成立村乡贤工作领导小组，建立并完善乡贤参事、乡贤对话、乡贤回馈、乡贤服务等机制，按照大理镇的要求，制定了《南五里桥村乡贤文化的实施方案》，成立"乡贤宣讲团"，着力打开全村乡贤回归的窗口。农业种植是改革开放前南五里桥村主要经济收入方式，改革开放后则以"马帮文化"传承的交通运输业为主，但经济收入偏低，无法满足村民们美好生活的愿景。MCW 同志是南五里桥村乡贤的领路人，毕业于大理南五里桥清真寺阿拉伯语专科学校，后在外经商，2007 年 MCW 回村后，凭借其在大理商界的名望，以及自身所拥有的物流企业，不断给有困难的弟兄致富架桥铺路。他还热衷慈善公益，南五里桥村支委 HJ 谈到他时这样讲："MCW 同志非常热衷慈善事业，他的父母分别是生产队长和妇女委员，父母的善良铸就了他自立、顽强的性格，父母从小就教育他做人一生保持善心才是本，要与人为善，要诚信待人，精诚所至金石为开。后来热爱慈善事业的他为大理南五里桥经文学校、阳和完小捐助的资金就有 100 多万，为南五里桥村的绿化、美化、亮化捐赠了 30 多万元，为各种慈善事业捐款 50 多万，转型升级的慈善文化更是使其捐款数额每年够达到 200 万元左右。"①

（二）乡村妇女组织议事助力共治

农村妇女是乡村治理的主人翁之一，是乡村多元共治的重要力量，农村妇女参与乡村治理有广义和狭义之分，广义是指农村妇女知政、议政和民主参与

---

① 访谈资料来源：访谈对象 HJ（回族），男，69 岁，南五里桥村支委。访谈地点：大理市南五里桥村。访谈时间：2022-04-08。

乡村政治活动；狭义是指农村妇女通过进入农村基层党政、自治组织等机构参与民主政治活动。① 作为乡村基层工作的重要力量，农村妇女在经济、政治、文化、社会等各个方面发挥着越来越重要的作用。为切实发挥妇联在党群工作中的桥梁和纽带作用，构建妇女参与社会治理的有效载体，笔者调研的南五里桥村成立了大理市首个自然村妇女议事会，其是一种在基层党组织领导下，由妇联组织牵头，以村（社区）妇女执委为骨干，以普通妇女群众为主要议事群体的议事形式，作为村两委下属的妇女组织，共有 11 名成员，其中 9 名女性，妇女议事会将议事成员覆盖 7 个网格小组，能及时掌握妇女所需，寻求解决之策，发挥自治在市域社会治理中的基础作用。日常工作中，在村党总支书记领导下，由村妇联主席牵头，妇联执委及各小组小组长组成，分网格进行管理，采取多种方式协调解决家庭纠纷，每月定期组织开展议事活动；在议事过程中，遵循议题、过程、结果公开的原则，采取身边事现场议、疑难事上门议、突出事专门议等形式，突破了过去家长里短、柴米油盐的议事局限，把议事范围拓展到社会治理、文明建设等多个方面，让村民由"被动接受的观众"变为"主动参与决策的主角"。妇联主席 YXM 谈到妇女议事会时讲："自我们村妇女议事会成立以来，每个月在开展活动前，我们议事会成员都要先开一次策划会，主要针对妇女儿童弱势群体，我印象最深刻的一次是 2022 年 5 月，在完成上级要求的'三访四查五看六保'工作时，我们村妇女议事会发挥妇女的优势作用。在新冠肺炎疫苗的接种中，像有些老人尤其是老年妇女不太方便，其子女又在外务工，如村里一位叫 MHN 的孤巢老人，因其属于老年人群体，自身去不了，妇女议事会知道这件事之后，第一时间去她家，把她搀扶上车，送她去进行新冠肺炎疫苗的接种，在这个过程中全程陪护她，在接种完后又把她安全送回家。"②

南五里桥村坚持"党建"带"妇建"，自妇女议事会成立以来，为广大妇女提供了一个"话有处说、怨有处诉、难有处帮、理有处讲"的平台，解决了很多关系妇女群众切身利益的问题，及时将矛盾纠纷等不稳定因素解决在萌芽状态；南五里桥村还设有巾帼志愿者服务制度，在村党总支部的领导和阳和村妇联的指导下，由村妇女自愿报名参加，扩大了妇女民主参与的程度，受到了全村群众的好评。

南五里桥村妇女儿童维权服务工作站也是该村"党建"带"妇建"的实

---

① 吉志强. 现代乡村治理视域中的农村妇女政治参与[J].中共山西省委党校学报，2013（03）：61-65.

② 访谈资料来源：访谈对象 YXM（回族），女，52 岁，南五里桥村妇联主席。访谈地点：大理市南五里桥村。访谈时间：2022-06-15。

践，由大理市公安局、检察院、法院、大理镇妇联、法阳律师事务所等部门人员组成，在宣传方面，维权站依托妇女之家、巾帼大讲堂等阵地，按照自然村网格化管理分工，联合自然村妇女议事会成员抓好男女平等基本国策的宣传工作，突出抓好妇女儿童权益保障、预防拐卖、预防青少年性侵、反电信诈骗、消防安全、平安家庭建设等法律法规的宣传教育，截至目前共组织开展 300 人次宣传培训，发放宣传材料 1000 余份；在工作调解方面，维权工作站成立以来，采取分类处理、各部门共同发力的工作模式，共调处婚姻家庭、孩子抚养、财产分割、精神损害赔偿、继承、征地补偿分配等问题 15 件；同时维权站还根据实际情况，做好跟踪帮扶和后续服务工作，截至目前共帮助 20 名留守、贫困老年妇女儿童联系到"爱心食堂"免费就餐，帮助 5 户解决了危房改造，入户开展走访调查和普法宣传 500 人次。

习近平总书记曾指出，"我国社会主义政治制度优越性的一个突出特点是党总揽全局、协调各方的领导核心作用，形象地说是'众星捧月'，这个'月'就是中国共产党。在国家治理体系的大棋局中，党中央是坐镇军帐的'帅'，车马炮各展其长，一盘棋大局分明，如果出现了各自为政、一盘散沙的局面，不仅我们确定的目标不能实现，还可能引发不可估量的后果"。① 在大理州的乡村，这个概念尤为凸显，"月"和"帅"即农村基层党组织，"众星"即多元治理主体，农村基层党组织是保障，不仅可以使我国农村增收致富，也能在一定程度上加强党的领导，起到掌舵和模范带头的作用。南五里桥村高度重视组织振兴，发挥老党员、老干部、新乡贤、各类志愿者的积极性，在治安巡逻、环境保护、创建文明城市、民族团结进步示范创建等方面，落实"一把手"职责制，实行领导干部综合治理"一岗双责"制度、述职报告制度、重大事件领导责任追究制度和群众评议治安状况制度。同时，在党建引领的带动下提供更广阔的平台及空间，完善和充分发挥"三治融合"的治理结构，加强文化建设，整合政府、社会、个人"三位一体"参与治理体制机制，发挥女性议事制度优势，把提高人民生活幸福指数作为工作的目的及归宿，在取得良好社会效应和发展效应的同时，亦使得基层组织更加有力。

---

① 王香平．中国共产党的领导是中国的最大国情、最本质特征[J]．红旗文稿，2016（23）：12-14+1．

第七章

实践逻辑篇

　　实践理性是伦理学和社会学研究的重要范畴，基于布迪厄实践理论视角，该篇以地处滇西的巍山县民族团结进步示范创建实践为个案展开田野调查，围绕场域、惯习和资本对个案铸牢中华民族共同体意识实践的表征、发展与逻辑进行梳理与阐释。期望通过民族学与社会学的交叉研究，探索以民族团结进步示范创建为重要抓手铸牢中华民族共同体意识的规律与启示，推动民族地区铸牢中华民族共同体意识大众化。同时，以地方经验对马克思主义民族理论与政策中国化研究进行资料补充，以西南边疆实践同布迪厄理论展开本土对话。

铸牢中华民族共同体意识的实践理性研究：
基于民族团结进步示范创建的巍山实践

作为当前民族工作的主题主线，在铸牢中华民族共同体研究方面，其范式总体上可归结为理论、历史和现实三类。理论模式主要关注中华民族共同体的概念、内涵和思想由来，历史范式则将中华民族共同体意识作为意识范畴探究其形成和发展的历史土壤，现实范式则主要从新时代民族理论和民族工作实践出发探讨铸牢中华民族共同体意识的有效路径。自中共中央办公厅、国务院办公厅联合印发《关于全面深入持久开展民族团结进步创建工作铸牢中华民族共同体意识的意见》（中办发〔2019〕65号），更多学者投身于中华民族共同体研究和民族团结进步事业，近年来相关研究数量虽大幅增加，但以地方民族团结进步示范创建为个案从实践理性视角切入的研究尚无。所以，从场域、惯习、文化再生产等实践理性的核心概念入手，对铸牢中华民族共同体意识实践进行内在逻辑的梳理与阐释，具一定理论意义与现实价值。基于此，调研组以云南省大理白族自治州巍山彝族回族自治县为田野点，自2020年开始对其民族团结进步示范创建展开近两年的田野调查，具体使用了文献法、实地观察、深度访谈、座谈会等调查技术。巍山县历史悠久，系云南省设置郡县最早的地区之一，作为南诏国的发祥地、古都、茶马古道重镇和彝族寻根祭祖圣地，清代曾被御封为"文献名邦"，民国元年设蒙化府，民国三年改设蒙化县，1954年改名为巍山县，1956年实行民族区域自治，成立巍山彝族回族自治县。2012年4月，巍山地方政府积极响应云南省委、省政府的决策和号召，在省内率先启动了民族团结进步边疆繁荣稳定示范区创建工作，2014年被国家民委命名为第二批全国民族团结进步创建活动示范单位，其永建镇被评为全国民族团结进步创建之星，以该县作为个案较具典型性。期望通过民族学与社会学的交叉研究推动民族地区铸牢中华民族共同体意识的大众化，同时以地方经验对民族理论与政策中国化进行资料补充，以西南边疆实践与布迪厄实践理论进行对话。

一、场域、惯习与资本：铸牢中华民族共同体意识的实践表征

中华民族共同体意识发轫于古代华夷民族共同体时期，在近代民族国家的建构进程中逐步形成，中华人民共和国成立后得以发展、深化。[①] 从"华夷一统""天下观"等思想的传承、近代中华民族自觉意识的觉醒，到中华民族多元一体格局形成理论，再到铸牢中华民族共同体意识的原创性提出，关于中华民族共同体的话语表述逐步完善。基于铸牢中华民族共同体意识由实践上升为理论的特点，民族地区铸牢中华民族共同体意识的实践逻辑亦应由浅入深，首先体现于其表征。笔者认为，最基本的表征是实践场域，以及基于其发生作用的惯习与资本。

（一）复合场域在实践中交织

"场域"是布迪厄社会学的一个关键空间隐喻，[②] 他将场域定义为各种位置之间存在的客观关系的网络或构型，[③] 实践发生于被称为"场域"的结构化斗争领域，[④] 即多种关系相互作用的空间。布迪厄提出的"场域"概念，主要从结构主义角度将象征性商品的生产与消费联系起来，笔者认为"场域"概念不必局限于经济领域，亦可聚焦于具体的文化事项，如个案铸牢中华民族共同体意识的社会实践。个案以民族团结进步示范创建为重要抓手开展铸牢中华民族共同体意识工作，涵盖了一系列复杂的社会关系网络和社会空间，主要体现于政治、学术、社会、教育场域及其他。政治场域系由各级部门、相关工作人员构成行政关系网络和共治共享共赢的社会空间；学术场域主要为共同体建设提供理论支撑；作为铸牢中华民族共同体暨民族团结进步示范创建的基础性场域，社会场域基于每一个个人，发生于乡镇、社区、街道、企事业单位、机关、连队军警营、家庭、宗教活动场等各个社会单位；教育场域则指铸牢中华民族共同体意识的教育与宣传网络。以上四种主要场域在实践中又相互交织，发挥着铸牢中华民族共同体意识的不同作用。当地政府力求推动跨区域、跨部门、跨

① 王文光，徐媛媛. 中华民族共同体意识形成与发展的历史过程研究论纲[J].思想战线，2018（02）：70-74.

② ［美］戴维·斯沃茨. 文化与权力：布尔迪厄的社会学［M］. 陶东风，译，上海：上海译文出版社，2006：136.

③ ［法］皮埃尔·布迪厄，［美］华康德. 实践与反思：反思社会学导引［M］.李猛，李康，译，北京：商务印书馆，1998：134.

④ ［美］戴维·斯沃茨. 文化与权力：布尔迪厄的社会学［M］. 陶东风，译，上海：上海译文出版社，2006：10.

行业的共建联创和协同示范，使更多群众能参与其中。如永建镇样板示范区建设，以东莲花村为中心打造"五朵莲花并蒂开"的联盟模式，包括回族聚居的东莲花、上西莲花、下西莲、汉族聚居的西南莲花、东北小东莲花五个村。进一步发挥翁家垭口、巍山一中等系列爱国主义教育基地、民族团结教育基地的作用。通过建立铸牢中华民族共同体意识暨民族团结进步示范创建的立体联盟，实现政治场域、学术场域、社会场域和教育场域的交织联动，共同推动铸牢中华民族共同体意识的进程。此外，在不同场域相互交织中，同一个人在不同场域中亦扮演着多重角色。在巍山县东莲花村，ZB（男，回族，49 岁，初中，东莲花村村委副主任，东莲花清真寺管委会成员）向调研组介绍清真寺基本情况时提道："前段时间刚接待过一批专家，我尽自己所能提供了材料。虽然我只是小小的村干部，但从小在这里长大，对村子充满热爱，也相对熟悉，可以说对村子历史文化进行了持续关注或者说研究吧。"

（二）形成于历史生活的惯习融入

场域是构成实践表征的基础，基于场域在铸牢中华民族共同体意识实践中另一发生作用的重要元素是惯习，① 它是历史的产物，按照历史产生的图式，② 产生个人的和集体的实践活动，其形成与特定的历史文化有着密不可分的联系。调研中笔者发现，源于历史文化的惯习是个案铸牢中华民族共同体意识实践的又一要素。其一，实践基础来源于南诏历史文化，而文化元素又依附于公共空间可以表达共享的集体性历史记忆和人文价值。③ 巍山是南诏国的发祥地和古都，南诏文化源远流长、文化内涵多元，是中华文化的重要组成部分，中原文化、氐羌文化、藏文化及南亚、东南亚文化等外来文化在此相互交融，形成了"兼容开放、宽和温馨、和谐诚意、忠勇坚贞、文明图强"的南诏文化。巍山县民宗局 YSZ（男，彝族，48 岁，本科，巍山县民族历史文化研究室主任）在介绍创建工作时谈道："南诏历史文化在促进民族团结进步方面发挥了很大作用，其包容性是维护祖国统一、促进民族团结的基础，将南诏历史文化融入巍山县创建工作尤其群众的日常生活，是我们工作的重要切入点。"问及南诏的历史文

---

① 惯习与习惯的区别：惯习作为性情倾向系统，在客观的社会历史背景中以无意识的方式内化形成，更注重整体性、自发性和社会性，而习惯指个人在长期发展中培养的行为方式，可以为了一定目标培塑形成，更注重个体性和培塑性。

② ［法］皮埃尔·布迪厄，［美］华康德. 实践感［M］. 蒋梓骅，译. 南京：译林出版社，2012：73-36.

③ 杨艳. 独龙族传统生产生活逻辑的价值反思——兼论"美蒂斯"的传承与复兴［J］. 西南民族大学学报（人文社科版），2020（10）：48-56.

化与中华民族共同体关系时，南诏博物馆的解说员 SR（女，汉族，33 岁，本科，南诏镇开南村村民）说："南诏国在实现六诏统一的同时，奉行'独奉唐朝为正朔'，为巩固中原领土完整作出了重要贡献，促进了民族文化与中原文化的融合，促进了各民族历史上的交往交流交融，为铸牢中华民族共同体意识奠定了历史基础。"其二，实践形式来源于日常生活，作为生活文化系统惯习构成于实践活动，且总是趋向实践功能。入户访谈时调研组询问村民通过什么方式学习铸牢中华民族共同体意识知识、了解民族团结进步示范创建工作，ZLQ（女，回族，58 岁，小学，东莲花村村民，家庭主妇）指着庭院中的小喇叭说："我们平时都是听广播，这个小喇叭会提醒我们做礼拜，从里边也常常能听到你们问的铸牢中华民族共同体意识的知识，知道我们县是全国民族团结进步示范县。"很多村民尤其是上了年纪不太识字的老人，都表示自己就是通过平常坐在庭院中听小喇叭来了解当今的国家政策和实事，这种接地气的宣传方式是潜移默化中铸牢中华民族共同体意识的重要工具。

（三）处于重要位置的资本共存

不同资本在场域中处于不同位置，场域的性质和主要特征则取决于处于主要位置的资本。[①] 布迪厄认为资本可分为经济、文化等资本，笔者则认为基于铸牢中华民族共同体意识实践的特殊性和重要性，在此实践场域中共存着政治、象征、经济和文化四类资本。一是政治资本，主要体现在国家和各级地方政府部门的政治行为上，为铸牢中华民族共同体意识、落实民族团结进步示范创建工作颁布的各类政府文件，组建的专项小组，形成的日常机制，宣传政策，如组建"一把手"责任制、制定《巍山县民族团结进步繁荣稳定示范区的实施意见》等推动高质量创建。二是象征资本，讨论社会结构和符号表征体系之间的联系与诸种资本如何获得合法性。具体到个案主要体现于民族团结进步示范单位及个人评选中获得的相关荣誉称号、主题教育馆等传达的文化意义，如表彰 168 家县级示范单位、4215 户民族团结示范户，创建了 75 个州级示范单位，深入挖掘示范典型的感人故事等。三是经济资本，体现为政府划拨的专项创建资金、社会企业帮扶等，如民族团结进步示范创建巩固提升工作与脱贫攻坚工作"双推进"全县共投资 33.92 亿元。四是文化资本，具体到创建工作中如制定"弘扬南诏爱国精神、凝聚团结进步力量"的主导性思路目标，实施少数民族传统文化抢救保护工程项目和少数民族文化精品工程项目，建设民族传统文化传

---

① 宫留记. 资本：社会实践工具：布尔迪厄的资本理论［M］. 郑州：河南大学出版社，2010：13.

承点 6 个和民族文化广场 2 个，完成牛街乡架妈佐（傈僳族打歌）、马鞍山茶春梅文化传承项目、紫金乡泥利午（毕摩文化）等 6 个传习点和青云（彝族打歌）传习中心建设。上述资本并非独立存在，而是通过创建工作实践发生着资本共生能量的变化，政治资本阶段性主导，推动与整合其他资本进入场域，实现铸牢中华民族共同体意识与民族团结进步示范创建工作大众化以后，发挥文化资本、象征资本的重要作用，多种资本互利共存。

二、从自发到自觉：铸牢中华民族共同体意识的实践发展

基于对实践三要素的梳理，以场域、惯习、资本为关键词，笔者进一步探讨了铸牢中华民族共同体意识实践的阶段性过程，概括为由自发到自觉的三个发展阶段，惯习实践、政策实践、日常实践。

（一）萌发：源于自发性的惯习实践

布迪厄认为惯习是一种处于形塑过程中的结构，通过社会化个体生成的过程体现于个体，[①] 是实践的萌发阶段。铸牢中华民族共同体意识实践的形成亦与此息息相关，作为一项人类的实践活动，共同体意识早已在文化资本占据主要位置的场域中自发形成，通过历史自发性形成的惯习促进着各民族的交融，发挥着凝聚民心、促进团结的社会作用，体现最鲜明的惯习实践是节庆，节庆实践源于历史发展中自发形成的社会性活动。如巍山打竹村彝族火把节，相传为纪念南诏火烧松明楼灭五诏刨尸认夫的邓赕诏柏节夫人，也有传说是为祭祀大理彝族腊罗伯的祖先"密枯"，[②] 由祭火神仪式衍生出祭田神祈求丰收，以及各种以避恶、灭虫为主题的系列活动。虽然当地各民族过火把节的时间略有不同，白族是农历六月二十五、永建地区回族和彝族是六月二十四，但一起参与节庆的内容却十分一致。节庆当天，各家各户都要凑柴、出劳动力，在门前竖起小火把，火把顶为升斗形纸扎的火把头，整个火把四周挂满火把梨及糖果，火把头和插在火把间的小彩旗上写着"清吉平安""风调雨顺""六畜生旺""人寿年丰""四季发财"等吉祥语，以村为单位，附近各族群众都聚在火把周围载歌载舞。[③] 访谈过火把节的当地居民时，家住县城西边的 ZZQ（女，彝族，44 岁，

① ［法］皮埃尔·布迪厄，［美］华康德. 实践与反思：反思社会学导引 ［M］. 李猛，李康，译，北京：商务印书馆，1998：184.

② 巍山彝族回族自治县地方志编纂委员会. 巍山彝族回族自治县县志 ［M］. 昆明：云南美术出版社，2020：195.

③ 大理州民族事务委员会. 巍山彝族回族自治县民俗志 ［M］. 昆明：云南民族出版社，2013：220.

小学，巍山古城商户）热情地跟笔者讲道："我们这边各家各户不仅要凑柴，男的还要早上带着米去献祭密枯神，祭毕后大家一起吃饭，然后带着分发的猪肉、稀饭回家，那一天出嫁的女儿要回来过节，村里聚完家里聚，热闹得很。"巍山永建地区凡生小孩的白族人家，还要在庆祝火把节当天蒸一甑子包子请乡亲们同吃。在源于特定历史文化、全民参与、共同劳作、共同分享的社会性节庆实践中，共同体意识自发地得到凝聚。

（二）制度化：探索以民族团结进步示范创建为重要抓手的政策实践

"政策实践"一词由詹森1984年在《社会福利政策理论与实践》一书中率先提出，被界定为"利用思维工作、介入和价值澄清，发展、通过、执行和评估政策"，① 是一个包含着不同发展阶段的系统过程。具体到个案，经过最初共同体意识自发构建的漫长历史进程，党和政府长期致力于探索从民族大团结到以民族团结进步示范创建为重要抓手的铸牢中华民族共同体意识政策实践，重要资本占据主要位置的场域及历史中自发形成的惯习对于政策实践的形成、发展与创新起到了基础性的作用，推动了政策完善，进而形成新的政策实践，其制度化发展具备两个条件。一是让象征资本和经济资本在以"民族团结进步示范创建"为特征的实践场域中形成。2013年，云南省开始实施示范区建设"十县百乡千村万户示范点创建工程"三年行动计划，以点带面形成经验、示范全省。个案基层政府积极响应省委省政府的决策和号召，在全省率先启动了民族团结进步边疆繁荣稳定示范区创建工作，2014年被命名为全国民族团结进步创建活动示范单位，其永建镇被国家民委列为全国民族团结进步创建之星，② 实施了"民族团结生态宜居示范、民族特色文化产业发展示范、和谐寺观创建示范、少数民族劳动力素质提升示范"四大工程，相继制定了《巍山县民族团结进步繁荣稳定示范区的实施意见》等政策文件。二是在民族团结进步示范创建中积极传承具惯习内涵的地方文化，对铸牢中华民族共同体意识政策实践的不断完善与本土化发展发挥了重要作用。巍山彝族的民间舞蹈主要是"打歌"，也称"踏歌"，彝语称"阿克"，"阿"是娱乐的意思，"克"含有砍的意思，起源于古代部落战争，清代绘制在巍宝山龙潭殿内的松下踏歌图就反映了身着不同民族服装的人们手拉手围成一圈共同参与打歌。当前民族团结进步示范创建工作中，基层政府通过组织打歌活动推进民族团结进步事业，巍山古城中的文献广

① 马凤芝.政策实践：一种新兴的社会工作实践方法[J].东岳论丛，2014（01）：12-17.
② 杨锡伟，卜成玉.为全面建成小康社会凝聚强大合力——巍山县创建全国民族团结进步边疆繁荣稳定示范县综述[J].社会主义论坛，2017（06）：36+41.

场、南诏文化广场等多处活动广场，成为彝、白、汉、苗、回、傈僳各族群众携手打歌的重要场所。

（三）大众化：形成铸牢中华民族共同体意识的日常实践

中办发〔2019〕65号文件指出，新时代民族团结进步创建工作要坚持以各族群众为主体，以铸牢中华民族共同体意识为根本方向，以加强各民族交往交流交融为根本途径。以此为指导，巍山县将铸牢中华民族共同体意识深入日常生活，作为创建工作的方向。大三家村是巍山县东部的一个彝族村落，地处高寒山区，村民种植作物以烤烟、粮食为主，过去生产、生活和交通条件相当艰苦，2016年大三家村82户村民完成了易地扶贫搬迁。在这样的一个彝族山村，如何将物质生活得到极大改善提升到"听党话、跟党走、感党恩"、增强"五个认同"，将铸牢中华民族共同体意识落实到大三家村的每个村民身上，是基层政府不断思考的问题，较有特色的举措是通过举办誉为彝族传统文化"活化石"的"赛装节"来推动民族团结进步示范创建。2019年7月26日，巍山彝族"赛装节"暨民族团结进步创建活动月在大仓镇新胜村委员会大三家启动，① 由"各美其美""美美与共"和"火把节欢歌"三个部分组成，来自马鞍山等6个乡镇的各民族群众分别带来了精彩纷呈的参赛节目，唢呐、芦笙等乐器伴奏声中赛装队不仅展示了显示中华民族传统文化共享符号的旗袍，还展示了代表民族特色的美丽彝族服饰，同时传承人们还对彝族刺绣、烤茶进行了活态展演。参加赛装节的小姑娘MYQ（女，回族，15岁，初中生，大仓镇甸中村民）说："虽然我是个回族姑娘，但特别喜欢彝族服装，长大后也想给自己做一套彝族衣服，穿着肯定很漂亮。"此类日常实践潜移默化地营造了铸牢中华民族共同体意识的浓厚氛围，增强了群众对各民族丰富文化构成中华民族优秀文化的认知，增强了对中华文化的认同，有助于推动铸牢中华民族共同体意识的大众化。

三、逻辑阐释：铸牢中华民族共同体意识的实践创新

惯习、资本、场域三者之间各有特定逻辑但又相互关联，这种关联的综合性结构即实践理性的运行逻辑。描述实践表征和阶段性发展后，可以通过对实践逻辑进行规律阐释，进一步探讨铸牢中华民族共同体意识实践各要素的关系，梳理其互动中的发展与地方创新。

---

① 巍山彝族回族自治县地方志编纂委员会办公室. 巍山年鉴［M］. 昆明：云南人民出版社，2020：211.

（一）在资本的区域联动中推动场域再生产

布迪厄认为场域需要"真正质的飞跃"，① 即场域再生产。个案中突出体现为民族团结进步示范创建立体联动机制运行下的场域再生产，通过建成示范带、长廊、群等模式，将过去单独示范单元形成的多点场域进行点线面的结合，形成更广阔立体的新场域。需做到以下两点。

一是实践主体积极投入经济资本推动场域再生产。如西莲花村，多种形式的经济、社会组织积极参与到该村文化产业示范工程建设中，引导、扶持农民专业合作社规范发展，成立了下西莲花村发展互助社和核桃产销农民专业合作社、打竹村泡核桃产销合作社，建立了回辉登村刺绣协会等，聘用的产业工人遍布半个巍山，带动了周边乡镇近万群众的再就业。核桃加工户 YJW（男，汉族，43 岁，初中，下西莲花村村民）说："我们厂里的汉族、彝族女工能熟练地加工核桃，年纪最大的已经六七十岁，年轻的 20 岁左右，很大程度缓解了家里的经济压力。"厂里一位老工人 WSF（女，彝族，62 岁，小学，官庄村村民）谈道："我虽然年纪大一点，但每天也能加工几十公斤，日收入 100 多块。很多年轻人和我们打上了'干亲家'（认干亲）。"据统计，交易量最大年份 2019 年全村加工铁核桃、药材近 6000 吨，用工达 15 万多个工时，支付工人工资 600 多万元，熟练工人能领到加工费上万元。本土经济组织积极参与文化产业示范工程，不仅为铸牢中华民族共同体意识打下了物质基础，还广泛地带动周边村民走向共同富裕，发挥了经济资本迅速增长和跨区域集聚的社会效应。

二是基于资本联动能让群众广泛参与到以铸牢中华民族共同体意识为主题主线的新场域中。一方面需要积极打造创建联盟，形成创建联盟示范带、示范圈，使新场域有点、线、面的结合和立体性；另一方面还要调动政府、社会组织及群众的积极性，多方广泛参与，实现多元主体参与民族团结进步协同创建，以接地气的方式贯穿铸牢中华民族共同体意识的主题主线，只有这样才能让新的场域形神兼备。个案的具体做法是，在民族团结进步活动月开展"美食节"活动，依托传统习俗实现"民族团结进步示范创建+产业项目"双推进，如永建回族商贸城和美食一条街形成的示范带，外部氛围营造上增加了红旗、中国结、对联等中华民族共享标识。调研组访谈了民族团结广场的商铺老板 MJC（男，回族，58 岁，初中，东莲花村村民，个体经营者），他说："过去，每年农历二月初八是这儿最热闹的时候，因为我们这里一直有在二月初八办美食节的习俗，

---

① ［法］皮埃尔·布迪厄，［美］华康德. 实践与反思：反思社会学导引［M］. 李猛，李康，译，北京：商务印书馆，1998：142.

好多村子都有办，不仅本村村民，邻村的和县外的朋友也都会来品尝特色美食。"群众广泛参与到以铸牢中华民族共同体意识为主题主线的新场域中，在宣传中华美食文化和民族饮食文化的同时去接受铸牢中华民族共同体意识教育，无形中推动了民族团结进步事业。

（二）在优秀传统文化传承中培塑铸牢中华民族共同体意识惯习

作为开放的性情倾向系统，惯习会随经验变化而不断变化，并在这些经验的影响下不断强化或是调整自己的结构。① 经验形成于一定历史时期和区域，而其中优秀部分是传统文化的精髓，把它们根植于内心、流露于言行、内化于思想，能够促进族群心理共塑，增强文化认同感和民族认同感，深化个体对共同体意识的理解和凝聚。所以，基于具地方特点的历史文化和风俗习惯，将铸牢中华民族共同体意识作为新的惯习融入群众的日常生活，融入学校教育、行业规范教育、乡规民约及家风建设中，是从根本上贯彻落实铸牢中华民族共同体意识的途径与思路创新。优秀传统文化传承不仅指对地方特色文化、民族传统文化，更是对中华民族优秀传统文化的弘扬和传承。具体到个案，实施了各级各类少数民族传统文化抢救保护工程项目和少数民族文化精品工程项目，在丰富各族群众精神文化生活的同时，通过打造文化精品、促进特色旅游等文化产业发展推动创建工作的高质量发展，如东莲花村推出"中国历史文化名村、云南茶马古道窗口、回族建筑珍宝馆"三张名片。东莲花村老校长 ZHJ（男，回族，65 岁，专科，东莲花村村民，退休教师）说："我们村孩子对南诏文化、马帮文化和中华文化都比较感兴趣，学校专门编写了地方读本和铸牢中华民族共同体意识读本，我们老一辈教书人正在做，也很欣慰能亲眼见证。"调研组在与东莲花村马家大院景区负责人 MYJ（女，回族，29 岁，专科，东莲花村村民，公司职员）交流时她介绍道："带游客体会集回、汉、白、彝于一体的建筑风格是我的日常工作，参观的过程中我会讲解马家大院的历史文化，重点介绍东莲花村历史上就已经形成的民族大团结传统，从民族团结到民族团结进步，宣讲铸牢中华民族共同体意识，把历史传统融入当前的民族政策。"访谈中我们还注意到，将铸牢中华民族共同体意识作为新的惯习逐渐养成，关键在于正确把握四组关系，即共同性与差异性的关系、中华民族共同体意识和各民族意识的关系、中华文化和各民族文化的关系、物质和精神的关系，只有把握好这四组关系方能保证培塑方向。

---

① ［法］皮埃尔·布迪厄，［美］华康德. 实践与反思：反思社会学导引［M］. 李猛，李康，译，北京：商务印书馆，1998：178.

（三）多种资本在铸牢中华民族共同体意识实践中实现共建共生

在新场域中培塑新惯习，引入资本是不可或缺的一环，资本与场域的互动过程就是多种资本谋求共生的过程，当各种特有资本在新场域中达到共建共生，就能更好地铸牢中华民族共同体意识。个案铸牢中华民族共同体意识的实践是多种资本共同作用的运行结果，体现为各级资本的共同投入与共建。2013 至2015 年，以实现"四大示范"为目标，巍山重点实施 9 个项目，建设总投资 14274 元，包括省民委补助 1000 万元，州级补助 1000 万元，县级整合 8084 万元，群众投入 4670 万元；其中的民族团结生态宜居示范工程总投资 2749 万元，省级补助 500 万元，州级补助 500 万元，县级整合 1031 万元，群众自筹以及投工投资 718 万元，① 多方资本共建为示范创建工作打下了坚实的物质基础。县民宗局创建办的 ZHZ② 介绍道："铸牢中华民族共同体意识已纳入县'十四五'规划中，各级专项经费能确保投入。"除经济资本外，政治资本、象征资本和文化资本亦在新场域内一体化推进，共同发挥作用。M 局长（男，大学，回族，巍山县民宗局局长）在座谈中这样总结："得益于上级部门对巍山县民族团结进步事业的重视和支持，我们积极鼓励经济组织和企业发展特色产业，累计投入资金41 652.49 万元，推荐了 1 名省级民族团结优秀工作者，14 名州级民族团结模范个人，对全县 6275 户民族团结示范户、60 户光荣脱贫户和帮扶明星企业、2 个双推进示范村进行了表彰和授牌，建成 6 个传习点和青云（彝族打歌）传习中心。"各项制度的不断完善是铸牢中华民族共同体意识实践的政策基础，政府、企业、社会多方资金的大量进入提供了经济资本，示范集体和个人评选等奖励鼓励体现了象征资本，这些构成中华文化的地方历史文化传承即文化资本。

该篇围绕场域、惯习、资本三个关键词，探讨了铸牢中华民族共同体意识实践运行的要素、过程与逻辑，以图 1 直观总结之。笔者认为，铸牢中华民族共同体意识的实践过程就是在各领域进行场域再生产的过程，具体有三点感想。

首先，铸牢中华民族共同体意识实践具内在结构与运行逻辑。结构上，当前大场域以政治、社会生活、教育、学术四个子场域为主，每一个子场域具有自身的运行逻辑，并发生着相互作用，大场域在多个子场域的共同作用下发生质变。内容上，资本、惯习、场域的循环运动推动了铸牢中华民族共同体意识实践，资本以场域为载体在一定场域中形成并发生作用，其积累依赖于场域空

---

① 本数据来源于巍山彝族回族自治县人民政府提供的《巍山彝族回族自治县"3121 工程"示范县建设规划》。

② 报道人具体情况经本人要求不予记录。

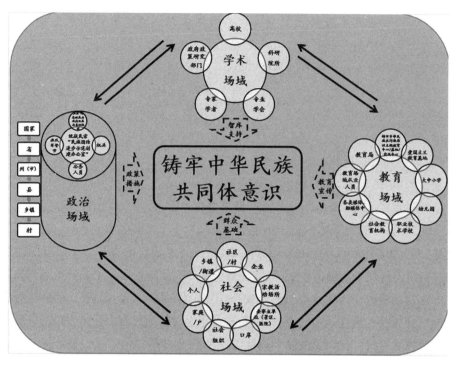

图1　铸牢中华民族共同体意识实践逻辑图

间，资本的积累又促进了场域变迁，新的场域吸引着更多资本参与制度化运行、资金投入、文化传承，通过不断积累的实践加快了少数民族和民族地区现代化建设的步伐，使惯习更具倾向性地推动场域范围的扩大，从而推动铸牢中华民族共同体意识的实践循环。其次，惯习的双重结构是场域再生产的基础。惯习一方面具建构性、创造性和再生性，另一方面又具被建构性、被动性和稳定性，其来源之一是场域内的位置和资本，在场域中占据不同的位置、掌握不同的资源和资本，会给予行动者相对应的性情倾向，慢慢地影响惯习，进而完成惯习的创造和再生。另外，惯习又对场域的结构产生影响，在互动中重塑场域，实现场域再生产，如东莲花村美食街的村民在共同日常生活中早已形成共聚一餐、亲如家人的状态。最后，中华民族共同体场域的再生产并非一蹴而就，其规律表现为从表征向深层精神结构、从物质场域向精神场域的质变。从最初政治、社会场域发挥主导作用，逐渐提升至教育、学术场域，铸牢中华民族共同体意识实践经历着从物质到精神、从具象到抽象、从技术到认知的升华。"只有先通过场域的特有形式和力量的特定中介环节，预先经历一次重新形塑的过程，才能对场域中的行动者产生影响"，而铸牢中华民族共同体意识正是一次守正创新的重新形塑，培育形成精神谱系和共同的理想信念，构筑共有精神家园，引导各族人民牢固树立休戚与共、荣辱与共、生死与共、命运与共的共同体理念，真正落实民族地区铸牢中华民族共同体意识大众化以及"重在交心""重在基层"理念。

第八章

文化空间篇

　　该篇以文化空间理论为视角，以大理白族自治州剑川县为个案展开田野调查，从地域建筑空间、日常生产生活空间和文化空间入手，阐述了个案地域建筑空间的文化传承与创新、日常生产生活空间的产业转型与发展，以及文化空间各民族的认同与交融，认为历史文化共同体、经济地理共同体和价值观念共同体是铸牢中华民族共同体意识的三重空间维度，展示了边疆民族地区打造共同团结奋斗、共同繁荣发展的"活态空间"实践，亦为民族地区铸牢中华民族共同体意识研究提供了西南边疆样本。

文化空间理论视角下铸牢中华民族共同体意识的三重维度：基于剑川历史文化与发展实践的考察

作为当前民族工作领域的主题主线，铸牢中华民族共同体意识在民族地区的实践亦发生在特有的文化空间中，其中具有哪些实践逻辑和发生维度，对于中华民族共同体构建有何意义与成效，课题组以问题意识为导向，运用非随机抽样的方法，选取了云南省大理白族自治州剑川县作为田野点，于 2020 年 12 月至 2021 年 12 月展开了长达 1 年的调研。剑川县位于我国"三江并流"自然保护区南部，在"一带一路"倡议的南丝绸之路经济带上，辖 5 镇 3 乡、5 个居委会、88 个行政村、381 个自然村，全县人口 18.48 万人，拥有白族、汉族、彝族、傈僳族、回族、纳西族 6 个世居民族，共 15 种民族成份，少数民族人口占比达 96.35%，其中白族占 90.16%，是我国白族人口比例最高的县，① 被誉为"白族原乡"。依托悠久的历史、丰富的文化资源、依山傍水的特色乡镇，该县发挥区域优势，不断推进地域文化的持续发展，作为研究个案较具典型性。学界关于剑川县的研究主要聚焦于乡村治理、脱贫攻坚、生态文明、农业经济、旅游经济、民间文化等主题，从"文化空间"理论视角切入研究铸牢中华民族共同体意识的实践尚无相关学术成果。所以，课题组基于田野调查，结合对个案历史文化的考察以及民族团结进步示范创建工作的开展实践，阐述了剑川县地域建筑空间的文化传承与创新、日常生产生活空间的产业转型与发展，以及文化空间各民族的认同与交融，认为历史文化共同体、经济地理共同体和价值观念共同体是铸牢中华民族共同体意识的三重空间维度。对铸牢中华民族共同体意识实践规律的把握，有助于打造各民族共同团结奋斗、共同繁荣发展的"活态空间"，为民族地区铸牢中华民族共同体意识研究提供西南边疆样本。同时，也能以文化地理与民族理论的学科交叉，给铸牢中华民族共同体意识理论

---

① 云南省剑川县地方志编纂委员会. 剑川县志 [M]. 昆明：云南人民出版社，2020：3.

研究以视野拓展与资料补充。

一、历史文化共同体：基于地域建筑空间的文化传承与创新

"对一个终生从未离开过他村庄的村民而言村庄就是边界"①，空间为日常生活的传承与变迁提供了"活态"载体，人们能够在长期的交往交流交融中进行历史、民俗和地域文化的整合。

（一）以共享地域文化符号为载体形成共有历史记忆空间

建筑空间动态表现为建造的时间序列特征和人们使用的过程，其特征在于区域性，以及以人为主体产生的历史印记。剑川位于大理白族自治州北部，是大理州连接怒江、通往迪庆香格里拉、进入川藏的交接处，是历史上茶马古道的重要贸易要塞。作为滇藏茶马古道重镇、省级历史文化名城，剑川古城是云南省至今格局保存最完整集中的珍贵明代历史建筑群，被称为"三江边陲第一城"。宋大理国时期节度使所设的"义督睑"就在今天的剑川古城，兼具政治、军事、经济、文化多重功能。千年的历史文化沉淀，使这座古城成为剑川历史文化的核心符号，中原文化、民族文化、地域文化等多种文化在此传播、融合与繁荣，古城空间随处可见浓郁的中原文化元素，全石块支砌、棋盘布局，街道安排遵循中国传统堪舆风水学，东西南北四城门刻意做了相左相错的处理，古城内的岔街巷道七曲八拐颇似北京小胡同，但建筑风格却独具白族民居特色，如"三方一照壁""四合五天井""前铺后杂院""平房带闷楼""走马转角楼""一颗印"等，"古城建筑几乎囊括了白族建筑所有的品种，堪称白族建筑博物苑"②。

另外，剑川古城被列为省级历史文化名城，是全国重点文物保护单位，25个村被列入中国传统村落保护名录，有国家级文物保护单位6处。③当前，依托茶马古道基层政府坚持"文化立县"的思路，以建设历史文化古城和民族特色村寨为载体，开展民族团结进步示范创建工作，建成阿鹏广场等民族文化广场31个。以小品小戏、白剧、白曲等群众喜闻乐见、通俗易懂的形式，让群众了解党和国家的各项方针政策，鼓舞和增强人民群众的自我发展能力，营造上下齐心关注和参与民族文化传承保护的良好氛围，进一步坚定各民族的文化自信。

---

① ［匈］郝勒. 日常生活［M］. 衣俊卿，译，重庆：重庆出版社，1990：40.
② 张剑萍，彭斌. 文化大理·剑川［M］. 昆明：云南人民出版社，2016：27-29.
③ 出自《剑川县创建全国民族团结进步示范县工作自检自查报告》，2021年11月9日与大理白族自治州民族宗教事务委员会座谈，由监督检查科提供。

通过整合各方要素，开展民族文化工程，能够建设共享历史文化符号的空间，实现铸牢中华民族共同体意识大众化。而依托群体历史记忆强化的建筑空间载体，又能凝聚更多的文化力量与价值观念，在社会变迁与发展中推动地域文化不断整合，进而构筑具中华民族共有精神家园的历史文化共同体。

（二）基于双重空间的独特文化价值打造"活态空间"

建筑空间共享的文化价值体现在静态与动态两个方面。一方面，静态部分多体现悠久而厚重的历史，漫长生活实践中形成的传统村落空间调节着日常生活与生产之间的节奏和距离，赋予村民安全感，同时文化元素依附于公共空间，表达了共享的集体性历史记忆和人文价值，蕴含着丰富的文化意义。① 具体到个案，诸多深刻在乡村建筑和人们血脉中的文化基因促使人们在静态空间中产生文化认同。剑川县鳌凤村马坪关自然村曾是历史上重要的盐卡，至今仍然保留着本主庙、戏台、魁阁、风雨桥、智慧庵等建筑遗产，与鳌凤村村民委员会座谈时，YYF（女，31 岁，白族，大学，鳌凤村村委会主任，剑川县鳌凤村村民）介绍道："村里面的本主庙，是村民们世代传下来的习俗和敬畏，在外边打工也好，出差也好，回来以后，一走进村子就能感觉到归属感和亲切感。"这种基于共享建筑符号的认同感在今天又产生了价值共鸣。正如 ZXS（女，36 岁，白族，高中，沙溪古镇民宿经营户）所说："村里现在做的民宿改造，就是以村子本主庙为中心、以传统建筑风格为基础进行的，能在不离开熟悉的生活环境挣钱，让生活更好的同时，还能通过旅游让外地人了解家乡的白族文化，幸福感比外出打工高了很多，所以我才选择从上海回来。"另一方面，动态部分则展示了绚丽多彩的地方文化习俗，因为静态空间积淀的文化基因已然融入人们的生产生活，围绕生产形成的手工技艺则是动态空间元素的突出体现。如剑川木雕工艺，作为"白族原乡"生活技艺的展示，其民族工艺基因因茶马古道中不同民族的交往交流交融而独具特色。技法上更加精湛，斗拱重叠、屋角飞翘，用透雕法刻出的层层图案纵横交错；内容上，在剑川本土文化的基础上吸收了中原文化和各民族优秀文化的美好要素，来源于日常生产生活、神话、民间故事，人物花鸟丰富多彩，人民大会堂云南厅大型壁画《江山如画》《江山多娇》两块木雕都是剑川木雕创作。

传承文化不是强行让某个社群留守于过去的文化空间中，要求某种文化形

---

① 杨艳. 独龙族传统生产生活逻辑的价值反思——兼论"美蒂斯"的传承与复兴[J].西南民族大学学报（人文社会科学版），2020（10）：48-56.

态永远处于静止状态,[①] 它是"活的生活文化",这种"活态性"凝聚着创造并传承它的那个群体长期浸注于内的特有价值。[②] 基于双重空间的独特文化价值,基层政府抓住地域特色文化,构建深度挖掘、保护利用传统文化的"活态空间"。依托歌会文化、白曲文化、阿吒力古乐文化、木雕文化和石雕文化,挖掘和活化扎染、木雕等民族手工艺流淌伴生的文化,重塑活态传承,深度挖掘以剑川文化为主体的民族传统文化资源,形成创新发展的社会环境和文化空间。

（三）在转型与创新中推动历史文化空间复兴

历史文化共同体的构建不仅基于传承,还包括持续与自然、现实、历史的互动和创新。沙溪古镇是茶马古道上唯一幸存的古集市,作为历史上马帮进入涉藏地区险途前最后的繁华小镇,20世纪70年代因滇藏公路通车逐渐落寞,留存了大量未经开发的古旧建筑、街巷和树木。同许多乡村一样,沙溪古镇当前亦面临着城镇化发展的问题,如"空心化""产业转型"等。为此,基层政府以"千年古镇"为定位,走出剑川,为沙溪谋求转型与创新。[③]

寺登村村委会主任赵竹山向我们介绍了沙溪由"落寞"走向"复兴"的历程:"2002年8月,剑川县人民政府与瑞士联邦理工学院开展合作,共同实施'沙溪复兴工程',得到世界纪念性建筑基金会1400万人民币的支持,校方需要一位懂建筑的中国人驻守沙溪,建筑师黄印武成为母校的不二人选。黄印武受建筑师卡洛·斯卡帕的启发,借鉴欧洲调研'在农村实现美好生活的可能',开启沙溪复兴工程。"之后调研组又对黄印武先生进行了电话访谈,他有感而发:"修旧如旧,但得让这里内核跟城市一样,复兴工程简单来说就是通过这种方式留住原住民。"秉持"强调建筑空间遗产的真实性"的宗旨,他花大量时间考察研究了剑川史料和建筑工艺,致力于延续历史、传承文化。先锋书店、连锁民宿等经济实体纷纷入驻,沙溪从不知名到逐渐成为中外游客向往的"诗和远方",正朝着国际化、数字化、低碳休闲的特色小镇迈进。国家方志馆南方丝绸

---

① 季中扬.当代文化空间中民间艺术的生存方式[J].南京社会科学,2013（06）:129-134.

② 金天.非物质文化遗产的背影[J].三联周刊,2005（46）:30.

③ 智苗.沙溪的"落寞"与"复兴"［EB/OL］.（2021/06/07）［2023/05/13］.https://xw.qq.com/cmsid/20210607A0DFW200? f=newdc.

之路分馆也将在古城落户，这是全国第一个国际性方志馆。① 与剑川县住建局座谈时，SSW（男，41岁，白族，大学，公务员，剑川县居民）介绍道："'十四五'规划中剑川的定位是，从'一道三带'展开，即茶马古道、古建筑保护带、环洱海苍山生态带、大滇西文化旅游建设带，依托剑川古城、老君山景区、剑川木雕艺术小镇等名城名山名镇，合理开发，打造魅力沙溪。"访谈沙溪先锋书局经理 LYT（女，28岁，汉族，本科，店长，湖南人）时，其现代经营理念十分清晰："我们的理念是乡村书局在地化，书店的建筑风格与文化元素都是与当地结合的，同时利用品牌效应与村民展开联动，带动当地经济发展。"

从历史上各民族的交往交流交融到当前的国际化发展，地方历史文化空间的复兴是"兼收并蓄"的结果，历史文化根脉、现代理念技术缺一不可，民族团结进步示范创建亦是铸牢中华民族共同体意识扎实推进的文化基础。"通过建筑去观看和了解正在流逝和已经流逝的历史"，② 空间由此凝聚了历史记忆，成为地域"物"的传承。

二、经济地理共同体：贯穿于日常生产生活空间的产业转型与发展

各要素围绕经济中心组成地域经济活动系统，人们在共同的地域经济活动系统中展开生活生产，逐渐形成以地域经济活动系统为中心的经济地理共同体。探讨铸牢中华民族共同体意识物的第二重维度，便可以通过分析地域经济活动的区位、产业类型和发展过程，梳理个案日常生产生活空间中经济地理共同体的形成与发展逻辑。

（一）茶马贸易是地域经济活动的区位核心

我国茶马交易治边制度从隋唐始，至清代止，历史交易线路主要有青藏、滇藏和川藏三条。青藏线兴起于唐朝时期发展较早，川藏线影响大最为知名，剑川则位于滇藏线上。滇藏线大致与今滇藏公路重合，从云南大理出发，北上至剑川、丽江，过铁桥城继续沿江北上，经香格里拉奔子栏至聿赍城，前行到盐井，再沿澜沧江北上至马儿敢（今西藏芒康）、左贡，分两道前往西藏：一道

---

① 张勇. 千年古道流淌千年文明［EB/OL］.（2021/04/21）［2023/05/13］. https：//article. xuexi. cn/articles/index. html？art ＿ id ＝ 18184938709625610962&item ＿ id ＝ 18184938709625610962&study＿ style＿ id ＝ feeds＿ default&t ＝ 1618989245843&showmenu ＝ false&ref＿ read＿ id ＝ 3dca8c14－a1cb－465c－8516－55cea6ce8377＿ 1641111984778&pid ＝ &ptype ＝－1&source ＝ share&share＿ to ＝ browser.

② 黄海清. 体验空间——建筑现象学视角下的建筑空间体验研究［D］. 济南：山东建筑大学，2014：54.

经由八宿邦达、察雅到昌都；一道经由八宿至波密，过林芝前往拉萨。

茶马古道不仅是卫藏与今川滇地区之间古代先民迁移流动的一条重要通道，同时也是沟通川、滇、藏三地间古代文明传播和交流的重要枢纽，茶马贸易推动了城镇的形成，大大促进了这一地区经济的发展。在滇藏线茶马古道要冲之地的剑川，传统生计方式主要是传统农业和茶马贸易。甸南海门口"铜石并用文化"遗址出土的3000多年前的石器、铜器及稻谷等文物表明，剑川古代先民已经在这里开创了云南"青铜文化"和"水稻农耕文化"，① 种植业以水稻、玉米、小麦、大麦、白芸豆、马铃薯、蔬菜等农作物为主，畜牧业则以肉牛等养殖为主，茶马贸易则是个案经济活动的核心要素。2001年，世界纪念性建筑基金会（WMF）在纽约宣布：沙溪（寺登街）区域入选2002年101个世界濒危建筑保护名录。寺登街区域是茶马古道上唯一幸存的集市，保存完整无缺的戏台、客栈、寺院、寨门使这个连接西藏和南亚的集市相当完备。沙溪鳌峰山古墓葬出土的原始货币海贝等文物也说明，早在2000多年前的秦汉之际，县境即为南方陆上丝绸之路"蜀身毒道"和"茶马古道"的重要通道。茶马古道的商贸繁华加强了人们之间的联系和沟通，促进了各民族之间政治、经济、文化的互动和融合。

（二）地域日常生产生活空间中的传统生计类型及其产业转型

自然是环境决定论的价值核心，② 剑川县地势西北高东南低、山脉河流多且水能资源丰富，因而坝子众多。人们在坝子中生产生活，依托环境孕育出具有地方特色的传统农业和手工业。由于长期受到山地气候冷凉等自然因素的影响，传统作物产量较少，再加上山区农产品销路窄，使农业发展缓慢，传统手工业尤其是木雕业成为该地区的优势产业。然而，伴随着现代化进程的进一步推进，传统手工业的劣势也逐渐凸显出来：产业散、小、弱，竞争力不强。无论传统农业或手工业，均面临着现代产业转型的挑战。传统农业方面，依托剑川县与云南农大的县校合作平台，充分发挥市场机制作用，通过政府购买服务、市场化运作等方式参与培育工作，加快转变农业生产方式，推进高原特色农业转型升级，整合了种植、养殖、加工、传统工匠、手工艺、非遗传承、旅游服务等多个领域，同时以多种形式培养爱农业、懂技术、善经营的新型职业农民，培育新型农业经营主体，提高农业机械化水平，推进全县高原特色现代农业发展。

---

① 张剑萍，彭斌. 文化大理·剑川［M］. 昆明：云南人民出版社，2016：199.
② ［英］凯·米尔顿. 环境决定论与文化理论［M］. 袁同凯，周建新，译，北京：民族出版社，2007：106-107.

其中，中草药种植是传统农业现代转型的成功案例，本土企业云南滇本草药业有限公司采取"公司+基地+农户"的模式，带动象图村等地少数民族群众种植中草药材，使 2018 年当地少数民族群众的收入在 2012 年的基数上增长了 10 倍，在促进民族地区共同繁荣发展上卓有成效。手工业方面，依托历史文化和传统工艺，基于木雕等传统手工艺产业的优势，走市场化道路，紧抓文化产业发展机遇，全面推进特色产业的发展转型，将"指尖绝技"转化为"指尖经济"。在云南省人社厅等相关部门的牵头协调下，2016 年总投资 34.14 亿元的剑川木雕艺术小镇在甸南镇狮河村落地，带动群众增收和创业就业，该艺术小镇有 35 家木雕产业、340 户木雕个体经营户，为怒江州贡山县 43 名独龙族、傈僳族、怒族、藏族等学员举办了木雕技艺培训。2020 年剑川正式退出国家贫困县的序列，贫困发生率从 2014 年的 20.14% 降到 2021 年的 0.86%，通过传统手工业的现代转型，当地居民无论就业还是生活都有了更扎实的基础和底气。

（三）基于传统优势产业在文旅融合中建设经济地理共同体

在深度访谈中，YLX（女，42 岁，白族，初中，咖啡店老板，沙溪镇寺登村村民）说："以前的古戏台是我们小时候经常玩乐的地方，有很多小时候的回忆，长大后为了生计外出打工。后来政府启动了复兴工程，古戏台也还在，来沙溪旅游的人多了起来，从事旅游业和服务业的本村人也越来越多，前年我也回来开了这个小店，经营咖啡和西餐，也会把自己做的扎染、亲戚朋友的木雕小物件放在店里售卖，收入比打工的时候要高不少，打工的很多人都回来了。"从她的话里我们提炼出三个关键信息：一是"修旧如旧、最少干预、最大保留"，被访者提到的沙溪复兴工程，集儒释文化、马帮文化于一体，工程完成后，深具明清古建筑风格的剑川县沙溪寺登村被评为世界濒危建筑遗产①、省级历史文化名镇、国家历史文化名镇、中国乡村文化遗产地标村庄等；二是围绕茶马古道的文化地理核心符号，在当地居民的日常生产生活中完成保护历史与合理开发的旅游业转型；三是以传统手工艺为基础发展文创产业，并将其融入文化旅游，推动旅游业转型。此外，还有乡村振兴试点鳌凤村，依托茶马古道文化体验中心建造了以旅游服务业为主要内容的马帮主题公社，鼓励村民以旅游服务合作社的方式有序参与，依托旅游业推动发展转型。2018 年末，全村经济总收入 2889.97 万元，农民人均纯收入 7621 元，其中旅游收入为 450 万元，占当地居民收入的 15.58%，旅游接待 36 万人次。② 五年来，该县依托建筑空

---

① 黄印武. 在沙溪阅读时间［M］. 昆明：云南民族出版社，2009：69.
② 本数据由剑川县鳌凤村村委会办公室 2020 年 1 月提供。

间、地理区位和传统产业实现文旅融合发展，2020年地区生产总值35.32亿元，较2019年增加了3.45亿元，年增长率为12.1%，增幅排名全州第一；一般公共预算收入约3.02亿元，比2019年的27 277万元增加了2891万元，年增长率为10.6%，增幅排名全州第八；规模以上固定资产投资32.19亿元，年增长率为37.71%，增幅排名全州第一。

铸牢中华民族共同体意识的物质基础形成于特有的地理环境，不能脱离社会主体的日常生产生活空间，需依托地方优势与特色，探索能有效推动当地人民生活向好发展的产业转型模式，在共同的社会经济生活中建设经济地理共同体。

三、价值观念共同体：基于文化空间实现各民族的认同与交融

传统文化承载着一个民族的价值取向，影响人们的生活方式，产生自我认同的凝聚力。剑川县地理位置特殊、传统文化独特，其载体"文化空间"不局限于民俗、非物质文化遗产的简单范畴，而是体现于广阔的生产生活中，延续着与其紧密相连的文化传承与发展，在传承发展中产生文化的认同与创新，进一步促进各族人民的交往交流交融，基于交融形成价值观念共同体，从而打下铸牢中华民族共同体意识的思想基础。

（一）特有民俗生活构成文化空间

"文化空间"是一个特定的概念，广义上是指在固定的时间内举行各种民俗文化活动及仪式的特定场所，兼具时间性和空间性；① 狭义上是联合国教科文组织在保护非物质文化遗产时使用的专有名词，主要用来指人类口头和非物质文化遗产代表作的形态。保护民族传统文化活动必须保护其存续的文化空间，"如果失去了它们的文化空间，就会因此而失去赖以存在的土壤和影响本身的存在"。② 构成个案文化空间的，一是丰富的节俗。如古城最大的民俗活动"二月八"的太子游四门，城内外的各族男女老少聚集一堂、载歌载舞，人数多达两三万。还有农历六月二十五的"火把节"，家家户户齐聚城内，互相讨几句吉祥话，在火把点火之前养马户要骑马在城中比赛，点火后人们在城中唱白族调或唱古乐。此外，在人们广阔的生产生活中也蕴含着丰富的民俗文化资源，包括信仰空间、传统节庆、本主崇拜、特色技法、特色民风等。同时，作为民族文化、地域文化与中原文化的交会点，剑川县节俗亦体现了地方文化与主流文化

---

① 陈虹.试谈文化空间的概念与内涵[J].文物世界，2006（01）：44-46.

② 张博.非物质文化遗产的文化空间保护[J].青海社会科学，2007（01）：33-34.

的交融，如春节祭祖，清明节扫墓，端午喝雄黄酒、插苍蒲、艾蒿，农历七月十四接祖、送祖等。二是丰富的非物质文化遗产。基层政府在民族团结进步示范创建中深度挖掘文化资源，对铸牢中华民族共同体意识具有推动作用。针对98%以上为白族居民的实际情况，剑川设立了各类少数民族传统文化抢救保护工程项目和少数民族文化精品工程项目。至2020年，全县有23个非遗项目分别列入国家和省、州、县保护名录，有国家和省、州、县代表性传承人209名，国家级工艺美术大师2名，联合国教科文组织授予的工艺美术大师2名，国家级非遗传承人2名。积极开展霸王鞭、三弦、白曲等民族文化技艺培训传承，在全县中小学校开展民族歌舞进校园活动。在这片土地上，经各民族共同努力创造出了拥有地方特色的活态文化空间，在丰富当地文化的同时促进了地域认同，并反作用于文化传承与发展。基于共有文化空间，特定民俗活动与中华传统文化产生碰撞，在生活生产实践过程中逐渐形成地域文化认同。

（二）在传承发展中增进文化认同

作为南方丝绸之路"蜀身毒道"与茶马古道"吐蕃道"相互连接的重要关隘路口，剑川位于一条绵亘万里的民族走廊上。几千年来，汉、藏、彝、纳西、傈僳、哈尼、基诺、羌、普米、白、怒、景颇、阿昌等民族在这里繁衍生息，汉传佛教、印度密宗、藏传佛教亦在此交流集结，茶马古道促进商贸交流的同时带来了大量的外来文化。首先，外来文化元素被选择性地带入、流传、吸收，多种文化基因在此积淀、涵化、融合，并沉淀成为地方白族文化的一部分，同时依托茶马古道建立起的交往网络，在各民族交流交往交融中不断传承和延伸。其中，占主导地位的是中原文化，如剑川古乐的经调词式名称"锁兰枝""将军令"明显具有中原文化色彩，体现了宋词元曲与地方文化的交融，这里的变迁被潜移默化地打上了中华文化认同的烙印。LCQ（男，汉族，56岁，初中，马四爷马帮文化体验馆经营者，沙溪镇下科村村民）说："剑川县在茶马古道上，我们家祖辈就是马帮人，还是马锅头，传下来不少器物故事和马铃铛、牛皮箱、盐巴、马桶、花龙等物品，因此借此成立了这个马帮文化体验馆，介绍马帮文化，发扬马帮精神，不收门票，通过让客人在这里吃马帮菜挣钱。"其次，在传承中增加的文化认同还来自文化空间中形成的归属、认同和规范。桑岭村内伊斯兰群众和白族本主崇拜信教群众和睦相处，白、回、汉群众建立"议事制度"和"茶话会"制度，守望相助、生死相依，我们都是"阿福佳"的故事代代相传。最后，这种文化认同还体现在结合白乡红色文化传承构建价值观念空间上，这亦是个案构筑中华民族共有精神家园的又一特色。民族团结进步创建依托中共滇西工委和边纵第七支队革命根据地，将红色文化熔炼融合融入，弘扬传统，牢记民族历史，发扬革命老区精神，加强铸牢中华民族共同体意识教育，包括命名7个爱国主义教育基地，成立"剑川县红色传承宣讲团""白曲宣讲团"开展白语讲党课活动，将爱国主义、革命历史和民族团结进步教育相结合，扎实推进共同体意识教育工作等。反思文化遗产的当代价值，通过对其发掘利用与传承创新，增进各民族的文化认同，不仅是对各族文化、地域文化的认同，更是对中华民族文化的认同，对中国共产党、中国特色社会主义的根本认同。

（三）在交往交流交融中孕育价值观念共同体

我国民族地区生态环境多元、地理区位复杂，形成了多元文化，基于此的价值观念共同体形成较之中原地区需要更长期与艰难的积累，需以各民族长期的交往交流交融为孕育前提。剑川县金华镇桑岭村，这个典型的民族杂居村落里生活着白、回、汉三个民族，共402户1688人。多年来，村内各民族和谐共处，住房穿插分布、田地交错相连，三个民族亲如一家，被州县评为"民族团结示范村"。课题组对桑领村进行了实地观察。入村大路两侧，一边是白族的本主庙，一边是回族的清真寺，仅一路之隔。平时回族村民到清真寺礼拜诵经、白族村民到本主庙敬香祈福，互相尊重各自宗教信仰、生活禁忌和风俗习惯，到婚丧嫁娶等需要帮忙和互相走动时，大家会不分民族聚到一起。如在汉族村民家，会自觉为来拜访的回族村民准备清真餐食。村里还有回、白、汉族打"老友"的传统，有了这种"结拜"关系，大家更加亲如手足，互帮互助，共同创造美好生活。笔者在村主任SZR（男，回族，55岁，高中，村主任，金华镇桑岭村村民）家访谈时，他讲道："每逢中华民族传统节日的时候村里都十分热闹，大家通过各种各样的节日交流互动，增进感情。2021年，桑岭村回族群众在外开饭馆做生意的有26家，白族和汉族群众发展种植养殖和从事木器木雕的有50多家，各民族奔跑在共同团结奋斗、共同繁荣发展的道路上。"世居民族在生活、工作、学习、文化娱乐中推动建立各民族相互嵌入式的社会结构和社区环境，促进各民族群众共居共学共事共乐，运用中华民族传统节日和少数民族传统节日，传承优秀民族文化风俗，凝聚社会共识，将不同节日、集会打造成民族团结进步的盛会，文化繁荣发展的过程便成为各民族相互尊重、相互借鉴与相互包容的过程。此外，价值观念共同体又是历史的产物，是支撑文化空间存在和运转的基础。村主任SZR还说："我们村有个故事，三兄弟种树，种不成就不娶媳妇，所以不论民族，保护古树古木是村里的历史传统，举办古树节时全村人会一起积极参与。"

民族风俗、信仰、礼仪、节庆，以及人们的生产方式、生活习惯等，存续发展、互为依存，正是在这样的文化空间里、在人们交往交流交融的过程中孕

育了共同的价值观念体系，价值共识下形成的共同情感取向、语言模式、行为
规范、理想信念，则构成了价值共同体的外在显像。① 只有增强民族自信心，促
进共同文化空间中价值观念共同体的形成与发展，方能使铸牢中华民族共同体
意识的重要抓手——民族团结进步示范创建真正做到"重在交心"。

　　该篇通过对个案历史文化与发展实践的回顾与梳理，摸索出铸牢中华民族
共同体意识在这个西南边陲古城的实践逻辑，从历史文化共同体、经济地理共
同体、价值观念共同体三重维度进行实践运行的结构阐述，从中总结出三点想
法。其一，价值理念是地域建筑空间、日常生产生活空间、文化空间的精髓和
核心，承载着对文化活动的记忆维持和身份认同，同时也是民族文化活动存续
发展及文化空间存在的价值意义、根本前提和核心原则。新时代边疆民族地区
保证安全稳定和高质量发展必须正确把握四对关系，即共同性与差异性的关系、
中华民族共同体意识与各民族意识的关系、中华文化与各民族文化的关系、物
质与精神的关系，只有这样方能增强铸牢中华民族共同体意识"三个离不开"
"四个与共""五个认同"的思想基础，从观念认知的源头解决价值共同体的形
成问题。其二，需在"活态空间"中不断铸牢中华民族共同体意识。"不脱离民
族特殊的生活生产方式是民族个性、审美习惯'活'的体现"，"它是'活'的
文化及其传统中最脆弱的部分"②，因此需加大贯彻落实民族团结进步示范区建
设力度，以实施中华民族视觉形象工程、大力挖掘突出各民族共享的中华文化
符号为基础，实施少数民族优秀文化保护传承工程、精品工程，探索民族地区
地域文化和民族文化传承利用的"活态空间"，推动各民族文化传承保护和创新
的交融。其三，铸牢中华民族共同体意识的具体实践需因地制宜、落到实处。
具体到个案，要基于特定区域自然与文化空间中凝练的地域共享符号，整合民
族文化、历史文化和生态文化资源，在特有的文化空间里生产生活，在历史发
展中延续文化传承，在文化传承发展中交往交流交融，在交往交流交融中形成
共同体。通过历史文化共同体、经济地理共同体和价值观念共同体的构建与发
展，突出资源禀赋、发展条件和比较优势，融入新发展格局，促进共同富裕，
推动铸牢中华民族共同体意识的西南边疆实践。

---

① 宁小苏，刘淑芳. 文化统战视角下新时代价值共同体研究[J].湖南省社会主义学院学
　　报，2021（03）：63-64.
② 张博. 非物质文化遗产的文化空间保护[J].青海社会科学，2007（01）：33-34.

第九章

乡村振兴篇

　　贯彻乡村振兴战略要准确把握其科学内涵，挖掘乡村的多种功能和价值，深入诠释和切实保护好农耕文化。该篇以大理白族自治州漾濞彝族自治县的高原村庄光明村为个案，运用文献法、参与观察、座谈会、深度访谈等具体调查技术展开田野调查，梳理了个案乡村振兴的日常生活逻辑。基于日常生产生活构建本土现代产业体系夯实了高原乡村振兴的经济基础，依托日常社会生活加强各民族交往交流交融推动了多民族乡村社区的互嵌共生，源于日常文化生活生成地方传统智慧孕育了边疆乡村发展的价值共识。反思传统农耕文化的现代价值，能够为民族地区尤其高原山地农耕区贯彻落实乡村振兴战略、夯实铸牢中华民族共同体意识的物质基础和社会根基，提供知识样本和理论参考。

乡村振兴的日常生活逻辑：大理漾濞县 "云上村庄" 的农耕文化实践

　　作为日常生活不可分割的一部分，农业生产活动是劳动人民在长期生产生活实践中沉淀积累下来的文化类型，是农业生产技术、耕作制度、传统农业思想的精华浓缩和区域对环境适应与改造的结果，体现为经长期历史积淀形成的农耕文化实践。当前，虽然相关研究学科领域广泛、内容丰富，但从农耕文化实践产生的日常生活切入，探讨乡村振兴内在逻辑的成果较为不足。现实层面，尽管国家制定了农用地管理办法等促进农业健康有序发展的各类措施，但在快速的城镇化进程中农业生产和农耕文化的存续仍然面临困境。例如：农业用地丧失，农民职业非农化，务农人员断代，农业生产功能不足；农耕生态系统退化，传统农业品种与知识技术体系正逐渐消失；传统品种市场销路不畅，产业链不健全，供给侧结构性改革动力不足；等等。为解决好上述问题，党的十九大报告提出，要深入诠释和切实保护好农耕文化；《中共中央　国务院关于实施乡村振兴战略的意见》也明确指出，要准确把握乡村振兴的科学内涵，挖掘乡村多种功能和价值。因此，基于日常生活理论探讨农耕文化在乡村振兴中的作用机理和实践，具有较重要的学术价值与现实意义。基于此，调研组以立意非随机的抽样方法，选取云南省大理白族自治州漾濞彝族自治县光明村为田野点。该村地处西南边疆民族地区的高原山区，传统农业种植历史悠久，在长期生产生活中孕育了丰富的农耕文化，以光明村为核心区的漾濞核桃复合栽培系统还入选了我国第二批全球重要农业文化遗产名录。那么，在城镇化进程的大背景下这个高原村庄是否也面临传统农耕文化的存续问题？乡村振兴战略的贯彻落实呈现出何种样貌？又遵循着怎样的内在逻辑？带着上述问题，调研组于2020年3月至2022年3月展开了为期两年的田野调查，运用文献法、实地观察、深度访谈、座谈会等具体调查技术，从研究个体和社会的关系入手，探讨了农耕文化在乡村振兴中发挥的重要作用。因光明村具相对封闭、聚居的特点，其乡村振兴的整体性推进和落实呈现出较大的可控性和典型性。该篇研究成果可以为民族地区乡村振兴提供西南边疆样本，夯实铸牢中华民族共同体意识的物质基础和社会根基。同时，也能以国外马克思主义理论与马克思主义民族理论中国化的学科交叉，予乡村振兴研究以视野拓展与资料补充。

一、基于日常生产生活构建本土现代产业体系，夯实了高原乡村振兴的经济基础

日常生活理论中的"生产"并非抽象的物质性概念，它与"生活"密切相关，是"现实的生活生产"，① 具体到个案体现为生产环境、生产类型和生产方式。

（一）高原农耕：地理空间的半封闭性使传统农业生产得以原态延续

马克思强调物质生产是处于第一位的生产条件，空间则是物质生产的重要载体，"每种生产类型均在特定的生产空间环境下产生"；② 赫勒在分析日常生活的空间特征时，亦提及"日常生活具有边界，是我们行动和运动有效辐射的极限"。③ 个案位于横断山脉南边的苍山西坡顶部，以高山地貌为主，从北向南岭谷相间，山地占总面积的 98.4%；属亚热带和温带高原季风气候区，立体气候明显，拥有适宜农耕的地形、土壤、气候等优势自然条件，因其 2110 米的海拔，被媒体誉为"云上村庄"。

地理封闭性和交通不便是一把双刃剑，虽然制约了当地经济社会的发展，但也正是由于地理空间相对封闭，使传统农耕活动受外界影响相对较少，得以原态延续，保留了自给自足的生产特征。访谈中，村民 HYL（女，彝族，62岁，文盲，光明村村民，务农）说："以前路不好，下山不方便，要吃饱饭就只能种核桃、种玉米，祖祖辈辈都是这么过的，这是我们最熟悉的事情。现在政府让大家找合适的项目增加收入，我们就选择了种核桃。"可见，无论过去或现在，农业仍是村民在漫长生产生活中的首选，村民的主要生产生活围绕农耕而展开，封闭生产空间中的劳动习惯成为当地村民共有的日常活态记忆。

（二）集体协作：传统乡村社会生产类型的稳定性降低了经营风险

相对文化的变量属性，自然地理环境在历史发展中则具有"停滞"④ 性质，这种性质赋予了个案生产类型的稳定性。光明村的主要生计类型是种植和畜牧

---

① 马克思，恩格斯．马克思恩格斯全集：第 47 卷［M］．北京：人民出版社，1979：65.

② ［匈］赫勒．日常生活［M］．衣俊卿，译，哈尔滨：黑龙江大学出版社，1990：3-15.

③ ［匈］赫勒．日常生活［M］．衣俊卿，译，哈尔滨：黑龙江大学出版社，1990：3-15.

④ 王丽丽，明庆忠，冯帆．边境民族旅游村寨空间生产与地方认同研究——以西双版纳勐景来村为例［J］．西南边疆民族研究，2019（01）：155-164.

业，过去常采用"二牛一夫"的传统方法，多数农户因缺少耕牛，不得不靠刀耕火种勉强维持生计；作物种类以核桃、玉米为主；耕地类型主要为水田、旱地、雷响田、轮歇地和园地，前三种耕地受自然条件限制严重，轮歇地多为刀耕火种，不宜长期定植；园地大多为林园果地，以核桃园为主。由于高原山地地势特殊、耕地分散，耕地改造和农田水利建设投入均较为困难，无法大规模集约化生产，世居居民通过"集体协作"的小农式生产自给自足，种植零星分散且规模小，多见荒坡荒地田边菁种植。这种长期的采集和山地农耕需要村民采取大量生产合作的策略，获得食物、确保生存、降低风险。

伴随现代化的持续推进，在全国农业规模化发展的大背景下，光明村核桃种植仍保留了山地农耕的"集体协作"特质，无论过去的"刀耕火种"还是现在的"精耕细作"，传统生产类型基本特征的保留保证了以家庭为主要生产单位稳定的协作生产。基层政府积极引导、调整产业结构，基于以生产为主旨的"集体协作"核心，建立适宜地方特点的专业合作社以抵御市场风险，夯实乡村振兴的产业基础。2021年，该村单株增收提高至200%，专业合作社吸纳了200多户社员，村集体经济收入达20万元以上，建成11个专业合作社，覆盖了20户建档立卡户。[①] ZHQ（男，彝族，58岁，小学，光明村村民，云上村鸡茨坪组组长）证实道："村里成立了专业合作社，核桃种植、加工、销售一站式，现在已经有200多户社员，核桃树现在可是我们的宝贝。"

（三）三产融合：以核桃种植为核心优势推动特色产业的复合式发展

基于独特的生产环境，近年来村委因地制宜，把核桃种植作为农业复合产业发展的重心。一方面，积极引导农户种植核桃，依靠传统核桃种植优势培育特色主导产业，逐步从单一的传统农耕走向产业链的复合和延伸，推广"公司+基地+农户"的产业化格局，形成核桃初加工、核桃工艺品、畜牧养殖、林果种植、林下中药材种植等一系列特色优势产业。另一方面，打破传统农业发展模式，以核桃为核心向特色资源开发转型，促进三产融合。一是提高产品附加值，拓宽销售途径，成立电商服务培训中心，解决核桃系列产品的销售问题；二是立足土地、生态、资源优势，发展生态旅游业。以鸡茨坪自然村为中心，引进SMG公司和YS公司，对光明村进行整村景观改造和生态旅游开发，农户以土地经营权或宅基地入股，由公司引导农户创办民宿，发展休闲农家乐。近年来，公司在当地已完成投资1.2亿元，实现旅游收入近200万元，依靠公司带动，周边73户农户有75人实现就近就业，增收180多万元。

---

① 该数据来源于2021年7月漾濞县民宗局。

ZHQ（男，彝族，58岁，小学，漾濞县光明村村民，鸡茨坪村民小组组长）接受访谈时谈道："我在SMG公司兼职，每月工资除农业收入还能额外收入3000多，公司为我们定期开展旅游从业人员服务、技术、管理培训，还买了养老保险。"调研组还从ZHQ处了解到，鸡茨坪自然村在进行整体改造、开发旅游业以后，村民生活发生翻天覆地的变化。"以前路不通、水电不通，农作物收成不好，核桃不值钱，年轻人都出去打工了。现在可以一边种核桃一边搞旅游，村里还请了日本设计师来规划改造，村子现在像公园一样，很多人根据村委的设计要求重新装修房子办起农家乐，不用外出打工也能挣钱了。"在调研组与光明村村委干部的座谈会中，ZSY（女，彝族，30岁，本科，光明村总支副书记）这样介绍："我们总结了村子发展的'五五模式'，①'十四五'期间将继续以农耕文化为基础发展农业生态旅游。"2020年底，该县94%以上的农户靠核桃产业脱贫致富奔小康，贫困户全部出列，② 地区年生产总值超313 420万元，城镇居民年人均可支配收入达33 259元，农村居民年人均可支配收入达11 969元。③ 生计方式的变化折射出这个"高原村庄"产业整合发展的历程，以核桃为核心的复合式产业结构成为脱贫攻坚与乡村振兴战略有效衔接中发挥重要作用的支柱产业。

马克思把生产方式视为历史唯物主义的基本范畴，认为其是"一切历史的基本条件""一切人类生存的第一个前提"。④ 光明村半封闭的地理空间、传统集体协作式的农耕生产类型、以核桃为核心的复合式产业模式，形成于日常生产的一饮一啄。这种基于本土元素构建的现代产业体系，能够增强生产聚合力，降低经营风险，助推特色产业，将产业摸索自觉上升为村民的日常生产实践。

二、依托日常社会生活加强各民族交往交流交融，推动了多民族乡村社区的互嵌共生

"人们为了能够创造历史，必须能够生活"，⑤ 马克思在《德意志意识形态》

---

① "五五模式"：一为产业"五入"，即旅游入村、土地入股、核桃入社、产品入网、院子入景；二为人才"五中"，即教育中育、群众中培、企业中带、项目中练、社会中引；三为文化"五牌"，即历史文化牌、核桃文化牌、民族文化牌、农耕文化牌、饮食文化牌；四为生态"五有"，即护山有队、管水有制、种田有标、植绿有责、保洁有约；五为组织"五联"，即思想联员、班子联责、发展联户、管理联动、服务联心。
② 该数据来源于2021年7月在漾濞县民族宗教局的座谈。
③ 该数据来源于2021年7月在漾濞县民族宗教局的座谈。
④ 马克思，恩格斯. 马克思恩格斯选集：第1卷［M］. 北京：人民出版社，1995：67-78.
⑤ 马克思，恩格斯. 马克思恩格斯选集：第1卷［M］. 北京：人民出版社，1995：67-78.

中所建构的生活世界，是以实践为基础日常生活与非日常生活的统一。日常生活除了满足衣食住行等基本生存需求，还要遵循社会共同体属性的制约，在特定的生活空间和秩序中进行社会交往活动。

（一）各民族的交往交流交融基于多元一体的基本社会格局

漾濞县以彝族为主，多民族聚居，有彝、汉、白、回、壮、苗、傈僳族等18个民族成份，少数民族人口70 930人，占总人口的69%。① 具体到光明村，居住着彝、汉、白、傣、傈僳5个世居民族，少数民族人口占总人口的65%。虽然民族成份较多，但每逢日常生活和节俗节庆，大家都不分民族、地域共同度过，生活氛围热情、友善、和谐。访谈中，HYL（女，彝族，62岁，文盲，光明村村民，务农）告诉调研组："不管白族跳'霸王鞭'，还是彝族过'火把节'和'七月半'，全村人都会聚在一起，传统的春节和中秋节是村里过得十分隆重的节日。"当地还有一首叫《苏木地伟》的彝族"打歌"，② 宴请宾客时大家都会穿着民族服饰聚在一起同唱这首敬酒歌。

尽管民族结构多样、习俗信仰不同，但在其乐融融的社会生活氛围、漫长的历史进程、日常频繁的社会互动中，本土居民形成了对多元文化的认同和地方认同，基于此又产生了对中华文化的认同，从而构成民族地区乡村社会的多元一体格局。如村里最隆重的节日是中华民族传统节日春节，又如当地"抢头水"的节俗。每年除夕之夜，各族村民身着艳丽民族服饰，小伙子挑着水桶、拎着鞭炮聚在村头的水井边，鞭炮声响起后开始"抢头水"，抢到的人家用"抢"来的"头水"做成食物，挨家挨户送到老人手中，共享"抢头水"成果，老人们收到食物后便在碗中放几分钱以示压岁，这亦是中华民族敬老爱老"孝"文化在边疆地区的体现。通过各民族共同团结奋斗、共同繁荣发展，2019年10月光明村被评为大理州民族团结进步示范单位。在丰富地方文化生活的基础上，传承和弘扬优秀中华民族文化成为促进各民族人心归聚、精神相依的动力，各民族在日常社会生活中潜移默化地增加了铸牢中华民族共同体意识的凝聚力和向心力，打牢了实现乡风文明、治理有效的社会基础。

（二）互嵌式居住空间是各民族交往交流交融的实践载体

"日常生活总是在个人的直接生活环境中发生并与之相关联"③，每种生活

---

① 该数据来源于2021年7月与漾濞县民族宗教局的座谈。

② 打歌又称踏歌、跳歌，起源于民间祭祀，是一种载歌载舞的集体歌舞形式，节奏明快、韵律强。

③ ［匈］赫勒．日常生活［M］．衣俊卿，译，重庆：重庆出版社，1990：6.

空间形态的结构或模式，都产生于特定的时空背景。光明村地属横断山脉的高山峡谷区，河谷及山间的平坦面积仅占总面积的 1.6%，开阔处耕地呈不规则块状、条状，地势狭窄处则呈点状分布。① 受地势条件限制，人口垂直分布差异明显，自然村规模都不大，人们以村、寨为单位依地势而居。据村民回忆，以前不同民族的 300 余户村民呈交错居住的状态，彝、汉、白族大多交错杂居于村左比较集中的区域，傈僳和傣族则零星散布在村庄四周。2016 年，SMG 公司和YS 公司进入发展旅游产业，投资 1.2 亿元对村落空间进行了整体改造，建造云上四季花海、草坪咖啡馆等景观，帮助各家各户的精致小景融入绿色生态大景。由于市场对分工协作的要求更高，要发展整村旅游，村民必须进行利益关联和社会参与关联，在过去交错杂居的基础上，大家的交往互动进一步增多，更加互相包容，谋求团结发展，体现出互嵌式社会的内涵。实地观察中，调研组以核桃神庙为核心进行了访谈，如图 1，以核桃神庙为核心居住着 16 户人家，彝、汉、白、傣、傈僳族，光明村 5 个民族成份均有，互嵌式居住在方圆 1 公里内。

图 1　光明村部分农户互嵌式居住实景图（调研组拍摄于 2021 年 3 月）

基于历史上长期的交往交流交融和当前旅游业的发展，在空间相错的同一区域内，一定程度形成了自由交往、互帮互助的共同体，实现了由"交错杂居"向"互嵌式居住"、由"庭院经济"向"农旅融合"的转变。虽然原有生活空间经整村开发发生了一定程度的变化，却并未改变原有交错居住、关联共生的空间结构和生活模式，仍是对原有生活核心的延伸，而且为村庄经济发展和乡

---

① 漾濞彝族自治县地方志编纂委员会 . 漾濞彝族自治县县志［M］. 昆明：云南人民出版社，2020：195.

村治理创造了良好的空间条件，促进了各民族的交往交流交融。

（三）各民族在长期交往交流交融中形成了互嵌共生的生活模式

"任何人类历史的第一个前提无疑是有生命个人的存在"，① 马克思以"现实的人"揭示了生活的概念，即社会性是人的本质属性，日常生活的根本是人与人之间的日常交往。在马克思主义民族理论中国化的新进程中，2021 年 8 月的中央民族工作会议指出，要加强各民族交往交流交融，推动建立相互嵌入式的社会结构和社区环境。2022 年 2 月，国家民委印发《全国民族团结进步示范市（地、州、盟）、县（市、区、旗）测评指标》，亦有"构建互嵌式社会结构和社区环境""引导各族群众互嵌式居住生活"的考核要求。

具体到个案，在这个以彝族为主的多民族高原村庄，热情好客、守望相助、互商互量之日常体现了民族大团结的浓厚氛围；在长期交往交流交融中形成互嵌共生的生活模式，是传统生产生活中"集体协作"惯习及其价值理念在社会关系层面的鲜明反映。在光明村，但凡有客登门，不论认识与否均以茶水、小吃或设酒宴招待，有"无酒无鸡不成席，鸡头鸡卦敬客人""酒满敬人，茶满欺人"之说；日常社会生活中互帮互助，猎物、蔬菜、蜂蜜等一家得之各户分送，谦称"请尝鲜"。村民 HYL（女，彝族，62 岁，文盲，光明村村民，务农）说："村里谁家办事需要帮忙，周边邻居都会赶来，过节时也会把自家吃食拿出来分享。"她还给调研组讲起了自己的故事："我是地地道道的彝族，年轻时嫁来这里，丈夫是白族，现在家里有彝、白、汉三个民族成份，生活上我们尊重彼此的饮食和生活习惯，全家说着一样的大理方言。村里有好些家庭和我家情况相似。"互嵌共生的模式不仅体现在户与户之间，还深入体现于每一户的家庭生活当中。

赫勒曾写道："在日常生活批判中，最重要的问题不是分析日常生产生活，而是在揭示非日常社会活动领域重要特征的基础上，进一步揭示人们进行日常生活的方式"②。经对个案日常社会生活的探讨，多元一体社会格局、互嵌式居住空间和互嵌共生的生活模式，共同构成了乡村振兴进程中的社会生活逻辑。在和谐淳朴的生活环境中，民族乡村社区贯彻落实中央民族工作会议精神，从居住生活、劳动学习等日常环节入手，创造各族群众共居、共学、共事、共乐的社会条件，推动了互嵌共生式发展。

---

① 马克思，恩格斯. 马克思恩格斯选集：第 1 卷［M］. 北京：人民出版社，1999：79.

② ［匈］赫勒. 日常生活［M］. 衣俊卿，译，重庆：重庆出版社，1990：15.

三、源于日常文化生活生成地方传统智慧，孕育了边疆乡村发展的价值共识

正如语言学家索绪尔所总结的，"变迁的原则建立在延续性基础上""一切变迁中起支配性作用的因素都是原有本质的继续"。① 作为区域发展动力的集中表达和灵魂，② 地方性知识体系形成于日常生产和生活的日积月累，其良性部分体现为传统智慧蕴含的认识和价值共识，即被所有成员一致抱持的价值情感、认知和信仰，并以此维系社会有序运转。全面阐释乡村振兴的日常生活逻辑，不仅需关注经济与社会，更应阐释蕴含于地域文化中的良性观念机制。具体到个案，可从生态思想、社会价值、文化象征入手展开探讨。

（一）人与自然和谐共生的传统生态思想与现代发展理念形成共识

光明村平均海拔 2110 米，年平均气温 14.3℃，所在的苍山西坡腹地植被优越，极具生物多样性，系统遗传资源丰富。据中英联合进行的苍山科学考察资料分析，存在 6000 余种植物生存的可能，其中已查实的有 182 科 2849 种。但是，产业发展中亦存在高原传统农业的普遍问题，如风大易造成农作物倒伏或折断、吹落幼果、倒春寒影响较频繁、降水量稀少、浇水困难、交通不便等。所以，当地居民在农耕中坚持因地制宜、因时制宜，秉持遵循自然规律的传统生产观念，根据土地类别、生产状况、地势条件选择了核桃种植作为本地的优势作物。核桃树根深树大、水源涵养性好，有利于保持水土、减少风灾，提高植被覆盖率，能极大改善高原的生态环境。与该县农业农村局座谈时，ZSY（男，彝族，56 岁，大学，漾濞县农业农村局农业技术办公室主任）介绍道："漾濞核桃复合栽培以种植核桃为主，主要间作粮食作物、中药材和蔬菜，是千百年来经农耕实践自然选择形成，积累了保护与利用水土资源的丰富传统知识。如在陡峭的山崖、山沟或山箐边种植植被以保护山坡和涵养水源；在山体裸露的地方采取加固、绿化等措施防止山体崩塌；在不宜耕翻土地的陡坡上，用晒干的树叶、杂草在树冠投影面积内填埋树盘，提升土地肥力；在村子周边进行核桃复合栽培，栽种核桃以外的风景林、果树林、涵养水源林等。"这套完备的传统农作物间套作系统其本质是生态农业，能有效维持传统种植的可持续性。此外，村规民约中还明确规定 2400 米以上是苍山自然保护区，绝不可以胡乱种植、人为损坏。

---

① SAUSSURE F DE，BALLY C，SECHEHAYE A. *Course in Ceneral Linguistics*［M］. New York：The Philosophical Library，1959：74.

② 谢长山. 新时代盘锦精神的思考[J].文化学刊，2020（05）：37-40.

长期的农耕劳作中，当地先民形成了人与自然和谐共生的生态思想，在充分考虑和保护自然环境的同时有效利用土地资源，以其独具特色的复合农业生态系统为应对当前环境问题提供了宝贵经验和现代价值，这套传统经验与现代生态产业发展理念不谋而合。目前，在核桃与玉米等传统粮食作物、经济作物间套作的复合栽培基础上，村集体发展了核桃与水果、中药、林下畜禽等新品种的间套作及养殖模式，摸索出了更具地方特色更丰富的现代丰产技术和栽培技术，通过传统与现代的有效对接，传统生产智慧与现代化发展理念形成的生态价值共识，实现了生态效益和经济效益的统一。

（二）在中华民族一体化的历史进程中形成团结友善的地域社会价值

漾濞历史上属于中央政权版图，是中华民族历史共同体的一部分，历代民族关系的主体走向是经济、政治和文化上"一体性"增强，交流交往范围和深度不断扩大。如"唐标铁柱""九征尽刊其城垒，焚其二桥，建铁碑于滇池，以纪功焉"，[①] 见证了西南民族地区纳入中原政权及其文化体系推进一体化的进程。在各民族对中华民族共同体认同的形成过程中，中华民族的自觉意识不断增强，为漾水濞水流域各民族形成团结友善的地域价值打牢了历史共同体基础。调研组在梳理资料时读到一本全面反映漾濞人文风情的文化散文，里边有段关于县城江畔漾濞老街的描述："只要路上落下马帮的马粪，路边就会有人拿簸箕来收拾，小街是漾濞人朴素、纯粹感情的见证。"[②] HYL（女，彝族，62 岁，光明村村民，务农）听到这段描述时附和道："我们村也是一样，来了亲人、客人和朋友都会留人吃住，打扫的小事更不会斤斤计较。"正是得益于祖辈沿袭下来的传统美德，当地各族群众在日常交往中表现出极大的包容性，邻里和睦、互帮互助蔚然成风。

个案所在县境内 18 个民族在从古到今的风云变幻、交往交流交融的一体化进程与长期的农耕劳作中求同存异，形成了无私相处、和谐友善的地域价值内核，不断磨合、调和了可能出现的矛盾纠纷。当前民族工作更是以铸牢中华民族共同体意识为主题主线，积极推进"互联网+民族团结""融媒体+民族团结"等示范创建工作。2022 年 1 月，漾濞彝族自治县入选第九批全国民族团结进步示范区示范单位。

（三）一套围绕核桃衍生的象征体系成为产业振兴的文化核心

光明村核桃种植历史悠久，最早可追溯到 3500 年的新石器时代，苍山古崖

---

① 漾濞彝族自治县地方志编纂委员会. 漾濞彝族自治县县志 [M]. 昆明：云南人民出版社，2020：195.

② 马情. 文化大理：漾濞 [M]. 昆明：云南人民出版社，2016：57.

画、"草帽人"古崖画等遗迹中都有新石器时代先民采摘核桃的场景。1978 年，科技工作者在村庄中发现一段核桃阴沉木，经中国科学院化验表明，这段核桃木距今已 3325±75 年；明代著作《南诏通记》记载"段思平'获商人遗以核桃一笼'"，康熙《云南通志》卷记载"核桃大理漾濞者佳"，《滇海虞蘅志》记载"核桃以漾濞江为上，壳薄可捏而破之"，由此推断宋明时期核桃已被作为商品，清朝以前漾濞江流域已培育出了现代漾濞大泡核桃，光明核桃又是漾濞核桃的典型代表。同时，核桃亦是当地村民祖先崇拜的重要象征。调研期间，XXL（男，52 岁，彝族，硕士，漾濞县核桃研究院院长）讲了一个小故事："相传有一位名叫萨秘母的彝族姑娘，希望漫山遍野的铁核桃树能变得壳薄肉厚。老虎给她托梦说'只要你与铁核桃树合为一体就能行'。老虎是彝族崇拜的神，所以萨秘母决定牺牲自己。几十年后，族人惊奇地发现原本的铁核桃现在手捏即破、仁白肉厚，核桃树上印着一个彝族妇人。这时大家才明白萨秘母失踪的原因，并尊称她为核桃神。"祖先崇拜是中国传统农耕文化的重要组成部分，作为当地祖先崇拜的重要载体，核桃是将特定社会空间的村落整合为地域文化共同体的重要基因，凝聚着共享精神价值。在光明村做客时，调研组还发现了一个有趣的现象，不同于其他地方迎客时递上茶水或酒水，光明村以核桃招待客人，核桃宴是漾濞人民招待贵客的最高礼节。县志里亦有如下记载："漾濞彝族热情好客，有客登门以核桃仁刨花和食糖混合冲调，用瓷碗盛装敬奉客人。"①可见，在漫长的日常生产和社会文化生活中，这个高原山区村庄形成了一套以"核桃"为核心的文化象征系统，核桃已然成为当地群众的"文化黏合剂"，承载着特定的社会象征意蕴。当前，地域象征体系的核心要素引入现代产业发展后，核桃文化成为最具代表性的漾濞特色文化。大理漾濞每年都要在光明村的万亩核桃生态园举办核桃文化节，包括产业发展科技交流会、推介活动、旅游系列活动、商贸洽谈活动等；各族群众也会自发组织祭祀核桃神活动和核桃开杆仪式，祈求风调雨顺、五谷丰登。以核桃为中心，光明村形成了生活与产业的互动链接，并在传统节日、仪式庆典、空间重构等多重维度中发生着因袭、推广和重塑。②

　　该篇以日常生活理论为研究视角，通过梳理个案的农耕文化实践，从经济、社会、文化三个维度，阐释了蕴含其中的产业基础、互嵌共生和价值共识，了

---

① 漾濞彝族自治县地方志编纂委员会．漾濞彝族自治县县志［M］．昆明：云南人民出版社，2020：183.

② 刘春呈．铸牢中华民族共同体意识的饮食文化认同进路［J］.广西民族研究，2021（02）：43-52.

解到正是这种内生外联双向发力，才促进了民族地区乡村振兴，如图2。

图2　乡村振兴日常实践逻辑流程图

其一，基于对"日常生产生活"的价值反思，乡村产业振兴应结合地方元素构建本土化的现代产业发展模式，实现传统与现代的嵌入与耦合。半封闭的生产环境一定程度保留了传统的农耕生产方式与惯习，增强了生产聚合力；集体协作式生产类型有效降低了村落生产活动的风险，成为一道"安全阀"；构建三产融合发展的现代产业体系是产业兴旺的基础，是实现西南边疆民族地区乡村振兴的重要路径。其二，生活格局、居住空间、交往模式共同构成了实现乡村振兴的社会要素。不论光明村如何改造，习惯和日常互动逻辑都无时无刻发挥着作用，"旧院墙"改造和"庭院经济"不仅未破坏以"生产"为主旨的生活空间，还能满足各民族长期以来形成的互嵌居住和村民们"守家在地"的情感需求。三者互相作用，形成于各民族长期的交往交流交融，作用于共同团结奋斗和共同繁荣发展，为乡风文明、治理有效提供了稳定的社会基础。最后，地方传统智慧中蕴含的生态观念、地域价值和象征体系是推动乡村振兴的文化基础。"乡村衰落的本质即乡村价值的流失，实现乡村振兴就必须挖掘乡村价值"，① 反思其价值，深入挖掘蕴含于农耕文化实践中的地方性知识体系，实现传统智慧与现代产业的有机衔接，推动乡村的全面振兴。

---

① 李小云 . 乡村实践：乡愁的现实表达［C］. 乡愁中国·大理论坛，2021.

第十章

乡村治理篇

　　乡村社会治理是推进国家治理体系和治理能力现代化建设的微观基础，是国家治理的基石、社会治理的"神经末梢"，事关社会稳定、国家发展、人民幸福。而构建人人有责、人人尽责、人人享有的社会治理共同体则是新时期党对我国社会治理的经验和总结，是新时代中国特色社会治理的全新语境。民族地区乡村社会治理与铸牢中华民族共同体意识既是经济课题，也是文化课题，更是发展命题，两者均依托于各族人民自觉凝聚的"共同体"理念。该篇基于社会治理共同体理念，以云南省大理白族自治州大理市喜洲镇为田野点，以西南边疆民族地区的乡村社会治理为研究对象，结合现代治理的相关理论与模式，运用案例分析、实地调研、问卷调查等方法，总结了个案在乡村社会治理工作中取得的成效、经验，分析了个案在协同治理模式下遭遇的治理问题与瓶颈。基于问题意识，阐述了个案从协同治理走向社会治理共同体的内在逻辑与现实需求，从现状—问题—解题思路的研究框架，呈现了以铸牢中华民族共同体意识为主题主线，在共同体理念下完善乡村社会治理的实践进路。

何以示范：治理共同体理念下大理喜洲的
社会治理实践

党的十八届三中全会明确了"社会治理"的概念，十九大报告提出打造共建共治共享的社会治理格局，2018 年《乡村振兴战略规划（2018—2022 年）》对健全现代乡村治理体系做了全面系统的部署，党的十九届四中全会提出建设"人人有责、人人尽责、人人享有的社会治理共同体"，党的二十大报告提出"全面建设社会主义现代化国家，最艰巨最繁重的任务仍然在农村"。通过上述政策梳理，推动社会治理共同体理念下的乡村社会治理，进一步优化和完善乡村社会治理体系，已成为我国重要的政策话语和推进乡村社会治理的重要要求。在此背景下，学术界对于治理、社会治理、国家治理、治理共同体等问题的关注度有了大幅提升，其成果涉及社会学、政治学、法学等各个学科领域。国外学者对于现代治理问题的研究主要集中在"共同体"、社会治理的内涵、社会治理主体、社会治理途径几个方面，国内学术界主要聚焦于社会治理共同体的内涵、社会治理共同体的构建、社会治理共同体的时代价值，但从社会治理共同体的理念视角，探讨大理喜洲乡村社会治理路径的相关研究尚属空白。鉴于此，为分析大理喜洲何以成为第一批全国乡村治理示范乡镇，示范效益能否推动当地铸牢中华民族共同体意识实践，以及经数十年协同治理的实践，该乡镇社会治理是否走入了瓶颈，能否在社会治理共同体理念下拓新乡村社会治理的模式与路径，进一步推动铸牢中华民族共同体意识的实践，调研组选取了云南省大理白族自治州大理市喜洲镇作为田野点展开研究。

一、喜洲镇乡村社会治理概况

喜洲镇号称中国白族风情第一镇、大喜之地，隶属于云南省大理白族自治州大理市，东临洱海，西枕苍山，北接上关，南连湾桥，是大理国家级风景名胜区、自然保护区和历史文化名城的重要组成部分。镇域面积 163 千米，耕地

34 047.56 亩（含自留地 5131.44 亩），海岸线 19.1 千米。镇党委下设 13 个农村党总支、46 个农村党支部、3 个机关企事业单位党支部、13 个"两新"组织党支部，党员 2804 名。全镇辖 13 个村委会、54 个自然村、171 个村民小组，总人口数 68 655 人，常住白、汉、回、纳西、傣、彝族等 15 个民族，白族占总人口的 89%。公元前 109 年，汉武帝在洱海地区设叶榆县，故址在喜洲；隋唐时期，喜洲又称"大厘城"，是南诏时期的"十睑之一"；源于唐、起于明、兴于清、盛于民国的喜洲商帮，是大理白族地区工商业发展的摇篮，孕育了以"严、董、尹、杨"四大家为首和"八中家""十二小家"的白族民族资本家，一度有"穷大理、富喜洲"之说，独具白族特色的"三坊一照壁""四合五天井""走马转角楼""西洋将军楼"等一批历史建筑随之出现；抗战时期，喜洲是老舍笔下的"英国剑桥""世外桃源"，是华中大学西迁的驻地；中华人民共和国成立以后，一部电影《五朵金花》让千年古镇喜洲驰名中外。1999 年，喜洲被列为国家小城镇经济综合开发示范镇；2005 年，被云南省列为省级旅游小镇；2007年，被评为云南省十大名镇；2009 年，当选为中国民族团结进步模范镇；2012年，被评为云南省生态乡镇；2015 年，被评为省级生态文明示范镇、省级文明小城镇；2016 年，被认定为第一批中国特色小镇；2019 年，入选"2019 年度全国综合实力千强镇"；2019 年，入选全国乡村治理示范乡镇名单。

（一）治理现状

自 2019 年入选全国乡村治理示范乡镇名单以来，大理喜洲以"中国白族风情第一镇"为发展定位，围绕乡村社会治理的基础性工作，初步探索出了乡村社会治理的喜洲模式经验，具体体现如下。

1. 党建引领多元共治，健全"三治融合"乡村社会治理体系。当前，党建引领已成为我国社会建设和政治实践等各领域广泛出现的领导策略，"党建+"的发展模式已成为社会各领域的政策话语，成为乡村社会治理的核心抓手。同时，"党建引领多元共治"的乡村社会治理模式在实践层面为混乱无章的乡村社会治理提供了治理主体和治理秩序上的稳定，同时亦在理论层面为乡村社会治理提供了智力支持和政策依据。进入新时代以来，在社会各界的共同参与、共同治理下，当前的喜洲已初步形成党委领导、多元主体协同参与乡村社会治理模式。镇党委将党建作为政治使命、乡村社会治理之基，配套了较为完善的乡村社会治理追究责任体系，并在具体实践中重点抓村"两委"，充分发挥村"两委"的牵头和引领作用，形成镇党委领导—村干部带头—示范党员为中心，自上而下的乡村社会治理模式。

2. 紧扣发展定位，加强生态环境治理。乡村社会治理是农村健康平稳发展的一大基础性工作，乡村的变革与发展在村民利益诉求的改变和乡村社会治理体系、模式与格局的变迁中实现，尤其伴随着我国社会主要矛盾的转变，各治理主体对于自身的良好发展也有了新的诉求，表现为利益诉求具体化、多元化。笔者在对喜洲调研过程中也发现，十九大以来村民对于实现自身良好发展的条件有了更高的要求，尤其当地村民对于经济和生态的诉求，逐渐从原来一味追求经济效益，转变为更加期待在经济效益的基础上实现经济效益与生态效益的"双赢"。在此背景下，喜洲紧扣习近平总书记"一定要把洱海保护好"的殷切嘱托，对村庄规划、生态环境等做了一系列规划部署，如构建"户收集、网输送、厂处理、塘净化"的截污治污体系，确保清水入湖，以"一户一宅"政策强化村庄规划，依托网格化建立卫生巡查监管体系，推动村民对于生态宜居的价值诉求逐渐转变为行动自觉、身份自觉，强化主体身份意识，主动参与乡村社会治理实践。

3. 立足本土优势，夯实物质基础。乡村社会治理的关键在"人"，但乡村社会治理也离不开物质基础，乡村社会治理效能的提升需要以物质基础的保障作为前提。夯实乡村社会治理的物质基础，不仅是实现乡村振兴战略、建设现代化乡村社会治理体系的题中之义，更是推进国家治理体系和治理能力现代化的必然要求。喜洲被誉为"中国白族风情第一镇"，富有深厚的历史文化底蕴。近几年，喜洲镇依托资源禀赋，立足镇情，打造了以农业、文化、旅游、生态、人文为支撑的产业体系，有效保障了喜洲经济实力和社会发展后劲的综合提升。依托特色小镇、历史底蕴，结合民族节庆、茶马古道、喜洲商帮等元素，打造了文化旅游、生态观光、乡村体验相互融合的新业态，促进了休闲农业与乡村旅游的协调发展。农文旅产业的有机融合为当地经济发展注入了新鲜血液，为当地乡村社会治理提供了坚实的物质基础。

4. 抓实民族文化传承，发挥文化治理功能。随着我国乡村社会治理体系的进一步系统化和精细化，以及我国社会主要矛盾的转变，村民越发倾向于经济效益、生态效益与文化效益的共赢。乡村社会治理也从仅靠经济驱动逐渐转向经济与文化双驱动，甚至更多表现为文化驱动。喜洲民族文化底蕴深厚，常住有白、汉、回、纳西、傣、彝族等15个民族，白族占到89%。当前，喜洲有18项列入非物质文化遗产保护名录，其中白族扎染技艺和白族"绕三灵"列入国家级保护名录，30余人被各级评选为非物质文化遗产项目代表性传承人。在此优势下，喜洲镇以当地民族风情风俗的精神内涵为契机，融合中华优秀传统文化，充分发挥了文化治理功能。以非物质文化遗产项目代表性传承人、民族节庆日、传统工艺等为纽带，促进乡村社会治理不同主体间的多元互动，凝聚乡村社会治理主体的价值共识，为整合乡村社会治理多元主体、盘活本土治理优势发挥了重要作用。

5. 完善矛盾协调机制，构建和谐乡村社会治理环境。村民利益诉求多元化所带来的价值分歧、利益冲突，影响着乡村社会治理的和谐稳定。因此，喜洲在乡村社会治理实践中，将民族文化与司法实践相结合，打造了"金花调解室"民族特色调解品牌，理性引导邻里纠纷。根据调研数据显示，2021年，喜洲镇共调处各类矛盾纠纷756件，调解率100%，成功率98.5%，为推动喜洲乡村社会治理提供了良好环境。

（二）协同治理模式

1. 模式溯源

乡村社会治理在推进国家治理体系和治理能力现代化过程中有着至关重要的地位，不仅是推动农村现代化进程的一项重要任务，更是实现乡村振兴战略的必然要求。在中国漫长的乡村社会治理历程中，乡村社会治理的主体、治理的目标及治理过程均发生着转变。于治理的主体来看，从人民公社时期的政府自上而下，以绝对权威、占绝对优势地位的"一元"治理主体，向改革开放后由政府、社会组织、个人等共同参与治理过程的"多元"主体转变；于治理目标来看，从人民公社时期以政策、法律、行政手段等手段，以管理或管制为形式的乡村治理目标，向改革开放后政府简政放权，以提供公共服务、优化乡村社会发展为乡村社会治理的目标转变；于治理过程来看，从人民公社时期政府自上而下主导治理的过程，向改革开放后协商民主的过程转变。在此过程中，乡村社会治理体系有了新的创新和发展，其内涵、目标、实现路径等也增添了许多新的元素，其中协同治理作为一种新型治理理论也逐渐被应用于我国乡村社会治理过程中，成为一段时间以来应对我国乡村社会治理复杂形势的重要理论支撑。协同治理模式下的喜洲历经数十年的乡村社会治理实践，形成了具本土特点的独特经验，该治理模式被广泛运用于乡村社会的各个方面。协同治理重点强调治理主体的多元性和协同性、治理本身的制度性和治理目标的公共性，其最大的特点体现为治理主体的多元性，可概括为五种类型，即党组织、行政机关、基层群众自治组织、生产经营合作社和个人。

2. 运行逻辑

"多元""协同"治理模式形成的逻辑在于以下几方面。

一是党组织作为主体之一参与协同治理。喜洲镇党组织在当地乡村社会治理中处于领导地位，是协同治理模式下促进乡村社会治理平稳运行的根本保障。喜洲现已初步形成党委领导、多元主体协同参与乡村社会治理的多元治理体系，喜洲镇党委以及各村党总支在乡村社会治理中充分发挥领导作用，承担管理、宣传教育、发动村民的职责。

二是行政机关作为主体之一参与协同治理。大理州喜洲镇政府作为基层国家行政机关，在当地乡村社会治理中负有主要责任，不仅要统领全镇政治、经济、文化等各领域的发展，还要发挥其领导核心作用，整合其他主体共同参与乡村社会治理，依靠多元主体壮大政府治理、管理能力。同时，与我国乡村社会治理演变历程一样，喜洲镇政府在推进乡村社会治理过程中，其治理主体、目标、方式也不同程度发生了转变。如调研组在与喜洲镇政府主要领导干部座谈后得知，进入新时代，尤其党的十九大以来，喜洲镇政府在协同治理模式下，其原有乡村社会治理方式（管制或计划）以及以政府为单一主体的理念逐渐向以政府为社会提供公共服务、协商治理为目标转变，从操办一切的主导型政府向服务型政府转变。

三是基层群众自治组织作为主体之一参与协同治理。喜洲镇下辖 13 个村委会、54 个自然村、171 个村民小组，其中各村村民委员会在当地乡村社会治理中扮演着重要角色。各村村民委员会既是当地乡村社会治理的主体之一，又是本村乡村治理的领导核心。这就意味着村两委既要做好基层群众自治范围内的本职工作，又要与乡镇政府合作协商，承担起乡村脱贫攻坚、教育、生态宜居环境、民生保障等责任。

四是生产经营合作社作为主体之一参与协同治理。当前，喜洲镇有大理市喜洲镇狗街华林生猪养殖专业合作社、大理市喜洲镇上关村名品玫瑰花种植专业合作社、大理市一毛农业综合开发专业合作社等众多合作社，缓解了当地的就业压力，促进了经济发展。同时，合作社作为治理的主体之一，在经济、环境、就业等各方面为当地乡村社会治理的实践提供了助力。

五是个人作为主体之一参与协同治理。在喜洲，个人既是乡村社会治理成果的享有者，更是治理过程中不可或缺的一大主体。为了能够让每个村民对乡村社会治理有行动上的自觉，喜洲镇以各村村委会为主阵地，在各个村开展主题讲座，对村委会干部开展主题培训，帮助村民对于乡村社会治理达成价值共识。在个人作为主体之一参与乡村社会治理的过程中，精英人士和乡土人才发挥着主要作用，无论在哪个村庄，精英人士和乡土人才在所在村庄都拥有话语权。喜洲镇在乡村社会治理过程同样十分注重人才振兴，组建了喜洲镇青年人才党支部，为当地治理提供了人才保障。此外，对精英人士和乡土人才进行分类，在喜洲，能够在乡村社会治理中拥有一定话语权的精英人士主要包括以下三类：一类是本地退休的老干部、党员，这一类人在日常生活中有较好的经济基础，做事有远见，为人大方，普遍能受到村民尊敬，其言行也能令人信服，在镇政府—村民委员会—个人的三大联动主体中，本地退休老干部及党员在乡村社会治理中起到了很好的示范作用；第二类人指一些品质高尚、为人正直、有特殊技能，且值得村民信任的人，这一类人在乡村社会治理中也有一定的话语权；第三类人指在经济上有绝对优势地位的人，其经济收入水平明显高于本地区的平均水平，构成了农村精英人士和乡土人才的一部分。调研组在喜洲访问村民时有这样的问题："您是否了解基层政府乡村社会治理的内容？如果了解，了解的渠道主要是什么？"喜洲古镇一扎染店老板这样回答："我还是有一点儿了解的，但是了解不多。比如前两年家里危房改造影响了村里的环境，村干部动员全村村民一起来打扫卫生，还有定期举办各种劳动技能培训、国家政策方针的宣传和培训，应该都是治理内容吧。我理解，乡村社会治理就是让农村发展好，让农民过得幸福。平时去村委会开会我能了解到一些，在村微信群能了解到一些，还有从邻里邻居，比如说村里面退休的老师、大学生啊，款白话（聊天）中也能了解到一些。"① 可见，由喜洲镇政府作为乡村社会治理的主要主体，通过其发挥领导作用，整合党组织、行政机关、基层群众自治组织、生产经营合作社和个人几大治理主体，形成了喜洲多元主体共同参与乡村社会治理的协同治理模式。

二、协同治理模式下的喜洲乡村社会治理困境

大理州喜洲镇作为第一批全国乡村治理示范乡镇具有一定代表性，有自己较为独特的治理模式和治理思路，但经数十年协同治理的实践，该乡镇乡村社会治理亦走入了瓶颈。随着经济结构的深刻变革和社会转型的不断深化，以及新冠疫情常态化的影响，喜洲镇乡村社会治理环境较之前发生了较大变化，乡村社会治理凸显出新的矛盾。协同治理模式已然不能适应当前新的发展需求，乡村社会治理的路径与模式亟待优化和完善。

（一）协同治理模式本身存在不完善之处

这种不完善体现为：其一，协同治理模式强调治理主体的多元，但受到主体多样化、复杂化的影响，难以制定统一的整合标准。一方面，协同治理模式下的各主体为了追求共同利益而相互协作参与乡村社会治理，不存在契约的形式，也不受制度的约束，完全以互惠互利原则开展各种联合活动，这样随着经

① 访谈资料来源：访谈对象 YXM（白族），女，扎染店老板。访谈地点：扎染路边店。访谈时间：2022-04-17。

济结构的深刻变革，各主体之间的利益诉求就难以达成一致。加之没有具体的制度约束，完全靠行动自觉，使得各主体之间无法形成共同治理的价值共识。另一方面，协同治理模式下的各主体为了索取自身某种利益而达成共识，主体之间存在某种契约关系，可一旦契约作废即合同到期，两个主体便不再有关联。这类如同"契约制"的协同治理模式存在很大的弊端，更多地体现在政府与非政府组织之间的项目合作，一旦合同到期，第三方社会组织不再履行治理义务、承当治理责任，这就导致一些项目建设没有连续性，无法真正推动当地乡村社会治理的进程。其二，虽协同治理模式在本质上不要求有明确的规章制度作为约束，但在实践中需要政府充分发挥其领导主体的作用，没有政府的引线牵针，各治理主体难以主动参与治理。而政府的权力、精力和能力始终有限，不可能将政府所有精力和时间放在乡村社会治理上，因此协同治理模式存在一定的被动性。同时，对于签订了契约或合同的，需要以内在的信任机制作为保障，否则一旦契约双方出现信任危机，双方便会失去互动的可能。其三，从协同治理模式所依存的现实条件来看，"协同治理以社会的存在和壮大为前提条件。社会的存在和发展需要有活动空间、权利保障、资源保障和能力保障。"① 这就意味着协同治理模式要长期有效地在乡村社会治理中发挥作用，就要依靠当地经济和社会的发展。然而，在乡村社会治理各种问题相互叠加，且政府的权力、能力和资源有限的情况下，社会发展程度必然因此受到限制。

（二）基层政府对于协同治理模式的挖掘与应用不足

经评估组深度调研和访谈，发现在协同治理模式下，喜洲的乡村社会治理主体仍更多地倾向于传统治理主体，即以政府为单一主体的治理方式。具体体现在以下两方面。

其一，喜洲镇自上而下的政策传导机制不合理，喜洲下辖 13 个村，其中喜洲村、周城村、上关村依托资源优势，社会发展程度较高，经济发展状况较好，政策传导也较为通畅。然而，各村之间发展存在差异，各村两委干部之间的综合素质存在差异、各村居民的受教育程度也存在差异，加之乡镇政府对于一些政策的落实不能够结合各村发展的实际做出调整，对于政策落实情况的评定依据也未能按照具体实际制定标准，造成乡村社会治理政策传导不畅、政策落实情况评定标准不统一。

"从 2019 年入选全国乡村治理示范乡镇名单以来，喜洲镇在乡村社会治理

---

① 何增科．国家和社会的协同治理——以地方政府创新为视角［J］.经济社会体制比较，2013（05）：109.

方面做了很多工作，然而受到新冠肺炎疫情影响，最近两年喜洲乡村社会治理工作进展相对缓慢，成效也不是十分突出。其中一个重要原因在于乡镇政府和村两委之间的政策落实和沟通存在很大问题，比如喜洲村、周城村等旅游资源丰富、经济发展比较好的村的村委会干部综合素质比较高，这些村委对政策的理解、执行情况也就比其他好很多。所以，村两委干部的综合素质是当前喜洲推进乡村社会治理过程中存在的一大问题，全部13个村中几乎三分之二的村委干部对政策的理解是不到位的，也不能及时落实与反馈工作情况，镇上对他们的治理成效也就统计不准确。比如'三清洁'活动各村都行动了，但有些村人口外流十分严重，受到疫情影响收入不理想，好多在家开店的村民都到省外打工，留下老弱病残，参加清洁活动就没有劳动力，这些村具体落实情况如何，我们也只能通过微信群发照片的方式来判断了。"①

其二，尽管基层政府在乡村社会治理中既能紧扣"多元主体"治理的核心开展工作，也能够充分发挥镇政府的领导主体、带头牵头作用，整合乡村社会治理多个主体，引导和帮助各个治理主体共同参与乡村社会治理，但具体实践中各类主体身份意识不强，对自身在乡村社会治理中的角色定位不清晰、权责划分不明确。比如，无统一的管理机构，加之乡村社会治理的范畴较大，涉及乡村社会生产生活的各个领域，因此各部门之间出现治理主体不明确的问题，不仅如此，若宣传办、环保办、宗教办、文化办等各部门之间缺乏联动，部门之间沟通不畅，在部分决策中还会产生隔阂。治理主体身份意识不强还表现在责权不清上，村委会受多个部门领导，由于责权不明确，出了问题就容易相互推脱。此外，还有缺乏专业技术人员和管理人才、前期规划不明确后期发展建设存疑等其他问题。"近两年，我们镇（喜洲镇）充分发挥党建引领作用，以党建引领推进乡村社会治理的进程，2019年入选了全国乡村治理示范乡镇名单，开创了'五朵金花'的乡村治理新模式，但同时也存在一些现实问题，首先是乡村社会治理的相关部门之间缺乏有效的沟通。因为乡村社会治理包括的内容太多了，比如政治、经济、文化、民生等都包括在里面，但是我们乡镇现在又没有一个部门专门来统筹规划本地的乡村社会治理，基本上都是每个部门负责自己职责之内的工作，这就导致关于乡村社会治理各个方面的工作之间出现断层，也就是乡村社会治理工作缺乏一个整体性。有时候各部门之间还会产生一些分歧。这是当前我认为当地乡村社会治理存在的一个问题。其次是在进行乡

---

① 访谈资料来源：访谈对象ZQW（白族），男，喜洲镇党委副书记。访谈地点：喜洲镇政府。访谈时间：2022-06-11。

村社会治理的相关工作中，缺乏有技术有头脑的专业人员，由于我们平时的工作也很艰巨，所以对一些问题作出的决策没有前瞻性，也不够专业，和那些专门搞乡村社会治理的专业技术人员相比，我们对乡村社会治理方面的某些工作的处理就没有他们（专业技术人员）做得好。但是呢，乡村社会治理是个大工程，且这些方面的专业人员成本过于大，而且这一类的专业人员也不是很好找。所以下一步，我们还是打算针对现在已知的问题进行逐个击破。"① 镇党政办主任 HYM 在 2022 年的访谈中这样告诉我们。

2023 年 4 月，国家对新冠疫情政策做出重大调整之后，调研组又在喜洲镇展开了追踪性深度调研，访谈对象除喜洲镇政府机关工作人员外，还有外地游客、喜洲村村民。访谈结果显示，除上述问题，乡镇治理目标和乡镇部分企业之间也存在利益矛盾冲突。乡镇政府以提供公共服务、统筹乡村社会发展为治理目标，而乡镇部分企业以追求经济盈利为主要发展目标，这样企业就容易忽视适配本土社会发展实际，而作为参与乡村社会治理的主体之一，企业一旦脱离本土，不仅会造成治理主体的缺失，还会与同作为治理主体的政府产生价值分歧，而以"一刀切"的方式解决问题更会严重损害其他治理主体的利益，影响他们的积极性和地方治理进程。当地出租车司机 DPZ 在访谈中跟我们说："这些年乡镇的治理工作我还是比较满意的，虽然我没有什么文化，但是能够明显感觉到这些年老百姓的经济状况比十几年前好多了，环境卫生也比以前干净了不少。前两年新冠肺炎疫情期间当地经济不好，去浙江打工了一年，今年不封控放开了以后游客也慢慢多了起来，我就又干起老本行，但是觉得也还存在一些问题，就是在乡镇运营的公司。虽然我十分支持政府把外面的一些企业引到我们这里来（政府招商引资），毕竟能带动当地老百姓的就业，像我媳妇现在就在乡镇的一家企业上班，但公司做一些项目的时候不太考虑我们。比如，乡镇的旅游公司（大理旅游古镇开发有限公司喜洲田园分公司），公司对于旅游观光车数量控制有点儿不合理，前几年旅游观光车的数量还不是很多，但是最近两年观光车的数量越来越多了，我们能拉到的客人也就越来越少，很多出租车、三轮车的司机都说赚不到钱了，所以还是希望适当控制一下这个车的数量，好让大家都可以赚到钱嘛。另外是这个公司每年举办的开秧街呀、美食节呀等一些活动的时候，我们村里面的很多人都是参与不了的，基本上都是村委会派几个代表过去体验，这就造成一部分有意向的村民就参与不了了嘛。还有公司平

---

① 访谈资料来源：访谈对象 HYM（白族），女，喜洲镇党政办主任。访谈地点：喜洲镇政府。访谈时间：2022-06-08。

时也会组织一些培训，但是培训的内容一方面我们理解起来有点儿难，另外一方面很多培训内容也和我们的需求不一样，所以有时候公司做的一些事情和我们老百姓的想法就不符合了嘛。所以，还是希望政府能出面经常和公司沟通，做做工作，要照顾到地方和群众的利益。"①

小结之，当前喜洲乡村社会治理所面临的困境主要在于现有协同治理由于模式本身的不完善，不能很好地应对乡镇的复杂情况，同时基层政府治理运行与政策落实亦不畅通。所以，创新乡村社会治理新模式、探索新方向与思路，是调研中受到喜洲基层政府委托的，也是调研组正在思考的问题。

三、推动喜洲乡村社会治理从协同治理走向治理共同体的理论逻辑与现实需求

（一）理论逻辑：彰显中国特色社会主义制度优势

社会治理共同体理念下的乡村社会治理较之于协同治理模式更全面、具系统，更加彰显我国社会治理的制度优势，更加契合乡村社会治理共同体格局的价值取向和实践走向，与传统乡村社会治理模式相比更加强调治理过程中主体、方式与内容的多元。

1. 建设社会治理共同体能够彰显中国特色社会主义制度优势。从十九大报告提出打造共建共治共享的社会治理格局，到党的十九届四中全会提出建设"人人有责、人人尽责、人人享有的社会治理共同体"。当前，社会治理共同体已成为我国重要的政策话语，且充分体现着中国特色，彰显着社会主义制度的优势。具体表现为：以党的领导为根本方向、以人民为中心为核心立场、以社会主义核心价值观为价值准绳。

其一，以党的领导为根本方向。中国共产党的领导是中国特色社会主义制度最大的优势，党的集中统一领导为构建社会治理共同体提供了根本保障。作为中国特色社会主义事业的领导核心，党在上层建筑层面为社会治理提供了制度遵循和理论依据，其制度的根本性、长期性和规范性进一步保障了社会治理有章可循、有法可依。而马克思主义理论的科学性、实践性和发展性特点则为社会治理共同体建设提供了理论指引，形成了集制度优势、理论优势于一体的社会治理共同体。这与西方语境下的社会治理存在本质上的差异。由于西方的政党长期徘徊于选举和竞争中，游离于国家和市场的对立之下，政党的理念和

---

① 访谈资料来源：访谈对象 DPZ（白族），男，出租车司机。访谈地点：喜洲古镇。访谈时间：2023-04-12。

意志难以协调多方利益，致使参与社会治理的多元治理主体之间长期处于一种对立状态。而在中国本土语境下的社会治理，"正是坚持党的全面领导这一根本要素的加入，使得中国社会治理超越了西方'国家—社会'二分的理论预设。"① 再者，中国共产党作为社会治理的领导核心、最高的政治领导力量，能够充分调动社会力量，发挥中国特色社会主义制度集中力量办大事的优势。这一优势能够最大限度为社会治理共同体的建设整合多元主体、协调各方资源，为乡村社会治理中的党组织、行政机关、基层群众自治组织、生产经营合作社和个人提供行动依据。同时，社会治理共同体是中国共产党在马克思主义的指导下，在我国社会治理实践中凝聚的智慧，是中国共产党对社会治理规律的深化与拓展的成果，"是执政党整合社会方式的变革，反映了党的领导与执政策略对我国社会结构变迁的回应"②。表明社会治理共同体是符合我国社会发展实际、契合时代要求的新概念、新模式，为构建社会治理共同体提供了时代依据。最后，参与治理进程的不同主体之间存在较大的利益诉求，这是当前乡村社会治理所面临的主要困难。而党的领导这一制度优势能够将社会治理效能最大化，能够最大限度化解社会治理主体之间的利益矛盾，规范参与社会治理多元主体的行为，并通过党建引领，让党领导的效能下沉到基层，下沉到乡村社会治理的各个环节，为乡村社会治理创造良好的发展空间，确保治理的正确方向。

其二，以人民为中心为核心立场。一是从社会治理共同体的形成来看。党的十九届四中全会提出"建设人人有责、人人尽责、人人享有的社会治理共同体"目标，突出了社会治理共同体的核心——"人"，强调了全体社会成员既是参与社会治理的主体，均承担着社会治理的责任与义务，又强调了参与社会治理的全体成员能够共享治理成果的价值理念，体现了社会治理共同体是刚性治理与柔性治理的有机联合体。"人人有责""人人尽责""人人享有"是社会治理共同体的核心内涵，进一步拓展了我国社会治理以人民为中心的品格，体现了党对社会治理问题、对全体社会成员的关怀与期盼，指明了当前我国社会治理的正确方向，是中国特色社会主义制度优越性的根本体现。同时，党的十八届三中全会提出"创新社会治理，必须着眼于维护最广大人民根本利益"。③ 推进国家治理体系和治理能力现代化，关键在体制、理论的创新，核心在人。社

---

① 马文武，龚宇润．西方社会治理的伦理形态及其批判——兼论走向善治的中国社会治理[J]．领导科学，2023（01）：91．

② 刘燕妮．共建共治共享社会治理的生成逻辑和制度优势[J]．重庆社会科学，2022（01）：72．

③ 中共中央关于全面深化改革若干重大问题的决定 [N]．人民日报，2013-11-16（001）．

会治理共同体的提出，不仅毫不动摇地坚持了以人民为中心的根本价值导向，更是将以人为本的发展思想与共同治理、共同享有的理念统一到乡村社会治理的全过程。二是从社会治理共同体的功能来看。社会治理共同体以改善民生、社会发展为重点。当前，政府如何有效整合多元治理主体、如何将治理层面的制度优势和理论优势转换为切实的治理效能，是我国乡村社会治理面临的核心问题，尤其在基层治理中，政府机制创新和理念优化迭代，形成乡村社会治理的发展空间狭小，治理后劲不足，难以从根本上解决乡村社会治理问题。而"社会治理共同体"在政策和理论两个方面为社会治理提供了内在规定。同时，以人民为中心的社会治理共同体以唤醒社会成员主人公意识、凝聚"共同体"共识为方向，深刻解答了乡村社会治理为了谁、依靠谁的问题。三是从社会治理共同体的核心内涵来看。"人人有责""人人尽责""人人享有"的社会治理共同体三大核心内涵充分体现了对人民主体地位的尊重。"社会治理共同体是人人有责共同建设的价值共同体，也是人人尽责共同治理的行动共同体，还是人人享有共同发展的利益共同体。"① 人人有责的价值共同体肯定了全体社会成员，即人民群众和社会治理主体在治理进程中的主体地位，人人有责的行动共同体激活了人民群众参与社会治理的积极性和创造性，人人享有的利益共同体保障和满足了人民群众共享社会治理的成果。同时，"社会治理共同体"是中国共产党在实践探索中对马克思、恩格斯"共同体"思想的创新和发展，是对马克思主义群众史观的深刻理解与解读。马克思主义认为，未来社会是"以每个人的全面而自由的发展为基本原则的社会形式"②，是一个"自由联合体"③，指出"自由、全面发展"是人的类特性和全部本质。而"人人有责""人人尽责""人人享有"所体现的对人民群众主体地位的尊重、对于激发人民群众创造伟力、对于满足和保障人民群众共享治理成果，均以"人"这一要素为核心，这深刻表明"社会治理共同体"是现阶段党对马克思主义人的自由全面发展理念的时代解读。其次，从马克思主义群众史观的角度来看，马克思主义群众史观以人为实践活动的主体，强调人民群众是历史的创造者，而"社会治理共同体"正是基于人民群众的作用及自主性，鼓励人民群众积极参与社会治理，实现自我管理、自我调节的一种治理模式，极大地体现了人民主体性。

其三，以社会主义核心价值观为价值准绳。"社会治理共同体"较之于西方

---

① 王力平，社会治理共同体的理论意涵、出场实践及建设路径[J].甘肃社会科学，2023（02）：53-61.

② 马克思，恩格斯．马克思恩格斯全集：第23卷 [M]．北京：人民出版社，1972：649.

③ 马克思，恩格斯，马克思恩格斯选集：第一卷 [M]．北京：人民出版社，2012：294.

社会治理理念和治理制度，一大显著优势在于社会治理共同体理念与社会主义核心价值观的高度契合。要真正实现乡村社会治理有效，综合提升乡村社会治理的经济效能、政治效能、服务效能和社会效能，达到乡村治、百姓安、国家稳的治理目标，除了需要规范的制度政策和成熟的理论框架，还需要共同价值观念的引领，以保证治理的可行性、方向性和科学性。而在社会治理共同体理念下，社会主义核心价值观正是引领共同价值观的核心要素。"作为社会治理的基础性力量，社会主义核心价值观体现了社会思想意识与治理行动意识的高度统一，体现了最高社会目标与社会治理过程的有机统一，既是社会治理的基本内容，又是社会治理的价值目标和精神力量。"① 社会主义核心价值观作为社会主义核心价值体系的内核，高度凝练和表达了当前我国的核心价值观念，体现了全体社会成员对共同理想的追求。一方面社会治理共同体最大限度地凝聚了参与社会治理主体的共同价值观念，即社会治理价值共识，符合全社会成员的利益，代表了全社会成员共同的意愿，有助于实现乡村社会治理共同体的长远目标；另一方面，社会治理共同体强调的"人人有责""人人尽责""人人享有"三大核心要义与社会主义核心价值观基本内容有着高度契合性。一是社会治理共同体秉承了民主的内容，社会治理共同体是全体社会成员"共建共治共享"的联合体，人人有责、人人尽责充分体现了社会成员平等参与政治生活的民主性；二是社会治理共同体强调的人人享有，体现了社会主义核心价值观中公平正义的基本内容；三是社会治理共同体秉承了自由平等的内容。社会治理共同体理念下，强调社会成员共同参与、共同建设、共同享有的价值理念，与传统的政府主导型、单一主体治理型的社会治理模式相比，社会治理共同体更加强调全社会成员拥有平等参与治理的权利，体现了对个体权利和自由的尊重和认同。

2. 形成社会治理共同体理念是新时代乡村社会治理格局的价值取向。回溯我国乡村社会治理演变历程，从封建社会到新中国成立，到改革开放，到党的十八大，到现在，这是我国乡村社会治理模式和治理理念实现根本转变的几大历史时期，我国乡村治理模式和治理思想整体经历了"统治—管控—管理—治理"的转型。纵观各历史时期，治理的叙事始终围绕权力而展开，良好的社会建设不再是党和政府专项责任，② 尤其党的十八大以来，权力更多地被下放到基

---

① 陈锐，张怀民. 社会主义核心价值观之于社会治理的几点思考[J].学校党建与思想教育，2018（15）：73-75.

② 万月月，邓永禄. 整合式共治：共建共治共享的乡村治理格局研究[J].广西社会主义学院学报，2021（03）：27-28.

层、下放到农村，乡村社会治理发生了现代化转型。但同时，在当前以治理为主要叙事方式的治理模式下，乡村社会治理仍面临多重压力。而社会治理共同体的提出成为对乡村社会治理问题的时代回应，成为构建人人有责、人人尽责、人人享有的乡村社会治理共同体格局的根本遵循。具体体现为：其一，人人有责、人人尽责的核心要义体现了当前乡村社会治理中治理主体的多元变革。在中国式现代化背景下，乡村社会治理已然不再是党或政府的专项责任，"人人有责""人人尽责""人人享有"社会治理共同体理念正在取代过去统治、管控、管理的，以政府为单一治理主体的模式，转而强调全体社会成员以"主人翁"的身份意识参与社会治理的全过程。这对于构建治理共同体的乡村社会治理格局发挥了重要作用，一方面，社会治理共同体强调的多元治理主体可以减少政府自上而下垂直治理的成本，整合多元主体和各方势力，提升社会治理效能；另一方面，党的十九大报告提出打造共建共治共享的社会治理格局，将社会治理问题提高到建设中国特色社会主义事业的高度，最大限度激发了各治理主体参与乡村社会治理的主动性，而且从国家制度的层面呼吁各主体参与乡村社会治理，统筹了多元主体的最大潜能。其二，人人享有的核心要义体现了乡村社会治理利益共同体的理念。社会治理共同体理念下的乡村社会治理有效推动了基层党委和政府的主体力量与社会各方力量的整合，能够将党总揽全局、协调各方的优势与社会治理主体协商共治的优势相结合，整合利益分歧，构建合理、长期有效的利益共同体机制，实现公共利益最大化，从而促进各主体之间的多元互动，打造共同参与、共同建设、共同享有的乡村社会治理格局。

3. 运转社会治理共同体模式机制是新时代乡村社会治理格局的实践走向。当前，我国正处于社会加速转型期，尤其在城镇化、网络化叠加变迁的环境下，乡村社会治理的问题显得尤为庞杂，主要面临体制、制度、人才、技术四个方面的压力。一是在体制层面，主要体现在乡村社会治理多元主体间的合作共治不足。在我国，农村地区受到地理位置、经济条件、资源条件、发展环境的影响较大，尤其对于西南边疆民族地区的乡村社会治理而言，因受到多重治理的影响，政府不仅难以整合多元治理主体，而且在社会发展相对落后的地区，仍然坚持政府主导的一元主体治理，政府治理的色彩在不同程度上仍然存在。造成这类现象的原因，一方面是因为确实受到发展条件的影响，政府无法马上推翻原有模式，转而推行最新的治理模式和治理政策；另一方面在于乡村社会治理中基层政府本身的权力和精力有限，且政府日常工作十分庞杂，无法一次性调动所有力量、整合全部资源进行乡村社会治理，这就造成政府主体与社会各主体之间的良性互动不足。村治所依托的国家制度环境是"乡政村治"模式，也就是说国家的行政系统通过村一级的基层自治组织去延伸政府的行政职能。①而在具体实践中，村一级的自治组织一方面没有充分的决策权力，另一方面没能厘清自己的权责关系，最终只能以乡镇作为国家行政系统职能延伸的一级组织，造成国家—乡镇政府—村委会之间的割裂，国家的权力和治理效能便无法真正下沉到乡村。二是在制度层面，表现出统筹治理的制度体系不够完善。乡村社会治理涉及领域广而庞杂，因此易出现"碎片化"治理的现象，即政府部门或参与治理各主体之间的工作没有实现完全意义上的协同合作。然而一旦缺乏统筹治理全局的制度体系，便会造成当前乡村社会治理治理合力不足、治理资源浪费、治理效能低下等问题出现。三是在人才方面，城镇化的推进和乡村人口的外流，造成乡村地区"空心化"，这已成为当前我国乡村社会治理面临的普遍难题。乡村"空心化"直接造成了乡村人口结构老龄化，导致乡村社会治理主体缺失、乡村社会发展动力不足、乡村社会治理内生动力不足。

在此背景下，推动社会治理共同体构建，一是在社会治理共同体理念下，政府的角色定位更加清晰。社会治理共同体外在为构建共同参与、共同建设、共同享有的乡村社会治理格局提供了政策和制度上的引导，内在以坚持党的领导、以人民为中心的价值遵循为政府发挥统筹引导提供了组织基础，帮助政府在乡村社会治理中做好角色的转换和调适。较之西方社会治理理念或其他的社会治理模式，社会治理共同体理念为政府作为乡村社会治理核心主体提供了国家层面的支持，并积极鼓励从单一治理主体向多元治理主体转变。在社会治理共同体理念下，政府不再是单一主体，也不再处于绝对的主导地位，反而强调从无限政府向适度型政府转变。二是社会治理共同体为构建人人有责、人人尽责、人人享有的乡村社会治理格局提供了自由、平等、公平正义的治理环境。乡村社会治理从根本上要求在制定和治理相关的制度、做相关的决策时广泛吸纳社会各主体的意见，培育社会治理的共同体意识，最大限度地满足各主体的利益需求，创造和谐稳定、公平正义、开放包容的乡村社会治理环境，以保证在乡村社会治理过程中各主体能够充分表达自己的意愿，充分参与乡村社会治理的实践。

小结之，评估组认为，以构建社会治理共同体为核心理念，形成"人人有责、人人尽责、人人享有"的乡村社会治理多元共治格局，是以铸牢中华民族共同体意识为主题主线，新时代乡村社会治理的价值取向和实践走向。较之协

---

① 万月月，邓永禄．整合式共治：共建共治共享的乡村治理格局研究[J]．广西社会主义学院学报，2021（03）：27-30．

同治理，社会治理共同体理念下的乡村社会治理，能从党的领导、以人民为中心、社会主义核心价值观三个维度完成对协同治理的补充与优化。

（二）现实需求：推动国家治理体系和治理能力现代化，实现第二个百年奋斗目标

社会治理共同体是中国共产党在马克思主义指导下，对我国社会治理规律的深化和认识，是推进治理体系和治理能力现代化的现实产物。从其产生的理论渊源来看，社会治理共同体是继"人类命运共同体""中华民族共同体"等"共同体"系列政治话语提出后，在中国特色社会主义语境中应运而生的，① 并与人类命运共同体、中华民族共同体构成当前我国建设社会主义事业的重要政策话语。从"社会治理共同体"与"中华民族共同体"的关系来看，二者存在互通互构逻辑，共同致力于中国特色社会主义事业的发展实践，已成为我国农村，尤其西南边疆民族地区乡村社会治理实践中不可或缺的理论指导。

1. 铸牢中华民族共同体意识是新时代党的民族工作的主线。习近平总书记在 2021 年中央民族工作会议上对百年来党的民族工作取得的伟大成就和宝贵经验做了系统概括，强调"必须以铸牢中华民族共同体意识为新时代党的民族工作的主线，推动各民族坚定对伟大祖国、中华民族、中华文化、中国共产党、中国特色社会主义的高度认同，不断推进中华民族共同体建设。铸牢中华民族共同体意识是新时代党的民族工作的'纲'，所有工作要向此聚焦"。② 这为以铸牢中华民族共同体意识为主题主线，推动民族地区高质量发展，构建人人有责、人人尽责、人人享有的乡村社会治理共同体格局提供了强大的动力来源，有利于稳定乡村社会治理秩序，营造团结与稳定的治理环境，深入推进乡村社会治理进程。

一是铸牢中华民族共同体意识为民族地区的乡村社会治理提供了行动指引。铸牢中华民族共同体意识作为新时代党的民族工作和民族政策的最新成果，既对长期以来我国民族关系做了系统深刻的总结，也赋予了当前我国民族关系新的时代内涵，成为民族地区处理民族关系、开展民族工作的行动指南，为民族地区的乡村社会治理及基层国家行政机关指明了总体发展方向。

二是铸牢中华民族共同体意识为民族地区的乡村社会治理提供了强大的思想指引。在西南边疆民族地区构建多元共治乡村社会治理格局，需要各族人民

---

① 刘伟，翁俊芳."社会治理共同体"话语的生成脉络与演化逻辑［J］.浙江学刊，2022（02）：24-36.

② 以铸牢中华民族共同体意识为主线 推动新时代党的民族工作高质量发展［N］.人民日报，2021-8-29（01）.

的普遍认同和广泛参与。当前，西南边疆民族地区处在社会加速转型的背景下，再加上受到地缘、传统观念、经济发展水平等的影响，社会发展表现得十分激进，社会政治关系十分复杂，出现利益冲突和民族矛盾，严重拖缓了乡村社会的现代化转型。一方面，发展不平衡不充分的问题是新时代背景下西南边疆民族地区比较突出的问题，尤其在传统观念、宗教因素、贫困等问题的相互交织影响下，已无法跟上现代化发展的步伐，呈现出乡村社会治理与现代化进程发展不同步的问题。这对于国家而言，严重危及国家治理、社会治理及各民族关系的良好发展。另外，中国的边疆民族地区地域辽阔、民族众多，地缘生态与民族生态复杂多变，① 因此边疆地区的乡村社会治理一直是我国社会治理的难题之一。基于此，如何在边疆民族地区构建规范、合理、长期有效的乡村社会治理体系，成为新时代正确处理民族关系和加强乡村社会治理的题中应有之义。而铸牢中华民族共同体意识的核心内涵之一，即"共同体思想"，正是当前边疆民族地区进行乡村社会治理，实现民族地区中华民族共同体建设的最大需要。只有各民族群众的思想提升到中华民族共同体的高度，他们才能广泛参与乡村社会治理实践，共同致力于乡村社会的全面发展，最终实现乡村生活有居、生产有序、生长有乐、生存有道的乡村社会治理美好愿景。

三是铸牢中华民族共同体意识为各民族群众准确把握中华文化与各民族文化的关系提供了理论指引。民族地区尤其西南边疆民族地区乡村社会治理有一大显著特点，即民族文化的多元性。在西南边疆民族地区，这类文化的多元不仅体现在各民族之间文化多元、同境不同源的各民族文化之间的多元、各民族文化与中华文化之间的多元，还体现在西南边疆民族地区的文化与内地文化之间的多元。如何协调好西南边疆多元文化，成为该地区乡村社会治理的一项重要任务。而铸牢中华民族共同体意识作为中国特色社会主义文化在新时代民族工作领域中的集中体现，发挥了协调多元文化的良好作用。习近平总书记强调："铸牢中华民族共同体意识是实现中华民族伟大复兴的必然要求，只有铸牢中华民族共同体意识，才能有效应对实现中华民族伟大复兴过程中民族领域可能发生的风险挑战，才能为党和国家兴旺发达、长治久安提供重要思想保证。"② 民族地区社会治理一定要通过铸牢中华民族共同体意识，培育和巩固"共同体"思想，来增强群众对中华文化和中华民族的认同。

---

① 徐俊六，铸牢中华民族共同体意识与边疆民族地区社会治理关系研究[J].宁夏社会科学，2018（06）：188-194.

② 习近平在中央民族工作会议上强调 以铸牢中华民族共同体意识为主线 推动新时代党的民族工作高质量发展 [N]. 人民日报，2021-08-29（01）.

2. 形成治理共同体是推动铸牢中华民族共同体意识实践的必要内容。作为国家治理的组成部分，乡村社会治理是推进国家治理体系和治理能力现代化不可或缺的一环，社会治理共同体理念下推动边疆民族地区乡村社会治理实践取得成效，能为铸牢中华民族共同体意识提供物质基础、文化支撑和制度保障。

一是边疆民族地区乡村社会治理为铸牢中华民族共同体意识提供了物质基础。边疆民族地区长期以来受到历史背景、地理区位、自然条件等诸多因素影响，同其他地区相比基础设施、工业化、信息化、城镇化等经济社会发展相对滞后，乡村社会治理相应存在不足。在此背景下，国家先后实施了西部大开发战略，对口支援帮扶政策、乡村振兴等一系列战略举措，不让一个兄弟民族掉队，边疆民族地区的社会面貌有了根本改善，人民的生活水平、经济状况有了质的提高，各民族群众对于中华民族共同体、中华文化等的认同感也有了相应的跃升。随着全面建成小康社会取得伟大胜利、脱贫攻坚战取得全面胜利，西南边疆民族地区铸牢中华民族共同体意识的物质基础得到了进一步的巩固和提升。党的十九大报告指出，我国已进入中国特色社会主义新时代，新时代"社会的主要矛盾已经转化为人民日益增长的美好生活需要和不平衡不充分的发展之间的矛盾"。① 新时代边疆民族地区乡村社会治理要更加关注且着力解决这个矛盾，大力发展民族特色产业、特色农业等，发展乡村经济，为铸牢中华民族共同体意识提供更坚实的物质基础。

二是边疆民族地区的乡村社会治理为铸牢中华民族共同体意识提供了文化支撑。"中华民族文化共同体是中华民族共同体的重要组成部分，铸牢中华民族共同体意识必须构建中华民族文化共同体。"② 边疆多元文化形成于各民族交往交流与交融的历史实践，同时也是中华优秀传统文化的有机组成部分。所以，该地区乡村社会治理的一项重要任务是确保中华文化的主导地位，以中华优秀文化引领各民族文化，同时充分满足各民族文化发展的需要。党的十八大以来，国家高度重视西南边疆民族地区各民族文化的传承和保护，以大量的财力物力，结合法律手段、经济手段等各种形式，保护边疆地区的少数民族文化，推动了边疆民族地区优秀少数民族文化的创造性转化和创新性发展，为铸牢中华民族共同体意识，突出各民族共享的中华文化符号和中华民族形象提供了文化支撑。

三是边疆民族地区的乡村社会治理为铸牢中华民族共同体意识提供了制度

---

① 党的十九大报告辅导读本［M］.北京：人民出版社，2017：11.

② 徐俊六. 铸牢中华民族共同体意识与边疆民族地区社会治理关系研究[J].宁夏社会科学，2018（06）：188–194.

保障。在边疆民族地区铸牢中华民族共同体意识，是一项需要全面深入持久开展的系统性工作，它在社会发展层面强调经济平稳发展、社会和谐稳定、百姓安居乐业，在政治层面强调增强各族群众对国家的认同、对中华民族的认同，在文化上强调构建多元一体的文化概念，等等。如此浩大的工程不仅需要有经济、文化作为保障，还需要有政策制度、法治等进行支撑。而国家在构建社会治理共同体、推进乡村社会治理进程中，充分考虑到西南边疆民族地区的特殊性，出台了一系列政策文件。如在宏观层面制定《中共中央 国务院关于加强基层治理体系和治理能力现代化建设的意见》《中共中央 国务院关于全面推进乡村振兴加快农业农村现代化的意见》《中共中央 国务院关于做好2022年全面推进乡村振兴重点工作的意见》等系列文件。在微观层面，基层党委和政府也出台了与乡村社会治理相配套的政策文件，有效确保了乡村社会治理的推进和实施。同时，进入新时代以来，国家对边疆民族地区的各项支援逐年加大，积极助推边疆民族地区依法治理、依法管理，保障了良好的法治环境，为推动铸牢中华民族共同体意识实践提供了政策和法治保障。

小结之，党的十八大以来，党和国家高度重视边疆民族地区的乡村社会治理，将乡村社会治理提高到国家长治久安的高度，纳入国家治理体系和治理能力现代化的总体规划，提升到中国特色社会主义事业的高度进行系统谋划和安排，对推进乡村社会治理做了一系列战略部署。然而，边疆民族地区治理仍面临诸多困境，要想构建人人有责、人人尽责、人人享有的乡村社会治理共同体，解决好各族群众对国家认同、对中华民族认同不足的核心问题，就要将铸牢中华民族共同体意识融入乡村社会治理的全过程，以"共同体"理念和思想推进边疆民族地区的乡村社会治理。与西方社会治理模式相比，以铸牢中华民族共同体意识、构建中华民族共有精神家园为基础形成的社会治理共同体，能够推动国家治理体系和治理能力现代化，而且和实现"两个一百年"的第二个百年目标更加契合。

四、基于社会治理共同体理念探索喜洲乡村社会治理的实践进路

（一）充分发挥党委和政府职能

中国共产党是中国特色社会主义事业的领导核心，发挥着总揽全局、协调各方的领导核心作用，在乡村社会治理中承担着核心责任。一是党委和政府要最大限度地整合社会资源，充分发挥政府各部门、社会组织和村民在乡村社会治理中的协同作用，鼓励和引导社会各方力量主动参与乡村社会治理。二是要

加速向服务型政府转变，加快政府管理职能下沉到乡村。一方面要牢固树立"以人民为中心"的乡村社会治理理念，增强服务意识；另一方面要着力提高办事能力和办事效率，转变"磨洋工"的思想，以积极、高效的态度开展工作。三是要主动将"治理共同体"理念融入党以及各级政府日常工作。以"党建+社会治理共同体+乡村社会治理"的思路构建治理结构和治理体系，充分发挥党的多重引领作用，实现人人有责、人人尽责、人人享有。四是要把党组织融入乡村社会治理的全过程，重视基层党建工作，增强党组与乡村社会治理各主体之间的联动效应。

（二）促进乡村社会治理多元主体的有效参与

较之多元主体共同参与，多元主体有效参与更加强调多元主体参与的氛围更广，强调多元主体均有条件参与且参与的程度更深，并且通过参与能够对乡村社会治理起到实质性作用。有效参与对乡村社会治理的多元主体提出了更高要求。一是有效参与要求乡村社会治理的各个主体明晰自己的角色定位，并发挥相应的功能，尤其强调政府要以"共同体"理念为基本遵循，清晰自己在乡村社会治理中的角色转换。在社会治理共同体理念下，政府不再是单一管理者，也不再扮演原来主导一切、包办一切的角色，转而强调发挥其引导作用，统筹各方资源，确保治理过程的有效推进。二是要求各主体内部以及各主体之间形成通力合作的关系，① 仅靠不同主体之间的协同合作难以实现治理效能的转换，需要同一主体内部成员之间的自我管理、自我服务，形成治理合力。三是要凝聚多元主体参与乡村社会治理的价值共识。多元主体的有效参与对村民的参与能力提出了更高要求，在人人有责、人人尽责、人人享有社会治理共同体中，村民是乡村社会治理中的直接相关者，也是最终受益者。村民参与的积极性与广泛性决定了乡村社会治理能否取得实质性进展，村民参与的有效性则最终影响能否真正构建乡村社会治理共同体。而村民的参与是否有效取决于自身的能力建设，因此多元主体的有效参与要求村民在关注自身共享成果的利益获得和价值实现的同时不断加强自身的综合素养。

（三）形成"政府—市场—社会组织—村民"多元共治模式

构建乡村社会治理共同体，首先要清晰多元治理主体的要素，在社会治理共同体理念下的乡村社会治理，多元治理主体主要包括政府、市场、社会组织和企业。其中，政府主要提供公共文化设施、产品和活动，并发挥统筹引导作

---

① 黄小军．多元共治：边疆治理现代化的路径选择［J］.云南社会科学，2021（01）：46-52+187.

用，引导多元主体的协同参与，为乡村社会治理提供政策指导、文化引导，以及协调社会资源；市场主要发挥在资源配置中的决定性作用，优化乡村社会治理资源配置，为乡村社会治理提供物质基础；社会组织主要发挥协同作用，对优化公共服务、化解社会矛盾具有重要意义；村民主要发挥基础性作用，不断增强乡村社会治理的内生动力。如图1。

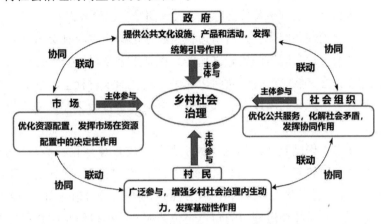

图1　"政府—市场—社会组织—村民"多元共治模式图示

（四）培育乡村社会治理价值共识

社会治理共同体的形成基于对共同价值的追求。大理喜洲地处西南边疆民族地区，各民族文化多元、利益所求多元是其呈现的一大特点。基于此，要培育乡村社会治理的价值共识，一是要增强各族群众对国家的认同、对中华民族共同体的认同。通过党史宣传教育、专题培训、主题讲座等，能够使各族群众的"四个自信"更加坚定、"三个离不开"思想牢固树立、"五个认同"不断增强，牢固树立休戚与共、荣辱与共、生死与共、命运与共的共同体理念。二是要培育公共利益价值与公共精神。不同类型的行动主体遵循不同的行为逻辑，是现代社会不断分化和有效分工的必然结果，① 构建乡村社会治理共同体的目标不是要消灭多元主体之间行为逻辑的差异，而是要在差异中寻求共识。当前，面对各治理主体多样化、差异化的利益诉求，构建利益共享机制是完善乡村社会治理体系现实所需。然而，各治理主体因自身所拥有的资源和能力等禀赋不同，存在较大差异，因而带来乡村社会治理成果分配不均等难题。在此背景下，

① 赵晓峰. 乡村振兴中的社会治理共同体建设——基于理论资源、隐形陷阱与现实路径的思考[J].社会科学辑刊，2023（02）：104-111+2.

仅靠利益共享机制实现物质层面的共享，终究不能惠及所有个体。因此，需要着手培育公共利益价值与公共精神，以公共精神的共享推动物质成果的共享。

该篇对喜洲这一西南边陲古镇乡村社会治理实践进行了回顾与梳理，有三点想法总结之。

其一，乡村社会治理共同体理念应嵌入乡村社会治理的全过程。西南边疆民族地区的乡村社会治理事关社会稳定、民族团结。建设人人有责、人人尽责、人人享有的社会治理共同体，是西南边疆民族地区构建乡村社会多元主体治理格局与乡村社会治理共同体的实践之所需，更是推进乡村社会治理体系与治理能力现代化建设之必然。新时代西南边疆民族地区的乡村社会治理必须坚持党的领导，将社会治理共同体理念嵌入乡村社会治理全过程，保证安全稳定和治理有效。

其二，铸牢中华民族共同体意识的主题主线应贯穿乡村社会治理全过程。铸牢中华民族共同体意识是新时代党的民族工作之"纲"，所有工作要向此聚焦。① 作为边疆民族地区加强乡村社会治理的本质要求和价值导向，铸牢中华民族共同体意识在乡村社会治理中的角色定位要明确，即以铸牢中华民族共同体意识为主线，推进乡村社会治理横向拓展、纵向推进。横向建立和完善多元互动的乡村社会治理体系，坚持以铸牢中华民族共同体意识为开展各项工作的主题主线，凝聚价值共识，吸纳更多的主体参与乡村社会治理，加强同一主体内部之间的协同联动，拓展乡村社会治理多元共治的"同心圆"。纵向上坚持党建引领，夯实基层治理基础，建立和完善多元主体上下联动的乡村社会治理体系，形成"乡镇—村委会—村民小组—村民"的四级工作体系，将政府职能与服务下沉到乡村。

其三，铸牢中华民族共同体意识与乡村社会治理辩证统一于中华民族伟大复兴的进程之中。二者的统一关系有如下体现。习近平总书记曾深刻指出："要胸怀两个大局，一个是中华民族伟大复兴的战略全局，一个是世界百年未有之大变局，这是我们谋划工作的基本出发点"。② 当前，我国正处于实现中华民族伟大复兴中国梦的关键时期，实现这一伟大梦想需要各族人民团结一致、艰苦奋斗。在此背景下，习近平总书记提出了铸牢中华民族共同体意识的原创性论断，将铸牢中华民族共同体意识贯穿到"五位一体"总体布局的高度进行了系统谋划，为实现"两个一百年"第二个百年奋斗目标提供了思想指引和政治保

---

① 以铸牢中华民族共同体意识为主线 推动新时代党的民族工作高质量发展［N］，人民日报，2021-08-29（01）．

② 习近平．习近平谈治国理政：第三卷［M］．北京：外文出版社，2020：77．

障。习近平总书记还指出："全面建设社会主义现代化国家，实现中华民族伟大复兴，最艰巨最繁重的任务依然在农村，最广泛最深厚的基础依然在农村。"①推进乡村社会治理体系和治理能力现代化建设，是实现乡村全面振兴的重要保障，建设中华民族共有精神家园则为乡村社会治理夯实了思想基础。所以，从共同目标来看，铸牢中华民族共同体意识与乡村社会治理二者统一于中华民族伟大复兴之中。同时，二者不仅是统一关系，还是辩证统一关系，体现为二者既有区别又有紧密联系。中华民族共同体建设是国家治理体系的一部分，乡村社会治理亦是国家治理体系的内容之一，区别在于治理内容及本身概念，联系则在于二者互相促进、相辅相成。在我国乡村尤其边疆民族地区乡村，社会治理更需要推进铸牢中华民族共同体意识，以提供思想引领和社会基础，保障边疆意识形态及国土安全，维护国家统一，而在中华民族共同体建设中，边疆民族地区乡村亦是构建中华民族共有精神家园，推进马克思主义民族理论中国化、抵御西方话语体系侵蚀的重中之重。所以，新时代我们需要全面坚持党的领导，围绕中华民族伟大复兴的战略全局进行系统谋划和全面布局，围绕铸牢中华民族共同体意识主题主线，走中国特色社会主义乡村社会治理的道路。

---

① 习近平. 坚持把解决好"三农"问题作为全党工作重中之重　举全党全社会之力推动乡村振兴[J].新长征，2022（04）：4-13.

第十一章

深入探索篇

为完整准确全面把握和贯彻习近平总书记关于加强和改进民族工作的重要思想和考察云南重要讲话精神，扎实推动新时代民族工作高质量发展，云南省开展了创建铸牢中华民族共同体意识示范试点工作的探索，大理州和文山州成为省内首批示范州。大理州以铸牢中华民族共同体意识为主线，准确把握"十二个必须"的深刻内涵，重点把握"四个关系"，以更高标准、更大力度、更实举措全力开展铸牢中华民族共同体意识示范州试点工作。2022年大理铸牢中华民族共同体意识示范州创建工作（试点）全面实施，环洱海铸牢中华民族共同体意识示范圈创建深入推进，统筹探索开展铸牢中华民族共同体意识示范县市、示范单位创建命名工作，探索建立铸牢中华民族共同体意识创建测评指标体系和测评办法，推动试点工作取得初步成效。该篇系大理州铸牢中华民族共同体意识示范州（试点）工作推行近一年后，参与云南省民族宗教事务委员会重点调研报告评选的一篇调研报告，被评选为一等奖，内容基于大理州创建云南省铸牢中华民族共同体意识示范州（试点）工作实践而展开，就试点工作推进中的现状、影响、暂存问题与有效路径展开论述。

大理白族自治州创建铸牢中华民族共同体意识示范州（试点）做法、难点和对策建议

大理州是全国唯一的白族自治州，是云南悠久文化的历史根脉、山川风貌的美丽剪影、对外开放的最佳窗口，是一个让人记得住乡愁的地方。全州辖 12 个县（市）、1 个大理国家级经济技术开发区，在 2.95 万平方千米的土地上生活着汉、白、彝、回等 47 个民族的群众，是中华民族大家庭的缩影，2021 年末户籍人口 364.54 万人。自古以来这里就是一个多民族融合地区，经济上相互依存、文化上交往交融，情感上相互亲近，形成了"你中有我、我中有你，谁也离不开谁"的格局。为完整准确全面把握和贯彻习近平总书记关于加强和改进民族工作的重要思想和考察云南重要讲话精神，扎实推动新时代民族工作高质量发展，云南省开展了创建铸牢中华民族共同体意识示范试点工作的探索，大理州和文山州成为省内首批示范州。在此契机下，大理州委、州人民政府将目标任务锁定于，以铸牢中华民族共同体意识为主线，以建设环洱海铸牢中华民族共同体意识示范圈为重点，打造具有大理辨识度、全国引领性的"苍洱处处石榴红"品牌，率先把大理州创建成为首批铸牢中华民族共同体意识示范州。2022 年，大理州铸牢中华民族共同体意识示范州（试点）创建工作全面实施，环洱海铸牢中华民族共同体意识示范圈创建深入推进，铸牢中华民族共同体意识示范县市、示范单位创建命名工作统筹开展，铸牢中华民族共同体意识创建测评指标体系和测评办法探索建立，试点工作取得初步成效。调研组在大理州创建云南省铸牢中华民族共同体意识示范州（试点）工作实践的基础上形成此调研报告，就试点工作推进中的经验做法、问题难点和对策建议进行了叙述。

一、大理州创建铸牢中华民族共同体意识示范州（试点）工作的经验做法

1. 政策先导："以评促创"，打破创建工作的制度瓶颈。2016 年 10 月，被国家民委命名为首批"全国民族团结进步创建活动示范州"，率先成立了党政一把手亲自抓的民族团结进步示范区建设领导机制，建立了民族团结进步示范区

建设督促检查机制与考核机制，先后出台了《关于建设民族团结进步繁荣稳定幸福示范区的意见》《中共大理州委大理州人民政府关于"全国民族团结进步示范州"巩固提升的意见》《进一步加快大理州民族团结进步示范区建设的实施意见》《大理州关于实行民族团结进步示范区建设责任制的通知》《关于以铸牢中华民族共同体意识为主线推进新时代党的民族工作高质量发展的实施意见》等一系列文件。《大理白族自治州创建"全国民族团结进步示范县市"三年行动计划（2021—2023 年）》出台后，与地方高校展开了深度横向合作，经招投标委托大理大学自主设计《全国民族团结进步示范州（地、市、盟）第三方评估指标体系》，2022 年 1 月后则以《全国民族团结进步示范市（地、州、盟）、县（市、区、旗）测评指标》（民委发〔2022〕4 号）（西部地区）为评估标准，不断更新评估指标，对全州开展了近两年的动态第三方评估。在已有民族团结进步创建工作经验的基础上，大理州在 2022 年开展首批铸牢中华民族共同体意识示范州试点工作中，延续了政策先导的创建工作创新机制，委托第三方评估单位自主设计了《全国铸牢中华民族共同体意识示范市（地、州、盟）、县（市、区、旗）（试点）评价指标体系》，包括《全国铸牢中华民族共同体意识示范市（地、州、盟）、县（市、区、旗）（试点）测评指标》与《全国铸牢中华民族共同体意识示范市（地、州、盟）、县（市、区、旗）（试点）第三方评估指标体系》，制定《大理白族自治州关于创建铸牢中华民族共同体意识示范州试点工作方案》，有序开展了大理州铸牢中华民族共同体意识示范州、县、单位、村、个人等各级各类创建工作。基于上述第三方评估实践，校地合作探索了"以评促创"的工作机制创新，通过引入第三方评估，打破了传统创建工作的制度瓶颈。传统创建多为指标分配、择优定向指导，申报单位一定程度存在"等""靠""要"创建、突击式创建、"跑创建"等情况，第三方评估作为一种必要而有效的外部制衡机制和促进机制，弥补了过去自我评价较为狭隘和被动创建的不足，引入隐性竞争机制，通过一定周期的动态评估，从考核层面倒逼创建主体主动抛弃"突击式创建"、靠协调汇报争取照顾等错误做法，结合科学规范与实际评价促进"精准创建"，激发创建单位自觉提高创建水平，达到"以评促创"的目的，从而打造民族团结进步示范创建工作的升级版，落实大理州全国民族团结进步示范州的重新申报，切实发挥全面深入持久开展民族团结进步创建铸牢中华民族共同体意识的重要抓手作用，推动大理州创建铸牢中华民族共同体意识示范州实践。

2. 扶持重点：不断增强示范创建的大理优势。具体体现在：一是构筑中华民族共有精神家园，共培思想根基。大理州强化习近平总书记关于加强和改进民族工作重要思想研究，把学习习近平新时代中国特色社会主义思想、习近平总书记关于加强和改进民族工作的重要思想作为党校培训必修课，召开州委常委会、州政府常务会，州委理论中心组开展专题学习；依托国家、省铸牢中华民族共同体意识研究基地和大理大学、州委党校等院校智库，着力加强大理铸牢中华民族共同体意识的重大理论和现实问题研究，积极发表学术理论研究成果；结合开展"大理之问"大讨论活动、"书记院坝（楼宇）协商会"等活动，积极开展铸牢中华民族共同体意识宣传教育，成立州级和12县（市）宣讲团，各县（市）每年集中组织不少于10场宣讲活动。二是加快各民族共同走向社会主义现代化步伐，共建幸福家园。大理州经济发展健康平稳，加快建设"445"千百亿级现代产业体系，集中资源推动世界一流"三张牌"，打造"苍洱数谷"，共同富裕取得明显的实质性进展。深入践行习近平生态文明思想，打造"苍洱一体、民族共融"环洱海铸牢中华民族共同体意识示范圈，洱海保护治理实现从"一湖之治"向"流域之治""生态之治"的转变，在洱海保护治理中彰显共同体意识，以共同体意识凝聚洱海保护治理强大精神力量，建设最美的铸牢中华民族共同体意识示范州。三是实施好"三个计划"，促进各民族广泛交往交流交融，共创民族团结。制定出台《大理州关于促进各族青少年交流的实施方案》《大理州关于做好各族群众互嵌式发展的实施方案》《大理州关于做好旅游促进各民族交往交流交融的实施方案》，并将其落细落实。四是增强民族事务治理体系和能力，把民族事务纳入共建共治共享的社会治理格局。深化"基层党建+民族团结进步+乡村振兴""铸牢中华民族共同体意识+乡村振兴"等多形式融合推进，组织法制审查机关对现行地方性法规规章和政策措施中与铸牢中华民族共同体意识不相适应的内容进行梳理，用法治保障和强化示范创建工作。五是有效防范化解民族领域风险隐患，共谱社会和谐。大理州落实重大事项社会稳定风险评估、稳定形势分析研判、维护社会稳定预警等机制，压实意识形态工作主体责任，坚持主管主办和属地管理原则，积极稳妥处理涉民族因素的意识形态问题。六是强化党对民族工作的全面领导，共筑制度保障。实行州委、州政府主要领导"双一把手"负责制，把对民族工作的考核机制纳入党政考核的大体系中，列入全州综合考评和领导班子考核的评价体系，不断增强各族干部拥护核心、跟随核心、捍卫核心的思想自觉、政治自觉和行动自觉。

3. 激发活力：增加内生动力，加速民族团结进步示范创建工作提档升级。一是高位谋划，落实落细。大理州委、州政府深入贯彻落实中央、省委民族工作会议和文件精神，2019—2022年先后出台多项文件，组织召开全州民族团结进步创建工作推进会，全面总结示范创建工作阶段性成果，分析存在的问题。

《大理白族自治州创建"全国民族团结进步示范县市"三年行动计划（2021—2023年）》明确提出，从2021年起至2023年全州12县市创建工作均达到国家、省级民族团结进步示范县市测评标准，通过创新性引入动态第三方评估，落实各单位细化整改，全面推动大理州民族团结进步示范创建工作落地见效。二是强化定期督导工作，激发内生动力。进一步推动党和国家民族政策法律法规的贯彻落实，提高民族事务治理法治化水平，促进民族团结进步事业向纵深发展，督促有关部门定期协同多方力量、组织专家，对全国的民族团结进步创建工作开展实地督导，提供咨询，让各地创建对标新的指标、遵循新的指标、落实新的指标，畅通群众参与、监督、反馈渠道，建立激发民族团结进步事业正能量激励机制，坚持群众路线，以群众为师，向各族群众学习创建工作好经验，同时不断总结经验，在继承中创新，在创新中发展，始终保持昂扬斗志和锐意进取的工作劲头。三是坚持问题导向，加强理论研究。成立民族团结进步示范创建工作专家咨询机制，定期召开工作会议，让一线创建工作实践能够及时得到理论指导，让理论研究及时总结提炼出机理与规律，更好地反哺实践。具体有，基于大理大学学术平台召开全国会议，展开铸牢中华民族共同体意识理论研讨；招投标委托大理大学第三方评估组对大理州及12县（市）创建各级民族团结进步示范州、县、单位成效开展动态第三方评估工作，发现问题、立行立改，深入推进大理州铸牢中华民族共同体意识实践。

4. 彰显特色：推动打造铸牢中华民族共同体意识示范县（单位）的实践。一是打造环洱海铸牢中华民族共同体意识示范圈。牢记习近平总书记"一定要把洱海保护好"的殷殷嘱托，在洱海保护治理中彰显共同体意识，站位全局谋发展、率先探索创经验、深化内涵树品牌、面向全国做生态示范，聚焦人与自然生命共同体和中华民族共同体建设，将"环洱海铸牢中华民族共同体意识示范圈"打造成为具有大理辨识度，具有引领性、唯一性的示范工作品牌。实施苍洱党建引领示范工程、苍洱转型发展示范工程、苍洱文化浸润示范工程、苍洱互嵌共融示范工程、苍洱共创共建示范工程、苍洱共治共享示范工程，推动各民族政治上团结统一、经济上共同富裕、社会上互嵌互融、文化上美美与共、生态上和谐共生。二是打造高质量、高水准，具有大理特色的铸牢中华民族共同体意识教育主题馆，对广大干部群众进行深入持久的教育，使铸牢中华民族共同体意识常讲常新、入心入脑。如大理大学州级铸牢中华民族共同体意识主题教育馆，大理市周保中将军纪念馆"全国爱国主义教育示范基地"，祥云县王德三、王复生烈士"全国爱国主义教育示范基地"，剑川县张伯简"省级爱国主义教育基地"等。三是建设跨区域跨部门的具有标杆性的"创建联盟"。建立全州企业、旅游景区景点、社区、学校、医院等行业系统的民族团结进步创建联盟，打造漾濞、永平、云龙县滇缅公路爱国主义教育"示范带"，大理、祥云、巍山一体化交往交流交融"示范带"，宾川鸡足山旅游公路"示范圈"，鼓励各县市与省外、州外县市及州内县市之间广泛建立"创建共同体"，相互学习、取长补短。重点做好建立大理市与腾冲市、古生村与司莫拉村等跨区域"创建联盟"，建立以州企业家协会为主体的企业"创建联盟"，以大理旅游集团为主体的旅游企业（景区）"创建联盟"，以州医院牵头的卫生健康系统"创建联盟"，以州民族中学牵头的各级各类学校"创建联盟"，推动全域创建。四是打造铸牢中华民族共同体意识示范社区。结合社区规范化建设，以万花社区为龙头，按照美观大方、主题突出、层次分明、群众认可的建设要求，在社区办公区、居民生活区、休闲娱乐区等醒目位置增加铸牢中华民族共同体意识教育元素，综合运用为民服务站、妇女之家、儿童之家、心理调解室、社区党群活动室等，完善社区功能配置。五是打造一批铸牢中华民族共同体意识示范典型，以民族团结进步创建"十进"为主阵地，全面深入持续开展民族团结进步创建工作，先后打造剑川桑岭村、永平曲硐村、全国民族团结进步模范集体和模范个人等一批效应明显、特色亮点鲜明的示范典型，辐射带动了全州各铸牢中华民族共同体意识示范县示范单位的实践。

二、大理州创建铸牢中华民族共同体意识示范州（试点）工作的问题难点

在创建铸牢中华民族共同体意识示范州（试点）工作中，州委、州统战民宗系统领导干部对于创建工作话语体系把握精准，聚焦铸牢中华民族共同体意识的主题主线，创建基础性工作比对评价指标均能达标，各县（市）均有创建品牌。但是，从"民族团结进步示范创建"到"铸牢中华民族共同体意识示范创建"，在意识形态领域具更高要求，所以现阶段试点工作仍然存在难点与问题。

1. 普通群众对铸牢中华民族共同体意识的内涵理解不深，混淆了与民族团结进步示范创建的区别，大众化程度尚待提高。调研组在大理州铸牢中华民族共同体意识示范创建情况调查中了解到，县级以上干部职工通过对习近平总书记关于铸牢中华民族共同体意识原创性论断与中央民族工作会议精神的学习，能够较为全面地理解铸牢中华民族共同体意识的内涵和重大意义，对党的民族政策理论理解掌握到位精准，对铸牢中华民族共同体意识示范州创建工作的重要性把握到位，能够从不断增强"五个认同""四个与共""三个离不开""两个维护"的角度落实创建工作措施，亦能站在维护祖国统一安全、反对分裂的

高度来开展创建工作。但从全局着眼，当前创建工作更多地体现在党委和体制内干部的真抓实干上，以各族群众为主体，将铸牢中华民族共同体意识有机融入群众日常工作生活中，发动群众合力创建的力度还不充分。普通群众对铸牢中华民族共同体意识的认识多停留在字面意思上，对其内涵的理解不深。具体表现为：一是调研组在入户访谈中了解到，普通群众对于铸牢中华民族共同体意识示范创建与民族团结进步示范创建的区别不清楚，混淆了与民族团结进步示范创建的区别，铸牢中华民族共同体意识大众化程度尚待提高。二是经与基层各乡镇、机关、社区等进行座谈、访谈，调研组发现，部分基层干部在汇报创建工作思路和讲解创建工作情况过程中，对共同性与差异性的关系、中华民族共同体意识和各民族意识的关系、中华文化和各民族文化的关系、物质和精神的关系"四个正确把握"理解不足，容易在处理差异性和共同性、地方性与普遍性时出现偏差。三是汇报材料、外部氛围的营造上，难以把握共性和个性相结合的深度，导致在实际创建工作落实中深层次挖掘铸牢中华民族共同体意识典型案例不足，突出各民族共享的中华文化符号不足，外部氛围营造过程中仍停留在"物"的阶段，对于物质与意识关系的处理还需进一步提高，注重从物质层面向精神层面的提升，未从中华民族物质文化要素向突出中华民族形象去提升。

2. 部分创建单位对各民族共享的中华文化符号和中华民族形象的内涵挖掘不够，宣教中现代创意与科技赋能铸牢中华民族共同体意识的动力不足。从全州整体情况来看，大理州在创建工作中能够始终坚持以习近平新时代中国特色社会主义思想为指导，培育和践行社会主义核心价值观；各级各相关部门也能够充分发挥特色宣讲团作用，如利用"大理大本曲""祥云播火先锋""剑川白曲"等，宣传普及社会主义核心价值观，但仍存在部分创建单位对各民族共享的中华文化符号和中华民族形象的内涵挖掘不够，现代创意与科技赋能铸牢中华民族共同体意识动力不足的问题。其一，在立足共同性，依托伟大创造精神、伟大团结精神、伟大奋斗精神、伟大梦想精神等极具代表性的中华民族精神标识开展创建工作方面较弱，随之进行的精神力量培育、积极引导各族群众树立正确的国家观、历史观、民族观、文化观、宗教观等方面工作便尚存不足。其二，对民间优秀民族手工作品、具有传统和现代价值的文物遗产以及风俗习惯等在各民族优秀传统文化中所蕴含的各民族交往交流交融的历史文物和历史事实的挖掘不够。高度提炼民族共享的中华文化符号和中华民族形象，使中华文化特征、中华民族精神、中国国家形象有效融入各族群众日常生活的效果不够突出。其三，部分创建单位在外部氛围的宣传中仅有少量的宣传标语、标识标牌，缺少能够体现民族精神、时代精神的中华文化小标识，离实现创建工作的预期效果，突出共享的中华文化符号，常态化进行铸牢中华民族共同体意识宣传尚有一定差距。其四，在融入新发展格局，立足资源禀赋、发展条件、比较优势等实际，主动融入全国及本省（区、市）发展全局，主动对接国家战略，加强与东中部地区交流合作，更好地融入国内国际两个市场方面的落实情况有待提高。其五，在铸牢中华民族共同体意识宣传中，依托传统地方资源禀赋挖掘各民族交往交流交融的历史事实，通过现代管理发展理念、技术手段进行教育展示，有效地将现代信息技术应用到铸牢中华民族共同体意识宣教中，类似工作尚有不足。其六，创建工作中缺少对大数据技术的合理运用，如将大数据技术贯穿到创建工作分析、监测、调查、研判的各个阶段。

3. 过于追求创建结果易忽视意识形态站位要求，拉低铸牢中华民族共同体意识示范创建的思想高度。当前铸牢中华民族共同体意识示范州创建工作中，大理州能够将创建工作摆在重要议事日程，放在“五位一体”总体布局和“四个全面”战略布局统筹谋划的高度布置工作规划，放在大统战工作格局下统一部署，但在政策传导和落实过程中县市级领导干部和基层公务员两个环节之间出现了断层，导致部分基层过于看重创建的结果，陷入以果代因的误区，将创建工作列入地方政府及个别部门的重要政绩，将创建工作之“因”政绩化、结果导向化，为了创建而创建，忽视了民族团结进步示范创建工作的真正出发点，由于过于追求创建结果忽视创建工作的意识形态站位要求，降低了铸牢中华民族共同体意识示范创建的思想高度。主要体现在：其一，部分单位未能将创建工作有机融入行业领域的中心工作，创建工作与本职工作和主责主业融合不够，甚至相脱节，未能达到相互促进的效果，即创建工作与业务工作两条线，就创建谈创建；其二，缺乏系统化的创建工作思路和创建模式，未能将创建工作和成绩提升到社会主义制度优越性的高度，部分创建单位未能将创建工作放在县、省以及国家的层面开展工作，缺少成体系、成规划的创建思路。其三，部分单位在创建工作中以政绩和结果为导向，存在突击式创建的情况，未体现创建铸牢中华民族共同体意识示范州“重在平时”“重在行动”、稳中求进、长期创建。其四，创建工作体系化、规范化不足。例如：成熟的“点、线、面”相结合的立体创建模式有思路、有文件，但落实不足；典型材料、档案材料等佐证材料中，未见常态化管理、动态管理制度的支撑材料，关于创建工作情况的佐证材料多集中在 2020 年以后，2020 年之前关于相关工作的佐证材料较少。

4. 铸牢中华民族共同体意识示范州创建工作内涵与形式单一，治理能力与治理水平亟待提高。从州级层面来看，大理州在创建铸牢中华民族共同体意识示范州的工作中能够以铸牢中华民族共同体意识为主线,紧紧围绕率先把大理州创建成为首批铸牢中华民族共同体意识示范州这一要求,以增强"三个离不开""四个与共""五个认同",实现各民族共同团结奋斗、共同繁荣发展为目标,以民族团结进步示范创建为抓手,以铸牢中华民族共同体意识为方向,深入推进铸牢中华民族共同体意识示范州创建工作试点全面实施,但从县(市)级层面各点位上的情况来看,仍存在铸牢中华民族共同体意识示范州创建工作内涵与形式单一的问题,同时治理能力与治理水平仍亟待提高,主要体现在:其一,部分点位上领导干部思路不明确,在落实具体的创建工作细节中,传统的创建工作思路仍占主导地位,对民族团结进步示范创建和铸牢中华民族共同体意识二者之间的关系理解不足,容易将二者割裂开,一定程度存在将民族团结进步和铸牢中华民族共同体意识当作"两条线",分"两条路"去分开走的情况,影响了创建工作的整体性。其二,创建工作有常态化工作机制,但落实不足。基层领导干部、讲解员在汇报和介绍创建工作时处处讲"共同体",但"共同体"的具体体现却不够。其三,系统化的创建工作思路有待进一步加强,尤其体现在建立创建联盟工作思路上。一方面,创建联盟的构建范围易受限于县(市)内部,有部分能走出大理州,与丽江、德宏、西双版纳等共建联盟,但走出云南将创建工作融入全国格局还有所不足。其四,创建形式和手段单一,如县(市)启动铸牢中华民族共同体意识示范创建工作仪式,一个县搞签名会,其他县也都搞签名会,思路不够宽,工作形式不够丰富,典型材料的写作手法亦单一、不够生动,没有运用多样化的形式去展现。其五,基层政府埋头创建,发动社会各方力量不足,工作载体单一,导致开展铸牢中华民族共同体意识的理论研究与实际落实受限。

三、进一步完善大理州创建铸牢中华民族共同体意识示范州(试点)工作的对策建议

以问题为导向,调研组就进一步完善示范州(试点)工作提出如下建议。

1. 在构筑中华民族共有精神家园上扩展新载体。一是积极开展铸牢中华民族共同体意识理论研究。深化习近平总书记关于加强和改进民族工作的重要思想研究,设立州级铸牢中华民族共同体意识专门工作机构,健全大理州中华民族共同体研究中心、研究基地机制体制;坚持正确的中华民族历史观,开展相关史料汇编和大理铸牢中华民族共同体意识古籍整理出版工作,深入挖掘、整理各民族渊源共生、和谐共融的历史,从中华民族共同体的高度把握历史叙述权和话语权,推动中华民族共同体建设。二是进一步健全铸牢中华民族共同体

意识宣传教育体系。纳入党委和政府大宣传工作格局，建立完善宣传部门和民族工作部门常态化联系机制，确保宣传素材"供给"和"输出"畅通衔接，宣传教育做到全覆盖、无盲区；通过各族群众喜闻乐见的新形式、新载体，让共同体理念深入人心。三是建立常态化学习制度。将铸牢中华民族共同体意识作为各级党委（党组）理论学习中心组的必学内容，纳入干部教育培训、党校（行政学院）教学培训等范围和国家工作人员初任培训、任职培训内容，纳入"三会一课"、主题党日等学习内容，把铸牢中华民族共同体意识的重大意义、丰富内涵、理论创新、工作重点、思路举措讲清楚，使各族干部群众坚决捍卫"两个确立"、坚决做到"两个维护"。四是继续与国家、省媒体和新媒体开展常态化、多样化合作，深化"互联网+铸牢中华民族共同体意识"行动。形成线上与线下相结合、传统媒体与新媒体相结合的宣传工作矩阵。五是用中华民族伟大精神来汇聚正能量。深入培育和践行社会主义核心价值观，大力弘扬以爱国主义为核心的伟大民族精神，继承和弘扬各族人民在历史长河中共同培育形成的革故鼎新、勇于发明的伟大创造精神，勤劳坚韧、自强不息的伟大奋斗精神，齐心协力、同舟共济的伟大团结精神，向往美好、不懈追求的伟大梦想精神。六是用中华文化认同浸润共同体意识。树立和突出各民族共享的中华文化符号和中华民族形象，在主要交通出入口、主要路段、重点区域、旅游景区等地，统筹规划建设一批各民族共享的具有中华文化特征、彰显中华民族视觉形象的文艺作品、宣传广告、标识标牌，大力发扬中华优秀传统文化，不断增强各族群众对中华文化、中华民族的认同。七是推进各民族文化互鉴、交融与创新。促进各民族群众把热爱本民族与热爱中华民族统一起来，把热爱家乡与热爱祖国统一起来，潜移默化地把中华民族共同体理念深植于各族人民内心。具体如实施大理民族文化生态保护实验区规划和民族文化保护传承工程，加大优秀传统文化技艺及非物质文化遗产保护扶持力度。八是全面推广普及国家通用语言文字。全面推行使用国家统编教材，落实将国家通用语言文字作为教育教学基本用语用字的要求，确保初中以上毕业生熟练掌握和使用国家通用语言文字，尤其注意铸牢中华民族共同体意识要从娃娃抓起，尊重和保障少数民族语言文字学习使用，以语言相通促进心灵相通、命运相通。

2. 在推动各民族共同走向现代化上实现新发展。一是创新民族地区发展理念。坚持以人民为中心的发展思想，完整、准确、全面贯彻落实新发展理念，构建新发展格局，统筹发展和安全，将改善民生、凝聚人心作为民族地区经济社会发展的出发点和落脚点，赋予彰显中华民族共同体意识、维护国家统一、反对分裂和民族团结的意义。主动服务和融入国家、省发展大局，主动对接

"一带一路"倡议以及长江经济带、新时代西部大开发等国家重大战略，紧紧围绕"两城一区、三个走在前"的战略目标，逐步完善差别化区域支持政策，支持民族地区全面深化改革开放，提升自我发展能力，推动各民族共同走向社会主义现代化，确保实现中国式现代化各民族齐头并进。二是加快产业培植和发展。加快建设"445"千百亿级现代产业体系，集中资源推动世界一流"三张牌"走深、走精、走长，打造世界级文旅产业和"一带三道十八廊"世界级康旅品牌，抓好优势特色产业发展，农业强州。培育数字经济新实体，发展数字化新业态，推动高质量发展，使全体人民共同富裕取得更为明显的实质性进展。三是持续推进环洱海铸牢中华民族共同体意识示范圈。深入践行习近平生态文明思想，把碳达峰、碳中和纳入经济社会发展和生态文明建设整体布局，统筹人与自然生命共同体和中华民族共同体建设。四是加快补齐公共服务短板弱项。加快建设大理国家级综合交通枢纽，加快实施铁路、公路、机场、水利、能源等一批"两新一重"项目建设，提高基础设施通达度、通畅性和均等化水平，建立跨区域就业创业合作机制，支持返乡就业创业。加大教育资源配置向民族地区倾斜力度，全面提升基础教育水平，办好人民满意的教育。加快推进滇西区域医疗中心建设，加快建设分级诊疗体系，不断满足人民群众对均衡公共服务的美好需求。五是推进民族地区乡村产业、人才、文化、生态和组织的全面振兴。保持帮扶政策总体稳定，扎实开展"一平台、三机制"四个专项行动，牢牢守住动态清零、不发生返贫的底线，实现巩固拓展脱贫攻坚成果同乡村振兴有效衔接。

3. 在促进各民族交往交流交融上开创新局面。一是深化东西部学校对口支援协作，定期开展互动交流，加强学生交流培养，促进各族青少年相互理解尊重、相互欣赏包容、相互学习帮助，具体如组织各级各类学校的各族学生参加"童心向党、石榴花开""民族团结我践行""中华民族一家亲"等社会实践交流活动，争做民族团结进步的维护者、宣传者、实践者。二是启动城市民族工作服务管理智慧平台搭建，深入开展沪滇协作及定点帮扶，如实施"石榴籽心连心"计划，鼓励支持民族地区各族群众到中东部地区就业创业、居住生活。三是以打造世界级文旅产业为目标，融入大滇西旅游环线建设，构建全域旅游发展格局。大力推进"文旅+"和"+文旅"发展，挖掘整理弘扬文化资源当中体现中华民族多元一体的共同性元素，梳理展示生活在众多茶马古道重镇的大理各族人民对开放包容、相互认同历史传统的创造性传承，不断开发体现各民族交往交流交融的历史事实、遗址遗迹、活态遗产等体验项目，提升旅游发展的文化内涵，彰显中华民族共同体意识的新路线，发展培育新业态、开发创作新产品。四是广泛开展群众性交流活动，开展"结对子""一家亲"等多层次多领域多样化的民族联谊活动，增进各民族间感情交流。把具有爱国主义、中华民族共同体意识理念的元素融入新时代文明实践中心建设、学雷锋志愿服务、精神文明建设等工作之中，体现到广场舞、文艺演出、体育竞技等群众性文化、体育、民俗活动之中，引导各族群众自我宣传、自我教育、自我提高。五是推进对外开放和交流合作，积极推进与省内外各少数民族自治州建立民族团结进步、铸牢中华民族共同体意识创建联盟，相互学习借鉴，共促发展进步；推进与浦东、成都、台州、青岛等友好城市以及中东部发达城市、省内各州（市）开展实质性交流合作，促进地区间经济相濡以沫、民族间文化交流融合，加快实施一批建设面向南亚东南亚辐射中心项目和健康旅游项目，构建面向南亚东南亚的全国性综合交通枢纽，推动澜沧江—湄公河旅游城市合作联盟建设。

4. 在提升民族事务治理能力体系上取得新实效。一是全面贯彻落实党的民族政策。以铸牢中华民族共同体意识为主线，统筹全州各族共同发展、共同进步、共同富裕，保障发展成果公平惠及各族群众，促进各民族和睦相处、和衷共济、和谐发展，让"石榴籽"在法治的轨道上抱得更加紧实，进一步巩固平等团结互助和谐的社会主义民族关系。二是不断健全完善政策法规体系。以铸牢中华民族共同体意识为标准，把民族事务纳入共建共治共享的社会治理格局，深化"基层党建+民族团结进步+乡村振兴""铸牢中华民族共同体意识+乡村振兴"等多形式融合推进，健全完善基层党组织领导下的村民议事制度、矛盾纠纷调处机制、帮扶机制等乡村治理体系，丰富有事好商量、众人的事情由众人商量的制度化实践。加强对民族法律法规及政策贯彻执行的监督检查，用法治保障和强化民族团结进步、中华民族共同体建设。三是按照增进共同性的方向改进民族工作。正确把握共同性和差异性、中华民族共同体意识和各民族意识、中华文化和各民族文化、物质和精神的关系，做到共同性和差异性的辩证统一、民族因素和区域因素的有机结合，不断增进各族人民"五个认同"和国家意识、公民意识、法治意识。尊重和包容差异性，注重对各民族在饮食服饰、风俗习惯、文化艺术、建筑风貌等方面的保护和传承，体现共同体的包容性，增强共同体的生命力，构筑起各民族人心所向的美好中华民族共有精神家园。

5. 在防范民族领域风险隐患上彰显新作为。一是坚决防范民族领域重大风险隐患。牢固树立总体国家安全观，坚持底线思维，强化风险意识，压实意识形态工作主体责任，坚持主管主办和属地管理原则，守好守住意识形态阵地，积极稳妥处理涉民族因素的意识形态问题，持续肃清民族分裂、宗教极端思想流毒。加强民族出版物的审查和管理，依法打击各类涉及民族问题的非法出版物和有害出版物，净化文化舆论环境。加强重点新闻网站、政务新媒体建设，加快网络评论体系和网络人才队伍建设，传播民族团结进步正能量，正确引导涉及民族因素的舆论舆情，健全和完善重大突发事件新闻宣传快速反应机制和网络舆情管控引导机制，建设好网上各民族共同家园，使互联网成为铸牢中华民族共同体意识最大的增量。二是开展涉民族因素矛盾纠纷排查化解。不断完善省州县三级同步监测监管影响团结稳定问题、涉民族因素突发事件应急处置和网络舆情联动处置等机制，积极开展团结稳定形势分析研判和矛盾纠纷排查调处，会同相关部门加强民族地区社会治安防控体系和立体化防控体系建设，综合运用法律、教育、协商、调解等方法化解，将各种矛盾和问题解决在基层、化解在萌芽状态，全面提升应急管理能力。高质量推进平安大理、法治大理建设和市域治理现代化试点工作，持续巩固提升全国"长安杯"创建成果，坚持和发展新时代"枫桥经验"，提高社会治理系统化、科学化、法治化、智能化水平。三是推动我国宗教中国化行稳致远。组织宗教界认真学习贯彻习近平新时代中国特色社会主义思想和党的宗教工作基本方针政策，以社会主义核心价值观为引领，传承弘扬具有中国特色的宗教文化和中华优秀传统文化，涵养新时代中国宗教文化气质，积极探索创建坚持我国宗教中国化的示范州。鼓励支持宗教界建立"石榴籽公益慈善基金"，促进中华民族共同体建设。引导宗教界人士和信教群众学习党史、新中国史、改革开放史、社会主义发展史，深入开展爱党爱国爱社会主义的主题教育，让他们始终与党同心同德，与人民同心同向，共同致力于中华民族共同体建设，在宗教界铸牢中华民族共同体意识。

6. 在推进共同体意识全域创建上实现新升华。一是全力推进三年行动计划，高质量通过全国民族团结进步示范州重新申报命名。把铸牢中华民族共同体意识作为重新申报工作的指导思想、主要任务、评价标准，重点实施好培根铸魂示范工程等六项示范引领工程，形成全社会参与、全领域共建、全流程创建、全要素保障的创建工作格局，高标准高质量通过示范州重新申报命名。二是探索完善铸牢中华民族共同体意识示范创建。继续完善铸牢中华民族共同体意识示范州测评指标体系和第三方评估指标体系；在总结试点经验的基础上，建立健全铸牢中华民族共同体意识示范创建命名管理办法，创建命名一批大理州铸牢中华民族共同体意识示范县市、示范乡村、示范单位和教育实践基地；适时组织开展全州铸牢中华民族共同体意识创建工作互观互检、评估考核工作；充分发挥州级各民族学会（协会）的积极作用，设立"大理州中华民族团结进步促进会"，广泛吸纳社会力量参与中华民族共同体建设工作，打造多层次全领域的铸牢中华民族共同体意识亮点和品牌。三是深入推进"+铸牢中华民族共同体意识"。从社会治理共同体入手，把民族团结进步、铸牢中华民族共同体意识与洱海保护、乡村振兴、社会治理、基层党建等各项工作有机结合起来，推动创建工作向各县市各部门各领域"集体作战、融合发展"转变，进一步整合资源力量开展联创联建、共创共建，一体谋划、一体推进、一体落实；深化"基层党建+铸牢中华民族共同体意识"融合推进，建立健全基层党的民族工作网络和运行机制，着力培树打造一批各具特色的融合推进示范典型。四是打造一批跨区域跨部门的具有标杆性的"创建联盟"。在企业、旅游企业（景区）、卫生健康系统、各级各类学校、社区，广泛拓展建立各行业系统领域的"创建联盟"，形成主线突出、上下联动、左右互通、操作性强、参与度高、丰富多样的实践创新体，推动全域创建。五是切实增强群众的主体意识和参与自觉。践行以人民为中心的发展思想，尊重人民首创精神，搭建更多群众便于参与、乐于参与的中华民族共同体建设工作平台，让广大群众成为中华民族共同体建设的主体。具体如组织民族团结进步、铸牢中华民族共同体意识示范小区、楼院、家庭、个人等评选活动，增强群众的主体意识和参与自觉；将群众满意度测评列入示范县市、示范单位考核内容，请群众"阅卷"，让群众"打分"。

7. 在强化党对民族工作全面领导上完善新格局。一是用党的创新理论武装各族群众。把学深悟透习近平总书记关于加强和改进民族工作的重要思想及考察云南重要讲话精神对大理工作所做的重要指示批示精神作为首要政治任务，严格落实第一议程制度，常态化跟进学习习近平总书记最新重要讲话和理论文章，深刻把握其核心要义、精神实质、丰富内涵和实践要求，坚持用习近平总书记新思想来武装各族干部群众。二是用健全完善的工作体制机制强化支撑保障。完善党委领导民族工作的体制机制，形成党委统一领导、政府依法管理、统战部门牵头协调、民族工作部门履职尽责、各部门通力合作、全社会共同参与的新时代党的民族工作格局。将铸牢中华民族共同体意识工作摆在重要议事日程，摆在"五位一体""四个全面"战略布局中统筹谋划，放在大统战工作格局下统一部署，纳入州人大常委会、州政协专题视察调研内容；严格落实以领导责任制、年度重点工作责任制、督查巡查制、通报制和报告制、考核激励制、追责问责制为核心的示范区建设责任制，严格督促检查，确保责任制全面落实；建立民族工作委员制，设立专职委员协调推进相关工作；强化民族宗教工作部门阵地建设，配齐配强基层工作力量；严格落实请示报告制度，形成上下贯通、配置到位、完备顺畅的支撑保障体系。三是用加强干部人才队伍建设强化方向正确。实施少数民族干部工程，加强少数民族干部、民族地区干部、民族工作干部队伍建设，注重培养一批政治坚定、素质优良、能力过硬、群众认可的少数民族干部。加强干部教育培训工作，加大少数民族干部培训和挂职锻炼力度；加强对少数民族干部的管理监督，注重在基层一线和艰苦地区锻炼、发现和培养干部；坚持党管人才，加强少数民族地区特色人才和本土人才培养，鼓励吸引少数民族人才返乡就业创业。引导和支持各类人才到民族地区创业发展，完善编制管理、职称评审、人才招录和柔性流动等工作机制，壮大少数民族人才队伍。四是用加强基层组织和政权建设夯实基层基础。坚持以组织体系建设为重点，优化组织设置、创新活动方式、严肃组织生活，全面增强民族地区基层党组织的政治功能，提升组织力；坚持以党支部规范化建设达标创建为统领，扎实推进"整县提升、整乡推进、百村示范、千组晋位"四级联创工作，推动全面从严治党向农村基层延伸；深化农村"领头雁"培养工程，选优配强乡镇（街道）领导班子和村（社区）"两委"班子；深化抓党建促农村宗教工作治理，加强基层民族工作机构建设和民族工作力量，各乡镇（街道）、村（社区）明确专人负责民族宗教工作，确保基层民族工作有效运转。

综上，大理州坚决贯彻落实中央民族工作会议精神，切实履行好主体责任和政治责任，将全局工作向铸牢中华民族共同体意识之"纲"聚焦，将所有发展赋予民族团结进步的意义，高位谋划推动了新时代党的民族工作高质量发展，在创建云南省首批铸牢中华民族共同体意识示范州（试点）工作中取得了显著成效，为全国全省贡献了"大理样板"。

结　语

　　大理历史悠久，民族共融，是云南历史文化最早发祥地之一，远在新石器时期，白族、彝族等少数民族先民就在此繁衍生息。大理各民族始终心向国家统一，自觉维护民族团结，留下了"南诏德化碑""苍山会盟碑"等千秋佳话。立于公元776年的南诏德化碑，开宗明义"我自古及今，为汉不侵不叛之臣"。秦朝把大理地区正式纳入大一统封建国家版图，汉朝在此设置郡县。唐宋时期，以洱海流域为中心的唐南诏国和宋大理国相延515年，成为当时云南的政治、经济、文化中心。明代，汉族移民大量进入大理，儒学得到广泛传播，以"大一统"为核心的中华整体发展观深入各民族观念当中。历史上大理地区政治经济文化的发展演变，各民族的交往互动和深度交融，使大理各民族在历史记忆、地域认同、社会文化生活等方面表现出交互性、共通性和包容性。大理文化璀璨，根脉传承。大理各族人民长期受中原文化的熏陶，主动与中原各民族、边疆各民族、东南亚各国文化交流交融，形成了多元、厚重、包容、开放的文化，素有"文献名邦"之称，被誉为"多元文化和自然和谐发展的典范"。很多历史和文化研究证明，大理不仅是多民族的世居地，具有丰富多样的民族文化基因，历来还有吸收借鉴、主动融入中原文化的各民族优秀文化，这使得大理文化始终具有时代性和进取性。全州有大理古城、巍山古城2个国家历史文化名城，剑川县沙溪镇、洱源县凤羽镇、宾川县州城镇3个中国历史文化名镇，云龙县诺邓村、巍山县东莲花村等5个中国历史文化名村。唐朝时期的《张胜温画卷》是中国绘画宝库中的无价珍宝，电影《五朵金花》、金庸小说《天龙八部》、民歌《小河淌水》使大理名扬四海，促进了各民族文化交融创新。大理区位优越，互联互通。自古是"蜀身毒道"和"茶马古道"的要冲，南方"古丝绸之路"的必经之地，今为中国西南连接南亚东南亚的重要交通枢纽。境内有广大铁路、大丽铁路、楚大高速、大保高速、大丽高速等多条交通干线，实现了与省会城市"两小时经济圈"的交通跨越。开通大理至北京、上海、杭州、成都等24条航线，公路、铁路、航空立体交通网络已经形成。大理自古以来就是一个多民族多元文化交汇交融地带，汉白彝回等各民族的形成与发展始终交融嵌合在一起，通过路与路的交织汇聚、商贸货物的交换交易、风情文化的交流交融形成了极其生动的民族关系，巩固和发展了统一多民族国家的形成，丰富着中华民族一体多元的历史内涵、时代特征。

2015 年，习近平总书记考察云南并到大理视察，对大理工作作出重要指示。2016 年 9 月，大理州被国家民委命名为"全国民族团结进步创建活动示范州"。党的十八大以来，在党中央的坚强领导和习近平总书记的亲切关怀下，大理州委、州政府全面学习贯彻落实党的二十大及二十届一中全会和中央民族工作会议精神，深入贯彻落实习近平总书记关于加强和改进民族工作的重要思想、考察云南重要讲话和对大理工作所做的重要指示批示精神，学习贯彻落实全国统战部长会议、全国民委主任会议精神，踔厉奋发、勇毅前行，始终围绕铸牢中华民族共同体意识主线，树牢"融"的导向，坚持增进共同性方向，以示范州重新申报和环洱海铸牢中华民族共同体意识示范圈建设为重点，培树具有大理辨识度、全国引领性的"苍洱处处石榴红"品牌，打造新时代创建工作体系、路径、内涵、特色升级版，有形有感有效做好铸牢中华民族共同体意识工作，描摹出了新时代大理各民族"共同团结奋斗，共同繁荣发展"最美丽的"风花雪月"画卷，奏响了大理各民族"撸起袖子加油干，同心共圆中国梦"最动听的"大本曲"，谱写了新时代民族工作高质量发展的新篇章，有力推动了中华民族共同体意识植根于全州各族人民心中，共同实现中国式现代化，共同实现对美好生活的向往，共圆中华民族伟大复兴中国梦。铸牢中华民族共同体意识的大理实践总结之，体现于两个方面。

一、铸牢中华民族共同体意识实践成效

一是完善机制体制，具备高政治站位。首先是把学习习近平总书记重要讲话精神落在实处，实行州委、州政府主要领导"双一把手"负责制，把对民族工作的考核机制纳入党政考核的大体系，列入全州综合考评和领导班子考核的评价体系，同时还探索建立了示范区建设责任制，包括领导责任制、年度重点工作责任制、督查巡查制、通报制和报告制、考核激励制、追责问责制等。同时，在全省率先出台了《关于开展基层党建与民族团结进步"双推进"的实施意见》等文件，推进双融合双推进的工作机制，真正形成了党委统一领导、政府依法管理、统战部门牵头协调、民族工作部门履职尽责、各个部门通力合作、社会各界共同参与的新时代民族工作的新格局。全州教育系统能精准把握话语体系，紧扣铸牢中华民族共同体意识主题主线，全面、完整、准确地贯彻落实深化新时代学校民族团结进步教育纲要。铸牢中华民族共同体意识主题馆则能发挥党员教育、干部教育、学校教育、社会教育的重要功能，对于贯彻落实习近平总书记关于加强和改进民族工作重要思想，落实共同体意识教育，管好政治方向，也发挥了重要作用。

二是打牢共同思想基础，强化"四大"紧扣主题主线。一是强化"大学习"。始终把习近平新时代中国特色社会主义思想，特别是关于加强和改进民族工作的重要思想，以及中央民族工作会议精神，都纳入党委中心组、州委常委会来学习；始终把党的创新理论、民族工作理论作为第一议题来学习，并纳入党校、干部教育学院学习培训主体班，纳入党建的工作重点，结合"三会一课"、主题党日等活动进行学习，同时开展丰富的学习活动；积极创建国家级和省级铸牢中华民族共同体意识研究基地，在大理大学筹建州级铸牢中华民族共同体意识主题教育馆，成立大理州中华民族共同体研究中心、研究基地，建立"中华民族共同体讲坛"学习制度。二是强化"大培训"。对全州宗教界代表人士、换届后乡镇村"两委"委员和民族宗教专干等开展民族宗教政策和铸牢中华民族共同体意识专题培训，让广大基层干部更加全面地了解民族政策和民族工作的新方向，以及新时代党的民族工作的新要求。三是强化"大讨论"。与地方高校合作举办全国学术专题研讨会，通过项目合作进一步挖掘大理各民族交往交流交融的史料，讲好民族团结促进国家统一的好故事，积极推动和构建符合新时代党的民族工作要求的政策体系、工作体系和话语体系。四是强化"大调研"。联合各级专家开展"铸牢中华民族共同体意识教育的实践探索研究"等系列重点课题，从而提升民族事务治理体系和治理能力现代化水平，真正把铸牢中华民族共同体意识研究落到实处。

三是不断改善民生福祉，着力加快发展取得实效。其一，围绕提升大理州各族人民的幸福指数，围绕老百姓急难愁盼的问题，一手抓高水平保护洱海，一手抓转型发展。以城乡社区为平台，从居住生活、工作学习、文化娱乐等日常环节入手，逐步由空间嵌入拓展到经济、文化、社会和心理嵌入。全力提升社会保障水平，社会保险参保面不断扩大，基本医疗保险运行评价全省第一，实现兜底保障对象应保尽保、社会救助应救尽救。通过"八大攻坚战"，洱海治理初见成效，经过环湖治污、环湖截污、面源治理、矿山关闭、生态搬迁、水质提升等一系列措施，形成全国治湖的"洱海模式"，贯彻了"绿水青山就是金山银山"的理念。其二，在保护好洱海的同时推进高质量发展，主要体现为双核驱动协同发展，即以环海流域为一个中心，提升一个经济中心，建立文旅大健康数字经济，人口向巍山县转移，产业向祥云县集中。智能工厂、数字矿山等项目稳步实施，数据要素治理试点及数据归集全面展开。以祥云为现代物流基地的先进制造、新材料、新环保、新能源等产业打造一个产业中心，提升形成一、二、三产协同布局，构建现代绿色产业格局，从而创建大理国家级洱海保护绿色发展示范区，让大理真正成为习近平生态文明思想的实践基地。围绕云南省打造"世界一流绿色能源、绿色食品、健康生活目的地"三张牌，积极融入大滇西旅游环线建设，走以绿色为底色的高质量发展之路。把生态文明建设各项要求全面纳入经济社会发展的各领域和全过程，全面落实"六稳""六保"工作。立足本土发展条件，不断推动经济发展，农业总产值居全省第二；工业转型数字赋能，新能源、新材料、数字经济等一批头部企业加快落地；服务业转型加快，紧紧围绕新材料、新能源、新基建、新消费、新业态等产业链开展精准招商，持续深化国有企业改革，整合资源资产；加快推进数字经济创新突破，基于国产 PKS 技术路线的数字经济发展底座基本建成，城市大脑如期投运，智慧教育、智慧交通等场景应用加快推进。其三，在 12 县市城镇化发展过程当中布局构建"一城三区四单元"格局，即实现大理、祥云、巍山一体化发展，余下 9 个县构建 1 个东南西北各具特色的差异化互补化发展的格局，东部的宾川和鹤庆工贸协同发展，南部的弥渡和南涧农旅结合发展，北部的洱源和剑川文旅引领发展，西部的云龙、漾濞和永平绿色主导发展，形成各美其美、各具特色的城镇发展格局，提升整个城市化的进程，形成产城人的融合，推动大理高质量发展。同时，交通基础设施不断改善提升，近 200 千米铁路、近 600 千米高速路已形成，铸牢中华民族共同体意识的物质基础不断夯实。其四，推动民族团结进步与乡村振兴"双融合、双促进"，巩固拓展脱贫攻坚成果，提高城镇、农村居民人均可支配收入。在民族团结进步"进企业"方面，各企业围绕大理州的创建方案，既能够展现各民族经济上的相互依存，又能非常好地促进各民族的交往交流交融，有效推动了共同富裕，迈出实质性步伐，同时将巩固拓展脱贫攻坚成果同乡村振兴有效衔接，增加了当地群众的多样性收入，如土地流转、务工、参与管理与分红，从规模、技术等各方面均体现了大理州的优势。

四是正确处理好"四对关系"，以增进共同性为前提推动中华文化认同与地方文化传承。大理州能够正确处理好共同性和差异性、中华民族共同体意识和各民族意识、中华文化和各民族文化、物质和精神"四对关系"，为做好新时代民族工作打牢了重要思想基础。大理州通过深入践行社会主义核心价值观，树牢正确的国家观、民族观、历史观、文化观、宗教观，并广泛开展一系列爱国主义教育、铸牢中华民族共同体意识的宣传教育、民族团结进步教育。大力实施中华文化视觉形象工程，在主要街道、景区、学校等场所推行中华民族文化形象，在主要路段展示中华灿烂的文明、悠久的历史和国家成就，真正增强了群众对中华文化的认同，同时又借助传统节日、民族节日等开展共享中华文化的系列活动。通过多样化、立体化铸牢中华民族共同体意识宣传教育，在各族群众心中树立维护共同性是主导、是方向、是前提、是根本的观念；树立"我国辽阔的疆域是各民族共同开拓的，悠久的历史是各民族共同书写的，灿烂的文化是各民族共同创造的，伟大的精神是各民族共同培育的""一部中国史是一部各民族交往、交流、交融的多元一体中华民族发展史"的中华民族历史观和多元一体格局观。在保证共同方向的前提下，大力实施民族文化保护工程、文化精品工程和民族文化"双百"工程，打造了《洱海情深》《不一样的大理》等一批文艺精品，南涧跳菜、剑川木雕、鹤庆银器等非遗物质文化遗产享誉国内外，能够真正地让中华民族共同体意识、中华民族文化的融合牢不可破、坚不可摧。

五是坚持守正创新，推动新时代民族团结进步示范创建工作提质增效。2016 年首批全国民族团结进步示范州创建以来，大理州致力于推动创建工作由"突击推进"向制度化、规范化、常态化转变。全面实施"创建全国民族团结进步示范县市"三年行动计划，对获国家命名的县市奖励 1000 万元，出台政策如《进一步加快大理州民族团结进步示范区建设的实施意见》等，力争到 2025 年建成 1000 个以上民族团结进步示范村（社区），努力推进示范区建设的实体化、项目化、工程化，同步制定示范单位命名管理办法系列文件。与大理大学合作制定了《全国民族团结进步示范州（地、市、盟）第三方评估指标体系》及评估办法，让评估更具公平性、公正性、规范性、科学性，提升工作质量，让创建工作更加科学化、规范化、精准化，"以评促创"倒逼各县主动创建、良性竞争。该指标体系获得了云南省地方标准重点项目，是云南省 38 个立项当中唯一的人文社科项目，经国家版权局、云南省版权局审核通过著作权登记，守正创新推进了大理州新时代民族工作的高质量发展。

六是抓实社会治理，大力营造和谐环境。坚持用法律保障民族团结进步，防范重大风险，提升示范区建设的法治化水平。坚持发展新时代"枫桥经验"，推进平安大理建设，积极开展全国市域社会治理现代化试点工作，推动社会治理向基层下移、向基层赋权，不断畅通和规范群众诉求表达、利益协调、权益保障通道，全力预防和化解洱海保护、脱贫攻坚、项目建设、医疗纠纷、民族宗教等领域的矛盾纠纷和难点问题，全面提高社会治理科学化、智能化、法治化水平。多年来，大理没有发生一起因为民族宗教因素引发的重大事件或者是集体事件。持续推进法治大理建设，出台《云南省大理白族自治州自治条例》《洱海保护管理条例》《苍山保护管理条例》《乡村清洁条例》等地方性法规，制定了《大理州贯彻〈云南省民族团结进步示范区建设条例〉实施办法》等规范性文件，不断完善法规体系，提升民族事务治理体系和治理能力现代化水平，以法治化提升社会治理的整体水平。各基层政法单位如洱源县邓川法庭、云龙县法院、喜洲法庭等，亦在全州民族团结进步创建中体现了重要定位，解决了提高各族群众的国家意识、公民意识、法治意识等问题，凝聚了中华民族共同体意识，在诉前调解中坚持应用中国特色社会主义法治，在调解中突出共同性，并适当利用地方文化多样要素，将涉及民族因素的突发事件率降低为零。

二、铸牢中华民族共同体意识实践特色亮点

（一）品牌亮点突出

以铸牢中华民族共同体意识为鲜明导向，大理州以建设环洱海铸牢中华民族共同体意识示范圈为重点，打造具有大理辨识度、全国引领性的"苍洱处处石榴红"创建工作品牌，尤其环洱海铸牢中华民族共同体意识示范圈在全国具有唯一性，极具创新性。"苍洱一体、民族共融"环洱海铸牢中华民族共同体意识示范圈统筹人与自然生命共同体、中华民族共同体建设，重点抓牢落实，组织实施示范圈培根铸魂示范工程、绿色发展示范工程、文化浸润示范工程、互嵌融合示范工程、党建引领示范工程、共治共享示范工程，切实在洱海保护治理中彰显共同体意识，以共同体意识凝聚洱海保护治理强大精神力量。同时，基于环洱海铸牢中华民族共同体意识示范圈，大理州组织州内八大景区成立了大理州民族团结进步创建景区联盟。环洱海铸牢中华民族共同体意识示范圈用习近平生态文明思想、关于加强和改进民族工作重要思想武装各族人民，站位全局谋发展、率先探索创经验、深化内涵树品牌、面向全国做生态示范，聚焦人与自然生命共同体和中华民族共同体建设，打造了有大理辨识度、全国引领性的示范工作品牌，在民族团结进步创建、高原湖泊治理等方面，为省内其他高原湖泊示范圈、带的创建与治理提供了经验借鉴，做到了全国唯一、高级创新。

（二）以全国民族团结进步示范州创建升级版为重要抓手铸牢中华民族共同体意识创建

一是实现全域创建。近年来，大理州制度化、规范化推进"十进"创建活动，深入实施"创建全国民族团结进步示范县市"三年行动计划，省"十百千

万"示范创建工程和州"百村（社区）示范创建行动"，促进民族团结进步工作实体化、项目化、工程化，探索民族团结进步跨区域、跨行业的联建联创、共建共创模式，先后建立了滇西北铸牢中华民族共同体意识示范圈，漾濞、永平、云龙滇缅公路爱国主义教育"示范带"，大理、祥云、巍山一体化交往交流交融"示范带"，宾川鸡足山旅游公路"示范圈"，以及澜沧江民族团结进步示范带创建联盟，发挥集团化效应，推动全域创建，实行跨区域、跨部门、跨行业的共建联创和协同创建，形成主线突出、上下联动、左右互通、操作性强、参与度高、丰富多样的实践创新载体，构建了全员参与、全领域共建、全流程创建、全要素保障的创建工作格局。目前，大理州 12 县市均为省级示范县市，其中 5 个县为全国示范县，大理市成功创建为全国少数民族服务管理示范市，全域创建工作有形、有感、有效，打造创建工作升级版。

二是系统性整体性创建。即创建工作成体系、项目化、有成效，将铸牢中华民族共同体意识作为"魂"，按照全州所有工作都要体现和融入铸牢中华民族共同体意识的理念，切实将其"融"入职能、"融"入文化、"融"入人心、"融"入日常，"融"入"苍洱处处石榴红"品牌打造。主要有全面实行示范区建设责任制。按照"全员参与、全领域共建、全流程创建、全要素保障"的创建工作要求，率先建立了以"领导责任制、年度重点工作责任制、督查巡查制、通报制和报告制、考核激励制、追责问责制"等为核心的示范区建设责任制，压实各级各部门的主体责任和政治责任，及时把工作重心向主线优化、工作举措向主线发力、工作力量向主线聚集，形成了"一级抓一级、一级帮一级、层层有任务、层层抓落实"的良好局面；同时还深入实施了铸牢中华民族共同体意识"细胞工程"，拓宽"细胞工程"覆盖面，在深入开展民族团结进步创建"十进"的基础上，推进创建延伸至社团组织、酒店民宿、家庭、个人等，全领域推进创建工作，丰富"细胞工程"载体平台，激发"细胞工程"内生动力，充分尊重和体现各族群众的主体地位和首创精神，在酒店、车站、超市等人流聚集场所设立、张贴民族团结进步标语，推进共享单车变身"移动宣传站"，物流快递、美团外卖变身"移动宣传员"，不断激发万千细胞活力，提升"肌体"效能，让"五个高度认同"入脑入心。

三是常态化持久创建。大理州一直把以铸牢中华民族共同体意识为主线开展民族团结进步创建摆在党委和政府重要议事日程。自 2016 年 11 月以来，召开了 40 次州委常委会会议和州政府常务会会议专题研究民族工作，全力推动落地生效，切实把党的领导贯穿民族工作各领域全过程。2016 年 11 月，召开州委常委会、州政府常务会、专题会研究部署民族工作 1 次；2017 年，召开州委常委会、州政府常务会、专题会研究部署民族工作6次；2018年，召开州委常委会、州政府常务会、专题会研究部署民族工作6次；2019年，召开州委民族工作会议，州委常委会、州政府常务会、专题会研究部署民族工作3次；2020年，召开州委常委会、州政府常务会、专题会研究部署民族工作7次；2021年，召开州委常委会、州政府常务会、专题会研究部署民族工作12次，2022年，召开州委民族工作会议暨全州宗教工作会议，州委常委会、州政府常务会、专题会研究部署民族工作5次。建立健全民族团结进步示范县示范单位和民族团结进步教育基地评审命名机制、经费投入保障机制等长效机制，将创建工作经费纳入年度财政预算，2016年以来，州级财政共安排创建工作经费10 835万元。同时，对获国家命名的县市，给予1000万元资金奖补，2022年州级财政兑现3200万元创建工作奖补资金，为全州打造创建工作升级版提供了重要支撑和有力保障。持续与人民网、新华网、中国民族报、云南报业集团等中央及省级媒体合作开展"铸牢中华民族共同体意识看大理"等大型全媒体主题宣传活动，在腾讯、抖音等平台设立"苍洱石榴红"账号，多维一体深入宣传，尤为突出的是，完善机制宣传教育亦做到了常态化开展。将学习贯彻落实中央民族工作会议和习近平总书记考察云南重要讲话精神、习近平总书记给沧源县边境村老支书们的回信精神作为全州各级党委、政府的重要政治任务，纳入各级党委（党组）理论学习中心组重点内容，纳入各级党校、行政学校、民族干部学校、干部学院等干部常态化教育培训的重要内容。充分利用"学习强国"学习平台、云南干部在线学习平台、云岭先锋系列媒体，通过"三会一课"、支部主题党日、万名党员进党校培训等形式将铸牢中华民族共同体意识融入党员教育日常。2017年10月以来，开展万名党员进党校培训2088期，覆盖40余万人次。

四是发挥典型示范功能。将铸牢中华民族共同体意识"融"入"苍洱处处石榴红"民族工作品牌打造，以民族团结进步创建"十进"为主阵地，全面深入持续开展民族团结进步创建工作，先后打造了洱源郑家庄、剑川桑岭村、永平曲硐村等一批示范效应明显、特色鲜亮的示范典型，打造创建路径升级版。同时，强化"一县一特色，避免同质化"要求，对获国家命名的县市给予1000万元资金补助，洱源郑家庄"七个民族一家亲"、大理市古生村"记得住乡愁"、剑川桑岭村"各民族都是阿夫甲"等，成为全国、全省民族团结进步的典范，并运用丰富的形式发挥了典型的示范功能。以洱源郑家庄为原型创作了白剧《七彩云霞》，还有《心照云天》《又见海菜花》等各类作品46个，推动了各民族优秀传统文化创造性转化、创新性发展。另外，依托王复生、王德三烈士故居"红色传承"现场教学基地等本土红色"活教材"开展党史学习教育，坚持用看得见、摸得着的党史实物让红色文化"住"进各族群众的头脑，推动入心入脑。坚持在基础教育、高等教育、职业技术教育、成人教育及国防教育等各行业各领域中融入革命历史教育、中国特色社会主义教育和中国梦宣传教育，切实用共同体理想信念凝心铸魂，教育引导各族群众感悟革命精神，汲取红色力量，赓续精神血脉，厚植爱党、爱国、爱社会主义的情感，让革命薪火代代相传。同时，全力推进"互联网民族团结进步"行动，扩大铸牢中华民族共同体意识的影响力和引领示范作用。

　　总的来说，大理州牢记"国之大者"，增强"四个意识"、坚定"四个自信"、做到"两个维护"，不断提高政治判断力、政治领悟力、政治执行力，围绕中央民族工作会议的要求，切实履行好主体责任和政治责任，能正确处理"一体"和"多元"、"统一"和"自治"、共同性和差异性、共同体意识和民族意识、政策的坚持和创新的关系，中华民族共有精神家园建设成效明显，各民族不断坚定对伟大祖国、中华民族、中华文化、中国共产党、中国特色社会主义的高度认同，休戚与共、荣辱与共、生死与共、命运与共的共同体理念不断深入人心。正是各民族把维护国家统一和民族团结作为各民族最高利益，将所有发展赋予民族团结进步的意义，才从全局和战略高度谋划推动了大理新时代党的民族工作高质量发展。

三、建议与展望

　　一是进一步凸显创建工作的基层导向，落实铸牢中华民族共同体意识大众化。建议推行一线工作法，充分动员社会力量参与民族工作，探索成立促进中华民族团结进步的社会组织，壮大基层民族工作力量，利用网络、大数据以及类型多样的社会宣传教育形式。二是立足共同性更加注重精神力量的培育与中华民族形象的树立，全面加强中华民族共同体意识教育、爱国主义教育，积极引导各族群众树立正确的国家观、历史观、民族观、文化观、宗教观。三是加快步伐实施与落实各民族青少年交流计划、各民族互嵌式发展计划、旅游促进各民族交往交流交融计划，从规划阶段落到实处，尤其贯彻新测评指标体系强调的构建互嵌式社会结构和社区环境，尽快弥补县市该项工作的短板。四是进一步落实环洱海铸牢中华民族共同体意识示范圈建设，开展好调查研究和督促检查工作，发挥好党委统一战线工作领导小组办公室作用，找准结合点、发力点、突破点，从组织领导、全域创建、精准创建、示范引领等环节入手推进该项工作。五是在分众化宣传教育举措上进一步规划与落实。六是在当前与高校深度横向合作的基础上，进一步加强中华民族共同体相关学术研究，进一步提升全州新时代民族工作的思想理论高度，更精准地在铸牢中华民族共同体意识创建工作、民族团结进步示范创建工作中，呈现对民族工作"四对关系"的理解，对各民族"三交"历史史实的挖掘，进一步通过中华民族共同体话语体系研究与理论研究来引导支撑科学的实践。

展望未来，期望大理州进一步深化内涵、丰富形式、创新方法，以创建全国民族团结进步示范州为重要抓手推动铸牢中华民族共同体意识；进一步增强责任感和紧迫感，组织领导再强化、目标任务再明确、特点亮点再做优、经验做法再总结、宣传引导再加强，以铸牢中华民族共同体意识为主题主线，将全国民族团结进步示范州创建工作与州委、州政府中心工作相结合，使铸牢中华民族共同体意识示范州创建成为推动全州经济社会发展的实践载体、改善民生福祉的重要路径，把各族人民对美好生活的向往作为奋斗目标，突出铸牢中华民族共同体意识这一主线，搭建各民族交往交流交融的平台，不断巩固提升创建成果，打造升级版，在更高的起点上推动大理州民族团结进步事业再攀新高，不断探索与创新铸牢中华民族意识的大理理论与实践，为云南省建成我国民族团结进步示范区作出大理新贡献。

附录："野在滇西"调研及第三方评估团队图说纪实

　　"别人有北冥有鱼、鹿鸣在野，我们有'野在滇西'，也可能是'野在西南''野在天下'，让田野调查植根中国大地。我们是大理大学的七人团队（一个老师，六个学生），在湖北、河北、河南、山西，云南、贵州于2020年、2021年、2022年之夏缘分使然相聚大理，也是无数个正在科研路上努力奋斗团队中的一个，在苍山下洱海边给大家讲我们在滇西田野的故事。"

——杨艳，2020年11月于大理大学

2020年12月，永平县访谈纪实

2020年12月，剑川县田野调查

2021年1月，剑川县田野调查

2021年1月，云龙县工作纪实

2021 年 1 月，巍山县工作纪实

2021 年 1 月，漾濞县田野调查

"每个人的生命里，都会相伴着一些人，或与故事有关，或与感情有染，或与岁月相牵。大理承载着诗和远方，在这里，有人吟诗，有人作画，有人来与过去告别，三年前初来大理时，我以为面向洱海、背靠苍山的我会享受三年悠闲时光，然而，生活没有标准答案，每个人都有自己的注脚，'行到水穷处，坐观云起时'是选择，'卧薪尝胆，三千越甲可吞吴'是选择，当然，你也可以选择戴上拳套，奋力搏击。桃李不言，下自成蹊，我很庆幸没有碌碌无为地度过这三年岁月，恩师使我重新感受到了生活中的温暖和光亮，她不仅是我学术上的导师，更是我的亲人；感谢相遇，莫负青春。在恩师的带领下，我收获了一帮挚友同门，虽称挚友但更似亲人，老师就像小姨，同门就像兄弟姐妹，永远都是我坚强的后盾；山有顶峰，湖有彼岸，在人生漫漫长途中，万物皆有回转，当我们觉得余味苦涩，请相信，一切终有回甘。"

——闫瑞聪，2023 年 5 月于河北石家庄

2021 年 1 月，南涧县工作纪实　　　　2021 年 3 月，南涧县田野调查

"初到大理，山水之间陶醉；理大初遇，欢声笑语不断。原本以为获得读研机会很是幸运，谁承想能在苍山下洱海边得贵人相助，收获一群知心好友。因缘分相聚、因相惜共事。我们这群人都是愿意为了别人而更加努力、不断付出

的人。一路走来，不知何时已成为彼此的羁绊与牵挂，也成为彼此前进的动力。作为学生，我们真的很幸运，遇到真正帮助学生、关心学生的导师，在其苦心经营的团队中通过'项目制教学'经历挫折、不断反思、收获幸福。未来的路，纵有万险，但是我们已经积蓄了创造幸福的底气和勇气，我们来日方长。"

——秦潇潇，2023 年 5 月于河南郑州

2021 年 3 月，永平县工作纪实

2021 年 3 月，永平县田野调查

2021 年 3 月，漾濞县田野调查

2021 年 3 月，云龙县工作纪实

2021 年 5 月，洱源县工作纪实

2021年6月，宾川县工作纪实　　　　　　2021年6月，宾川县工作纪实

　　"风花雪月，时光匆匆；苍洱之间，记忆深刻。在大理的生活学习中，我们共同成长、相互陪伴，是共同翻山越岭，野在滇西，是一起熬夜加班，展开评估；是三分钟集合说走就走的痛快，是田野调研分工配合的默契，是撰写报告组会交流的合作，是日常生活无微不至的关心。回忆过去点滴，我们的团队在老师的带领下，总是在欢声笑语中工作与学习，感谢付出的'一车人'，还有继续扩大队伍的师弟师妹们。三年很长，在这里我恣意成长，犯错、进步；三年也很短，短到我总觉得还有很多事情没做，很多风景没看。欲买桂花同载酒，终不似，少年游。虽然山有很多，而未来的我们选择了不同的路，但遥遥地还能看清楚，你走在年少时希冀的路上。完稿快乐，亲爱的每一个人。"

——王健，2023年5月于山西吕梁

2021年6月，大理市工作纪实　　　　　　2021年6月，祥云县工作纪实

2021 年 6 月，大理市工作纪实

2021 年 6 月，宾川县工作纪实

　　"三年，不长不短，足以刻骨铭心；相遇，不早不晚，刚好在对的时间；故事，太多太多，不知从何处讲起。我一直是一个被动的人，就像三年前决定来大理一样。身边人都问我为什么会来这里，或许是因为苍山洱海，或许是因为没有多余选项。直到后来，似乎找到了一个满意的答案，关于大理的回忆是野在滇西，也是点苍。人生之幸，得遇良师，感谢恩师在学业和生活中的指导和照顾；感谢师门的无限包容，感恩遇见，承蒙不弃，让我看见更多可能性。落笔止于致谢，故事未完待续，希望'野在滇西'团队未来能去更多的地方。"

——李晨雁，2023 年 5 月于山西长治

2021 年 11 月，云龙县干部座谈

2021 年 11 月，宾川县干部座谈

2021 年 11 月，弥渡县群众访谈

2021 年 11 月，大理市工作纪实

2021 年 11 月，大理市工作纪实

2022 年 3 月，洱源县工作纪实

"'那些将要去的地方，都是素未谋面的故乡。'2021 年 11 月 25 日，同导师组一起开启了读书生涯第一次调研，想一千次，不如去做一次。研究生生活开始不久，在平时与同门的交流中，有了对他们此前调研生活的一定的了解，这使我对调研工作产生了浓厚的兴趣。因此，对于我个人而言，我对此次调研充满无比的激动与期待。也正是有了今天的起步，入学以来对学习与生活的幻想与理想才一一照进了现实。"

——王福成，2023 年 5 月于云南楚雄

2022 年 3 月,鹤庆县工作纪实

2022 年 6 月,鹤庆县干部座谈

2022 年 6 月,祥云县工作纪实

2023 年 1 月,大理市工作纪实

2023 年 1 月,祥云县工作纪实

"黄金叶,贪恋红尘景,半倚苍山望白州。三载谊,黯惜转瞬去,万般不舍上心头。

滇西行,再踏岭南岭,把臂同闯四时景,鸿鹄志,舒展丹青卷,跌宕江山任我行。"

——杨艳,2023 年 5 月于苍山脚下

参考文献

一、著作

[1] 马克思恩格斯选集：第1卷［M］．北京：人民出版社，1995．

[2] 马克思恩格斯选集：第2卷［M］．北京：人民出版社，1995．

[3] 马克思恩格斯全集：第31卷［M］．北京：人民出版社，1975．

[4] 马克思恩格斯文集［M］．北京：人民出版社，2009．

[5] 马克思．资本论：第三卷［M］．北京：人民出版社，2004．

[6] 习近平．习近平谈治国理政：第一卷［M］．北京：外文出版社，2014．

[7] 习近平．习近平谈治国理政：第二卷［M］．北京：外文出版社，2017．

[8] 习近平．习近平谈治国理政：第三卷［M］．北京：外文出版社，2020．

[9] 习近平．习近平谈治国理政：第四卷［M］．北京：外文出版社，2022．

[10] 习近平．之江新语［M］．杭州：浙江人民出版社，2005．

[11] 中共中央 国务院关于实施乡村振兴战略的意见［M］．北京：人民出版社，2018．

[12] 中共中央文献研究室．十八大以来重要文献选编（上）［M］．北京：中央文献出版社，2014．

[13] 孙景淼，等．乡村振兴战略［M］．杭州：浙江人民出版社，2018．

[14] 姜长云．乡村振兴战略：理论、政策和规划研究［M］．北京：中国财政经济出版社，2018．

[15] 费孝通．乡土中国［M］．北京：人民出版社，2015．

[16] 晏阳初．平民教育与乡村建设运动［M］．北京：商务印书馆，2014．

[17] 邹冬生，高志强．当代生态学概论［M］．北京：中国农业出版社，2013．

[18] 樊华．传统与现代的互动：以沧源佤族艺术为中心的研究［M］．北京：商务印书馆，2011．

[19] 梁漱溟. 乡村建设理论 [M]. 上海：上海人民出版社，2011.

[20] 国家民族事务委员会. 铸牢中华民族共同体意识：全国民族团结进步表彰大会精神辅导读本 [M]. 北京：民族出版社，2021.

[21] 杨堃. 民族学概论 [M]. 昆明：云南大学出版社，2018.

[22] 张少春. 互嵌式社会与民族团结：人类学的视角 [M]. 北京：社会科学文献出版社，2018.

[23] 杨刚. 村落民族互嵌关系的日常生活路径研究：云南郑家庄的一项民族志考察 [M]. 北京：民族出版社，2022.

[24] 原思明，艾少伟. 河南回族：中原大地的优秀一员 [M]. 北京：民族出版社，2017.

[25] 杨荣. 云南民族互嵌研究 [M]. 北京：人民出版社，2016.

[26] 张康之. 为了人的共生共在 [M]. 北京：人民出版社，2016.

[27] 国家民族事务委员会. 中央民族工作会议精神学习辅导读本 [M]. 北京：民族出版社，2015.

[28] [美] 鲍尔斯，金迪斯. 合作的物种：人类的互惠性及其演化 [M]. 张弘，译. 杭州：浙江大学出版社，2015.

[29] 袁年兴. 族群的共生属性及其逻辑结构：一项超越二元对立的族群人类学研究 [M]. 北京：社会科学文献出版社，2015.

[30] 中共中央宣传部. 习近平总书记系列重要讲话读本 [M]. 北京：学习出版社，2014.

[31] 许宪隆，张龙. 回族 [M]. 沈阳：辽宁民族出版社，2014.

[32] 许宪隆，等. 散杂居民族概论 [M]. 北京：人民出版社，2013.

[33] 张会龙. 当代中国族际政治整合：结构、过程与发展 [M]. 北京：北京大学出版社，2013.

[34] 赵世瑜. 狂欢与日常：明清以来的庙会与民间社会 [M]. 北京：生活·读书·新知三联书店，2002.

[35] 李国春. 民族发展与民族平等论 [M]. 昆明：云南大学出版社，2009.

[36] 编纂委员会. 河南回族区乡镇 [M]. 北京：中央民族大学出版社，2009.

[37] 胡守钧. 社会共生论 [M]. 上海：复旦大学出版社，2006.

[38] 李思强. 共生构建说：论纲 [M]. 北京：中国社会科学出版社，2004.

［39］［日］尾关周二．共生的理想：现代交往与共生、共同的思想［M］．卞崇道，等译．北京：中央编译出版社，1996.

［40］费孝通．中华民族多元一体格局［M］．北京：中央民族大学出版社，1989.

［41］马戎．民族社会学：社会学的族群关系研究［M］．北京：北京大学出版社，2004.

［42］广西壮族自治区地方志编纂委员会．广西通志·民俗志［M］．南宁：广西人民出版社，1992.

［43］徐勇．中国农村村民自治［M］．武汉：华中师范大学出版社，1997.

［44］费孝通．乡土中国［M］．北京：人民出版社，2008.

［45］贺雪峰．新乡土中国［M］．北京：北京大学出版社，2013.

［46］贺雪峰．村治的逻辑［M］．北京：中国社会科学出版社，2009.

［47］贺雪峰．乡村社会的关键词［M］．济南：山东人民出版社，2008.

［48］宋洪远：农村改革三十年［M］．北京：中国农业出版社，2009.

［49］彭勃．乡村治理：国家介入与体质选择［M］．北京：中国社会出版社，2002.

［50］李小红，中国农村治理方式的演变和创新［M］．北京：中央编译出版社，2012.

［51］袁灿兴．中国乡贤［M］．北京：新星出版社，2015.

［52］李宗楼，王义德．共建共治共享：基层社会治理创新之路［M］．合肥：安徽师范大学出版社，2020.

［53］吕洁．中国乡村社会治理模式研究［M］．北京：中国社会科学出版社，2021.

［54］宋烨．城乡统筹背景下乡村治理模式研究：乡村振兴与乡村社会治理研究系列［M］．北京：中国商务出版社，2019.

［55］［美］詹姆斯·N·罗西瑙．没有政府统治的治理［M］．张胜军，刘小林，译．南昌：江西人民出版社，2001：5.

［56］［美］埃莉诺·奥斯特罗姆，公共事物的治理之道：集体行动制度的演讲［M］．余逊达，陈旭东，译．上海：上海三联书店，2000.

［57］［美］杜赞奇．文化、权力与国家1900—1942年的华北农村［M］．王福明，译．南京：江苏人民出版社，1996.

［58］施坚雅．中国农村的市场和社会结构［M］．史建云，徐秀丽，译．北京：中国社会科学出版社，1988.

［59］［美］罗伯特·A·达尔．多元主义民主的困境：自治与控制［M］．周军华，译．长春：吉林人民出版社，2006．

［60］［英］以赛亚·伯林．两种自由概念［M］．市场社会与公共秩序（"论丛"第二辑）．陈晓林，译．上海：三联书店，1996．

［61］韩丁．翻身：中国一个村庄的革命纪实［M］．北京：北京出版社，1980．

［62］［美］弗里德曼，毕克伟，赛尔登．中国乡村，社会主义国家［M］．陶鹤山，译．北京：社会科学文献出版社，2002．

［63］［美］斯沃茨．文化与权力：布尔迪厄的社会学［M］．陶东风，译．上海：上海译文出版社，2006．

［64］［法］皮埃尔·布迪厄，［美］华康德．实践与反思：反思社会学导引［M］．李猛，李康，译，北京：商务印书馆，1998．

［65］［法］皮埃尔·布迪厄，［美］华康德．实践感［M］．蒋梓骅，译．南京：译林出版社，2012．

二、期刊论文

［1］习近平．在全国民族团结进步表彰大会上的讲话［J］．中国民族，2019（10）．

［2］郝亚明．民族互嵌式社会结构现实背景、理论内涵及实践路径分析［J］．西南民族大学学报（人文社会科学版），2015（03）．

［3］杨艳．独龙族传统生产生活逻辑的价值反思——兼论"美蒂斯"的传承与复兴［J］．西南民族大学学报（人文社科版），2020（10）．

［4］吴月刚，李辉．民族互嵌概念刍议［J］．民族论坛，2015（11）．

［5］杨刚，李若青．民族嵌入式社区建设实践的理论思考——基于云南大理关迤社区的调查［J］．北方民族大学学报（哲学社会科学版），2016（05）．

［6］张彦君．铸牢中华民族共同体意识视阈下民族互嵌式治理初探［J］．西北民族大学学报（哲学社会科学版），2022（01）．

［7］欧阳奇．推动各族群众全方位嵌入的多维路径［J］．理论导报，2022（08）．

［8］卢晓．民族互嵌村落共同体生成与维系机制研究——以南方山地苗村为例［J］．广西民族研究，2022（1）．

［9］邱源泉，粟迎春．铸牢中华民族共同体意识探论［J］．中学政治教学参考，2021（27）．

［10］邹丽娟，伍佳．新时代云南跨境民族地区铸牢中华民族共同体意识论略[J].贵州民族研究，2019（11）．

［11］高卉．中华民族共同体在日常生活实践中的建构——基于南疆"民族团结模范"尤良英的个案分析[J].云南民族大学学报（哲学社会科学版），2019（03）．

［12］水镜君．从回汉"社亲"关系看和谐文化的民间创造[J].民族研究，2007（01）．

［13］马忠才．中华民族共同体的多维互嵌结构及其整合逻辑[J].西北民族研究，2021（04）．

［14］王希恩．民族的融合、交融和互嵌[J].学术界，2016（4）．

［15］郝亚明．民族互嵌与民族交往交流交融的内在逻辑[J].中南民族大学学报（人文社会科学版），2019（03）．

［16］费孝通．中华民族的多元一体格局[J].北京大学学报（哲学社会科学版），1989（04）．

［17］郝亚明．西方群际接触理论研究及启示[J].民族研究，2015（03）．

［18］杜娟．从文化涵化视角看我国各民族交往交流交融[J].中南民族大学学报（人文社会科学版），2017（06）．

［19］王晖．打老庚：滇黔桂交界地区的民族关系[J].广西民族研究，2010（04）．

［20］王平，严学勤．论民族互嵌与和谐民族关系的构建——以新疆塔城市的实证研究为例[J].新疆师范大学学报（哲学社会科学版），2015（05）．

［21］王文光，徐媛媛．中华民族共同体意识形成与发展的历史过程研究论纲[J].思想战线，2018（02）．

［22］马凤芝．政策实践：一种新兴的社会工作实践方法[J].东岳论丛，2014（01）．

［23］陶万辉．农耕文化及其基本特征［J］.成都行政学院学报，1999（04）．

三、报纸

［1］把铸牢中华民族共同体意识贯穿党的民族工作全过程各方面——论学习贯彻习近平总书记中央民族工作会议重要讲话［N］.人民日报，2021-08-31.

［2］习近平在中央民族工作会议上强调 以铸牢中华民族共同体意识为主线

推动新时代党的民族工作高质量发展［N］.人民日报，2021-08-29.

　　［3］中共中央政治局召开会议研究进一步推进新疆社会稳定和长治久安工作［N］.人民日报，2014-05-27.

　　［4］习近平.在会见基层民族团结优秀代表时提出"中华民族一家亲，同心共筑中国梦"［N］.人民日报，2015-10-01.

　　［5］中央民族工作会议暨国务院第六次全国民族团结进步表彰大会在北京举行［N］.人民日报，2014-09-29.

　　［6］习近平在第二次中央新疆工作座谈会上强调　坚持依法治疆团结稳疆长期建疆　团结各族人民建设社会主义新疆［N］.人民日报，2014-05-30.

　　［7］习近平.高举中国特色社会主义伟大旗帜 为全面建设社会主义现代化国家而团结奋斗［N］.人民日报，2022-10-26.

　　［8］中共中央 国务院关于实施乡村振兴战略的意见［N］.人民日报，2018-02-05（001）.

　　［9］习近平.决胜全面建成小康社会 夺取新时代中国特色社会主义伟大胜利——在中国共产党第十九次全国代表大会上的报告［N］.人民日报，2017-10-28（01）.